Daniel Defoe

Robinson Crusoe

Aus dem Englischen von
Sybil Gräfin Schönfeldt

cbj ist der Kinder- und Jugendbuchverlag
in der Verlagsgruppe Random House

Umwelthinweis:
Dieses Buch wurde auf chlorfrei gebleichtem
Papier gedruckt.

Gesetzt nach den Regeln der Rechtschreibreform

2. Auflage
© 2005 cbj, München
Alle Rechte an dieser Ausgabe vorbehalten
Die englische Originalausgabe erschien erstmals 1719 unter dem Titel
»The life and strange surprising adventures of Robinson Crusoe«
Lektorat: Gerd F. Rumler
Umschlagabbildung: Dieter Wiesmüller, Hamburg
Innenillustrationen und Karten: Don-Oliver Matthies
Umschlaggestaltung: Agentur Network! München
kb · Herstellung: WM
Gesetzt aus der Centaur in der Verlagsgruppe Random House
Reproduktion: Wahl GmbH, München
Druck: GGP Media GmbH, Pößneck
Printed in Germany
ISBN 3-570-12992-6

www.cbj-verlag.de
www.geolino.de

Robinson Crusoe

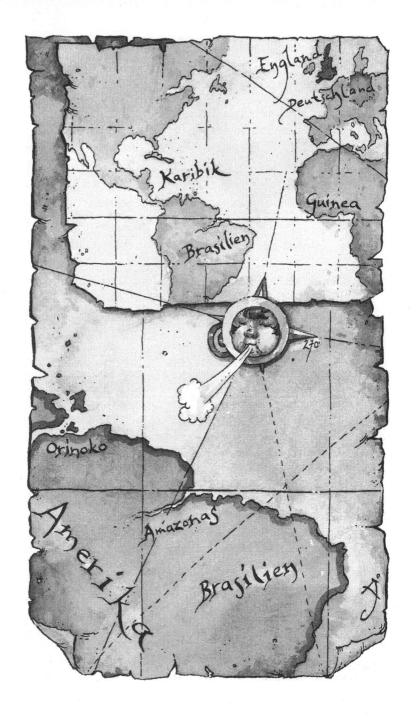

Inhalt

1. Robinsons Abstammung und erste Ausfahrt 11
2. Guineafahrten, Gefangenschaft bei den
   Seeräubern und Flucht 26
3. Neue Fahrt und Schiffbruch 49
4. Robinson richtet sich auf der Insel ein 60
5. Robinson führt Tagebuch und wird Ackerbauer 78
6. Robinson wird Handwerker und
   erforscht seine Insel 100
7. Robinson baut ein Boot und fährt um die Insel 114
8. Robinson wird Tierzüchter und
   vermehrt sein Ackerland 127
9. Robinson entdeckt die Spuren von Wilden und
   verstärkt seine Festung 138
10. Die Insel wird von Kannibalen besucht
    und ein europäisches Schiff strandet 153
11. Neuer Kannibalenbesuch und Robinson
    findet einen Genossen 159
12. Robinson baut ein neues Boot und entreißt den
    Kannibalen einen Spanier und Freitags Vater 177
13. Robinson rüstet eine Fahrt, um die schiff-
    brüchigen Spanier zu retten 193
14. Robinson besiegt die Meuterer 197
15. Robinson kehrt nach England zurück und
    verkauft seine Pflanzung in Brasilien 223

16. Robinson will seine Insel besuchen und
 erlebt neue Abenteuer 239
17. Was in Robinsons Abwesenheit auf der Insel
 geschehen ist 244
18. Die große Kannibalenschlacht 255

Nachwort 267

1. KAPITEL

Robinsons Abstammung und erste Ausfahrt

 eine Familie stammt aus der Stadt York. Dort wurde ich 1632 geboren. Das war in der Zeit, als in Deutschland der dreißigjährige Bürgerkrieg zwischen den evangelischen und katholischen Fürsten schon 14 Jahre lang wütete. Eben war König Gustav Adolf von Schweden nach Deutschland gekommen, um von dem unter sich uneinigen Reich einen Fetzen für sich abzureißen. Ich erinnere mich, wie der Vater häufig von seinem unglücklichen Heimatlande erzählte; denn er war ein Deutscher und hieß Kreutzner. Er stammte aus Bremen, hatte sich in Hull als Kaufmann niedergelassen und war wohlhabend geworden. Im Alter gab er seinen Beruf auf und zog sich in die Heimatstadt meiner Mutter, nach York, zurück. Hier lebte die Verwandtschaft der Mutter, lauter ehrenwerte und vornehme Leute, die den Namen Robinson führten, und ich wurde Robinson Kreutzner genannt. Die Engländer aber sprechen Kreutzner wie »Crusoe« aus. So bin ich zu dem Namen Robinson Crusoe gekommen.

Von meinen zwei älteren Brüdern war der eine Oberstleutnant im Infanterieregiment des berühmten Oberst Lockhardt in Flandern. Er fiel in der Schlacht gegen die Spanier bei Dünkirchen. Der zweite Bruder ist in die Welt hinausgezogen. Ich habe ebenso wenig erfahren, wo er geblieben ist, als meine Eltern gewusst haben, wohin ich geraten war. Mein Vater befand sich schon in hohem Alter. Mich, als den dritten und jüngsten Sohn, hatte er gute Schulen besuchen lassen und sehr sorgfältig erzogen. Er wollte durchaus einen Rechtsgelehrten aus mir machen. Aber mir gefiel nichts in der ganzen Welt mehr als das Leben auf See. Mein Kopf war allezeit von allerhand in die Ferne schweifenden Gedanken angefüllt und alle Befehle meines Vaters und alle besorgten Reden meiner Mutter vermochten nicht, meine Neigungen zu ändern.

Mein Vater war ein ernster und kluger Mann. Er gab mir manchen überlegten und weisen Rat, um mich von meiner Abenteuerlust zu heilen. Als er einmal krank zu Bett lag — im Alter plagte ihn häufig die Gicht —, ließ er mich zu sich rufen und erteilte mir einen heftigen Verweis. Er wollte von mir wissen, welchen Sinn meine Wanderlust habe, warum ich mein Vaterhaus und das Land meiner Geburt verlassen wolle. Hier könne ich doch mein Auskommen finden und durch Arbeit und Fleiß mein Glück machen. Nur Leute in verzweifelten Umständen, so hielt er mir vor, wagten sich in die weite Welt hinaus. Er werde für mich sorgen und mir zu meinem Lebensberuf alle Wege ebnen. Wenn es mir nicht gut gehe in der Welt, so sei das nur mein eigener Fehler oder mein Schicksal; er habe keine Verantwortung dafür, nachdem er mich so nachdrücklich vor Unternehmungen gewarnt habe, die, wie er bestimmt wisse, mir zum Verderben gereichen müssten. Mit einem Wort, er wolle alles Mögliche für mich tun, wenn ich zu Hause bleiben und seiner Anweisung gemäß meine Existenz begründen wolle, aber er werde sich nicht dadurch zum Mitschuldigen an meinem Missgeschick machen, dass er mein Vorhaben, in die Fremde zu gehen, irgendwie unterstützen werde.

Schließlich hielt er mir das Beispiel meines älteren Bruders vor, den er mit denselben triftigen Gründen gewarnt habe, nicht in den niederländischen Krieg zu ziehen. Dennoch sei derselbe nicht zu überreden gewesen, von seinem Wunsch, in das Heer zu treten, abzustehen, und so sei er in jugendlichem Übermut seinem Verderben entgegengegangen und habe darum auf fremder Erde einen frühen Tod gefunden.

»Ich werde zwar«, so endete mein Vater, »nicht aufhören, für dich zu beten, aber das sage ich dir im Voraus: Wenn du deine törichten Pläne verfolgst, wird dir Gott seinen Segen nicht dazugeben, und du wirst vielleicht einmal Muße genug dazu haben, darüber nachzudenken, dass du meinen Rat in den Wind geschlagen hast, wenn niemand mehr da sein dürfte, der dir helfen könnte.«

Bei dem letzten Teil unseres Zwiegespräches, der, wie mein Vater wohl selbst kaum ahnte, wahrhaft prophetisch war, strömten ihm die Tränen über die Wangen, besonders als er meinen gefallenen Bruder erwähnte, und als er von der Zeit sprach, in welcher die Reue zu spät kommen dürfte und niemand da sein werde, um mir beizustehen, geriet er gar in solche Bewegung, dass er nicht weiterreden konnte.

Ich war durch seine Worte tief ergriffen, und daher nahm ich mir vor, nicht mehr an ein Fortgehen zu denken, sondern mich, den Wünschen meines Vaters gemäß, zu Hause niederzulassen.

Aber ach! Schon nach wenigen Tagen waren diese guten Vorsätze vergessen, und um dem eindringlichen Zureden meines Vaters zu entgehen, beschloss ich einige Wochen später, mich heimlich davonzumachen. Jedoch führte ich meine Absicht nicht in der Hitze des ersten Entschlusses aus, sondern nahm eines Tages meine Mutter, als sie ungewöhnlich guter Laune schien, beiseite und erklärte ihr, dass meine Leidenschaft, die Welt zu sehen, unüberwindlich sei, dass sie mich zu allem andern, was es auch sei, untauglich mache und dass mein Vater besser daran täte, mir seine Zustimmung zu geben, als mich zu zwingen, ohne sie zu gehen. Ich sei nun achtzehn Jahre, und ich bat sie, bei dem Vater ein gutes Wort einzulegen, dass er mich eine Seereise zum Versuch machen lasse. Käme ich dann wieder und die Sache hätte mir nicht gefallen, so wollte ich nie mehr fort und verspräche, dann durch doppelten Fleiß und Eifer die verlorene Zeit wieder einzubringen. Diese Mitteilung versetzte meine Mutter in große Aufregung. Sie meinte, es sei ganz vergebens, mit meinem Vater über so etwas zu reden; der wisse zu gut, was zu meinem Besten diene, um mir seine Einwilligung zu so gefährlichen Unternehmungen zu geben. Sie wundere sich, fügte sie hinzu, dass ich nach der Unterredung mit meinem Vater und seinen liebevollen Ermahnungen noch an so etwas denken könne. Wenn ich mich absolut zugrunde richten wolle, so sei mir nicht zu helfen; aber darauf könnte ich mich verlassen, dass ich ihre Zustimmung dazu niemals erhalten werde; sie ihrerseits wolle keinen Teil an meinem Unglücke haben, und ich solle niemals sagen können, sie habe ihre Hand zu etwas geboten, was gegen den Willen meines Vaters sei.

Wie ich später erfuhr, hatte meine Mutter trotz ihrer Versicherung, dem Vater davon nichts mitteilen zu wollen, ihm dieses Gespräch doch von Anfang bis zu Ende erzählt. Er sei davon sehr betroffen gewesen und habe seufzend geäußert: »Der Junge könnte nun zu Hause sein Glück machen! Geht er aber in die Fremde, so wird er der unglücklichste Mensch von der Welt werden. Meine Zustimmung bekommt er nicht!«

Es dauerte noch beinahe ein volles Jahr, ehe ich meinen Vorsatz trotzdem ausführte; in dieser ganzen Zeit aber blieb ich taub gegen alle Vorschläge, einen Beruf anzufangen, und machte meinen Eltern häufig Vorwürfe, dass sie sich meinen sehnlichsten Wünschen so entschieden widersetzten.

Eines Tages war ich in Hull, wohin ich, zufällig und ohne Fluchtgedanken zu hegen, gekommen war. Dort traf ich einen Kameraden, der im Begriff stand, mit dem Schiff seines Vaters nach London zu fahren. Er drang in mich, ihn zu begleiten, indem er mich damit verlockte, dass er mir freie Fahrt anbot.

So geschah es, dass ich, ohne Vater und Mutter um Rat zu fragen, ja ohne ihnen auch nur ein Wort zukommen zu lassen und es dem Zufall überlassend, ob sie etwas von mir hören würden, ohne Gottes und der Eltern Segen und ohne Rücksicht auf die Umstände und Folgen meiner Handlung, in einer unglückseligen Stunde am 1. September 1651 an Bord des nach London bestimmten Schiffes ging.

Niemals hat das Unglück eines jungen Wagehalses kürzere Zeit auf sich warten lassen und länger gewährt als das meinige. Kaum war das Schiff aus dem Humberfluss heraus, als ein heftiger Sturm aufkam und das Meer grausam zu toben begann. Weil ich zuvor niemals auf See gewesen war, wurde ich augenblicklich seekrank und war von entsetzlicher Angst erfüllt.

Der Sturm nahm zu, immer höher wälzten sich die Wellen heran, ich glaubte, jede heranrollende Welle suche mich brüllend zu verschlingen. Sooft das Schiff in ein Wellental niedersank, fürchtete ich, es könnte sich nicht mehr aufrichten. In meiner Herzensangst gelobte ich, geradewegs nach Hause zu reisen und mein Lebtag auf kein Schiff mehr zu gehen, wenn mich Gott auf dieser ersten Reise am Leben ließe und ich meinen Fuß wieder aufs trockene Land setzen könne.

Diese weisen und vernünftigen Gedanken hielten an, solange der Sturm dauerte und sogar noch ein wenig länger; aber am nächsten Tage legte sich der Wind, die See ging ruhiger, und ich fing an, die Sache mehr gewohnt zu werden. Doch blieb ich den ganzen Tag still und ernst und litt auch noch etwas unter der Seekrankheit. Aber am späten Nachmittage klärte sich das Wetter auf, der Wind legte sich, und es folgte ein angenehmer Abend. Die Sonne ging leuchtend unter und am anderen Morgen ebenso schön auf, und da wir wenig oder gar keinen Wind hatten und eine glatte, von der Sonne übergossene See, so erschien mir dieser Anblick so herrlich wie nie zuvor.

Ich hatte diese Nacht gut geschlafen, und frei von Seekrankheit, in bester Laune, betrachtete ich voll Bewunderung das Meer, das gestern so wild und fürchterlich gewesen und nur kurze Zeit darauf so friedlich und anmutig vor uns dalag. Und gerade jetzt, damit meine guten Vorsätze ja nicht standhalten sollten, trat mein Kamerad, der mich verführt hatte, zu mir.

»Nun, Bob«, sagte er, indem er mir auf die Schulter klopfte, »wie ist dir's lieber? Ich wette, du hast dich gefürchtet gestern, bei der Hand voll Wind, die wir hatten, was?«

»Eine Hand voll Wind nennst du das?«, rief ich. »Es war ein schrecklicher Sturm!«

»Ein Sturm?«, erwiderte er. »Oh du Narr, hältst du das für einen Sturm? Das war ja gar nichts. Gib uns ein gutes Schiff auf offener See, so kümmern wir uns keinen Deut um eine so elende Brise; aber du bist eben nur ein Süßwassermatrose, Bob. Komm, wir wollen einen Topf Punsch brauen, und die Sache wird bald vergessen sein, sieh nur, welch herrliches Wetter wir haben.«

Um es kurz zu machen: Wir folgten dem Seemannsbrauch; der Punsch wurde gebraut, und ich wurde damit halb betrunken gemacht, und in dem Leichtsinn dieser einen Nacht ertränkte ich alle meine Reue, alle meine Gedanken über die Vergangenheit und alle meine guten Vorsätze für die Zukunft. So wie die See, als der Sturm sich gelegt, wieder ihre glatte Oberfläche und friedliche Stille angenommen hatte, so war auch der Aufruhr in meinem Innern vorüber. Meine Befürchtungen, von den Wogen verschlungen zu werden, hatte ich vergessen, meine alten Wünsche kehrten zurück, und die Gelübde und Versprechungen, die ich in meinem Innern getan, kamen mir vollständig aus dem Sinn. Ab und zu stellten sich allerdings wieder einige Bedenken bei mir ein, und ernste Gedanken versuchten, in meine Seele einzudringen; allein ich schüttelte sie ab und suchte mich von ihnen, wie von einer Krankheit, loszumachen, und indem ich mich ans Trinken und lustige Gesellschaft hielt, wurde ich bald Herr über diese »Anfälle«, wie ich sie zu nennen beliebte, und ich hatte in fünf oder sechs Tagen einen so vollständigen Sieg über mein Gewissen errungen, als es ein junger Mensch, der entschlossen ist, sich nicht davon beunruhigen zu lassen, nur tun kann.

Aber ich sollte noch eine neue Probe bestehen! Die Vorsehung hatte, wie es in solchen Fällen gewöhnlich zu sein pflegt, beschlossen, mich vollständig ohne irgendeine Entschuldigung zu lassen. Denn wenn ich dieses erste Mal nicht für eine Erlösung ansehen wollte, so war die nächste Gelegenheit so beschaffen, dass der gottloseste und verhärtetste Bösewicht sowohl die Größe der Gefahr als auch die der göttlichen Barmherzigkeit dabei hätte anerkennen müssen.

Am sechsten Tage unserer Schifffahrt erreichten wir die Reede von Yarmouth, weil wir durch Gegenwinde und durch stille See seit dem letzten Sturm aufgehalten worden waren. Wir mussten auf der Reede ankern, da uns ein steifer Südwest immer noch entgegenstand. Wir lagen dort sieben oder acht Tage wie viele andere Schiffe von Newcastle her auf eben dieser Reede vor Anker, welche den gemeinsamen Hafen für alle die Schiffe abgab, die guten Wind abwarteten, um die Themse aufwärts zu fahren.

Wir wären vor Yarmouth nicht so lange liegen geblieben, wenn der Wind nicht stark zugenommen hätte. Am vierten oder fünften Tage stand er uns sehr scharf entgegen. Die Reede gilt als guter Hafen, hat einen bequemen Ankergrund und unsere Ankertaue waren stark. Unsere Leute machten also von dem bisschen Wind nicht viel Wesens und brachten ihre Zeit mit Schlafen und Fröhlichkeit zu. Allein am Morgen des achten Tages schwoll der Wind zum Sturm an. Wir hatten alle Mühe, die Topsegel einzuziehen und alles dicht und festzumachen, dass das Schiff so ruhig wie möglich vor Anker liegen konnte. Um Mittag ging die See sehr hoch. Große Wellen schlugen über das Deck, und ein- oder zweimal meinten wir, der Anker sei losgerissen, worauf unser Kapitän sogleich den Notanker loszumachen befahl, sodass wir nun von zwei Ankern gehalten wurden.

Unterdessen erhob sich ein wahrhaft fürchterlicher Sturm und jetzt sah ich zum ersten Mal Angst und Bestürzung auch in den Mienen unserer Seeleute. Ich hörte den Kapitän leise vor sich hin sagen: »Gott sei uns gnädig! Wir sind alle verloren! Wir werden alle umkommen!«

Während der ersten Verwirrung lag ich ganz still in meiner Koje, die sich im Zwischendeck befand, und war in einer unbeschreiblichen Stimmung. Es war mir nicht möglich, die vorigen reuigen Gedanken, die ich so offenbar von mir gestoßen hatte, wieder aufzunehmen. Ich hatte geglaubt, die Todesgefahr überstanden zu haben, und gemeint, es würde jetzt nicht so schlimm werden wie das erste Mal. Jedoch als der Kapitän in meine Nähe kam und die erwähnten Worte sprach, erschrak ich zu Tode. Ich stand auf, ging aus meiner Kajüte und sah mich um; aber ich hatte noch niemals einen so furchterregenden Anblick erlebt. Die Wellen gingen bergehoch und begruben uns alle drei bis vier Minuten. Ich sah nichts als Jammer und Not ringsumher. Zwei Schiffe, die in unsrer Nähe vor Anker lagen, hatten, weil sie zu schwer beladen waren, ihre Mastbäume kappen müssen, und unsere Leute riefen einander zu, dass ein Schiff, welches etwa eine Meile vor uns vor Anker lag, gesunken sei. Zwei andere Schiffe, deren Ankertaue gerissen waren, waren von der Reede auf die See getrieben und, aller Masten beraubt, dem Untergange preisgegeben. Die leichten Fahrzeuge waren am besten daran, da sie der See nicht so viel Widerstand entgegensetzen konnten, aber zwei oder drei von ihnen trieben auch ab und wurden vom Winde, dem sie nur den Klüver boten, hin und her gejagt.

Gegen Abend fragten der Steuermann und der Bootsmann den Kapitän, ob sie nicht den Fockmast kappen dürften. Er wollte anfangs nicht daran, aber als der Bootsmann ihm entgegenhielt, dass andernfalls das Schiff sinken würde, willigte er ein. Als man den vorderen Mast beseitigt hatte, stand der Hauptmast so lose und erschütterte das Schiff dermaßen, dass die Mannschaft genötigt war, auch ihn zu kappen und das Deck zu räumen.

Jedermann kann sich leicht denken, in welchem Zustand ich mich bei alledem befand; ich, der ich ein Neuling zur See war und erst so kurz vorher eine solche Angst ausgestanden hatte. Doch wenn ich die Gedanken, die ich damals hatte, jetzt noch richtig anzugeben vermag, so war mein Gemüt zehnmal mehr in

Trauer darüber, dass ich meine früheren Absichten aufgegeben und wieder zu den vorher gefassten Plänen zurückgekehrt war, als über den Gedanken an den Tod selbst. Diese Gefühle im Verein mit dem Schrecken vor dem Sturm versetzten mich in einen solchen Gemütszustand, dass ich ihn nicht mit Worten beschreiben kann. Das Schlimmste aber war noch nicht gekommen.

Der Sturm wütete dermaßen fort, dass selbst die Seeleute zugaben, niemals einen schlimmeren erlebt zu haben.

Wir hatten zwar ein gutes Schiff, allein es war zu schwer beladen und schwankte so stark, dass die Matrosen wiederholt riefen, es werde kentern. In gewisser Hinsicht war es gut für mich, dass ich die Bedeutung dieses Wortes nicht in seinem vollen Umfang kannte, bis ich später danach fragte.

Mittlerweile wurde der Sturm so heftig, dass ich sah, was man nicht oft zu sehen bekommt: nämlich wie der Kapitän, der Bootsmann und etliche andere zum Gebet ihre Zuflucht nahmen.

In der Mitte der Nacht kam ein Matrose aus dem Schiffsraum heraufgestiegen und schrie überlaut, wir hätten ein Leck bekommen! Ein anderer rief dazwischen, im Raum stehe schon vier Fuß tief Wasser! Sofort erscholl der Ruf: »An die Pumpen!« Bei diesem Wort erstarrte mir das Herz im Leibe. Die Bootsleute schrien mir zu, wenn ich auch sonst zu nichts zu gebrauchen wäre, so könne ich doch wie jeder andere wohl pumpen. Da raffte ich mich auf, eilte zur Pumpe und fing an zu arbeiten.

Inzwischen hatte der Kapitän bemerkt, dass einige leicht beladene Kohlenschiffe, weil sie den Sturm vor Anker nicht auszuhalten vermochten, in die freie See stachen und sich uns näherten. Daher befahl er, ein Geschütz abzufeuern und dadurch ein Notsignal zu geben. Ich, der nicht wusste, was das zu

bedeuten hatte, war so erschrocken, dass ich glaubte, das Schiff sei aus den Fugen gegangen oder irgendetwas Schreckliches sei vorgefallen. Mit einem Wort, ich fiel in Ohnmacht. Weil aber jeder nur an Erhaltung seines eigenen Lebens dachte, bekümmerte sich niemand um mich und darum, was aus mir würde. Ein anderer nahm meine Stelle an der Pumpe ein, stieß mich mit dem Fuße beiseite und ließ mich für tot liegen, bis ich nach geraumer Zeit wieder zu mir kam.

Wir arbeiteten unermüdlich weiter, aber das Wasser stieg im Schiffsraum immer höher, und das Schiff begann, augenscheinlich zu sinken. Zwar legte sich der Sturm jetzt ein wenig, allein unmöglich konnte unser Fahrzeug sich so lange über Wasser halten, bis wir einen Hafen erreichten. Deshalb ließ der Kapitän fortwährend Notschüsse abfeuern.

Ein leichtes Schiff, das vor uns hergetrieben war, wagte es, uns ein Boot zur Hilfe zu senden. Der Nachen wurde hin und her geschleudert, kam mit größter Gefahr in unsere Nähe, allein es war unmöglich, beim Schiff anzulegen. Endlich vermochten unsere Leute, den Rettern ein Tau zuzuwerfen. Daran zogen sie sich bis unter das Heck unseres Schiffes und wir konnten uns sämtlich in das Boot hinunterlassen. Wir durften jedoch nicht daran denken, ihr eigenes Schiff zu erreichen, ließen das Boot treiben und steuerten so viel wie nur möglich dem Ufer zu. Unser Kapitän versprach ihnen, er wolle das Boot bezahlen, falls es beim Landen in Stücke ginge. Endlich kam das Boot durch Treiben und hartes Rudern ans Ufer und stieß nahe Winterton-Ness an Land.

Kaum hatten wir unser Schiff verlassen, als wir es sinken sahen. Ich vermochte kaum hinzublicken, als ein Matrose mir sagte, das Schiff gehe unter. Von dem Augenblick an, als sie mich in das Boot hineingeworfen hatten, war mein Herz wie tot. Der Schrecken, die Unruhe des Gemüts, meine Gewissensbisse hatten mir hart zugesetzt.

Als wir dem Land näher kamen, konnten wir, wenn unser Boot auf den Rücken einer Welle emporgehoben wurde, am Strande viele Leute laufen sehen, die uns Hilfe bringen wollten. Allein wir kamen nur langsam näher, denn wir mussten erst am Leuchtturm von Winterton vorbei. Dort kürzt sich die Küste westlich gen Cromer ab und das hohe Land mindert die Heftigkeit des Windes. Hier ruderten wir ans Land und vermochten, unter großer Beschwerlichkeit den Strand zu erreichen. Wir kamen zu Fuß nach Yarmouth, und sowohl die Obrigkeit des Ortes als auch die Kaufleute und Schiffseigner halfen uns schiffbrüchigen Leuten, soviel sie nur konnten. Sie gaben uns auch Geld, damit wir unsere Reise nach London fortsetzen oder nach Hull zurückfahren konnten.

Es wäre mein Glück gewesen, wenn ich so viel Vernunft besessen hätte, nach Hull und in meine Heimat zurückzukehren. Mein Vater hätte, gleich dem Vater im biblischen Gleichnis, unfehlbar meinetwegen ein Kalb geschlachtet. Nun musste er geraume Zeit auf die Nachricht warten, dass ich gerettet sei, denn er hatte bereits erfahren, dass das Schiff, auf welchem ich von Hull abgefahren war, auf der Reede von Yarmouth untergegangen sei.

Mein Kamerad, der mich zu dieser Reise verführt, ließ jetzt nicht minder den Kopf hängen. Als ich ihn in Yarmouth in einer Herberge zum ersten Male wiedersah, schien er mir ganz verändert. Er blickte melancholisch vor sich hin und fragte mich wie beiläufig, wie mir's gehe. Er erzählte seinem Vater, der mit ihm ging, wer ich sei und dass ich diese Fahrt nur zur Probe angetreten habe.

Der Vater wandte mir ein ernsthaftes und trauriges Gesicht zu und sprach: »Junger Mann, Ihr dürft niemals mehr aufs Meer gehen. Nehmt dieses Unglück für ein deutliches und sichtbares Zeichen, dass kein rechtschaffener Seemann aus Euch werden kann.«

Ich aber trotzte: »Warum denn, mein Herr! Wollt Ihr denn auch nicht wieder aufs Meer hinaus?«

Er schüttelte den Kopf: »Das ist etwas anderes, die Seefahrt ist mein Beruf und daher meine Pflicht. Ihr aber habt diese Reise nur zur Probe getan. Der Himmel hat Euch einen Vorgeschmack von dem gegeben, was Ihr zu erwarten habt, wenn Ihr auf der Seefahrt besteht.« Er schloss: »Vielleicht hat uns das alles nur Euretwegen betroffen, sagt mir doch, wer Ihr seid und was in aller Welt Euch bewegen konnte, diese Reise mitzumachen?«

Hierauf erzählte ich ihm einen Teil meiner Lebensgeschichte. Als ich geendet hatte, rief er leidenschaftlich: »Was habe ich nur getan, dass solch ein Unglücksmensch auf mein Schiff geraten musste? Nicht für tausend Pfund möchte ich meinen Fuß wieder mit Euch zusammen auf ein Schiff setzen!« Dieser Ausbruch war wohl durch die Erinnerung an seinen Verlust hervorgerufen, denn eigentlich hatte der Mann kein Recht dazu, so heftig mir gegenüber aufzutreten.

Jedoch redete er mir später noch sehr ernstlich zu und ermahnte mich, zu meinem Vater zurückzukehren und nicht noch einmal die Vorsehung zu versuchen. Ich würde sehen, sagte er, dass die Hand des Himmels mir offensichtlich entgegenarbeite. »Verlasst Euch darauf, junger Mann«, fügte er hinzu, »wenn Ihr nicht nach Hause geht, werdet Ihr, wohin Ihr Euch auch wendet, nur mit Missgeschick und Not zu ringen haben, bis die Worte Eures Vaters sich an Euch erfüllt haben.«

So gingen wir auseinander. Ich hatte ihm nur sehr kurz geantwortet, habe ihn nachher niemals wieder gesehen und weiß nicht, wohin er gekommen ist. Da ich noch etwas Geld besaß, wanderte ich zu Fuß nach London. Unterwegs kämpfte ich mit mir selbst, ob ich nach zu Hause zurückkehren oder aufs Meer gehen solle. An meiner Heimkehr hinderte mich die Scham. Ich stellte mir vor, wie mich die Nachbarn auslachen würden und wie ich rot werden müsste, wenn ich meinen Eltern oder sonst jemandem unter die Augen käme. So war ich lange Zeit unentschlossen und wusste nicht recht, was ich anfangen sollte. Darüber vergaß ich die ausgestandene Not, und endlich verwarf ich auch den Gedanken der Rückkehr und sah mich nach einer Gelegenheit um, wieder zur See zu gehen.

Die unheilvolle Macht, die mich zuerst aus meines Vaters Hause getrieben, die mich in dem tollen, unreifen Gedanken verstrickt hatte, in der Ferne mein Glück zu suchen und diesen Plan so fest hatte in mir einwurzeln lassen, dass ich für allen guten Rat, für Bitten und Befehle meines Vaters taub gewesen war, dieselbe Macht veranlasste mich auch, dass ich mich auf die allerunglückseligste Unternehmung von der Welt einließ. Ich begab mich nämlich an Bord eines nach der afrikanischen Küste bestimmten Schiffes oder, wie unsere Seeleute zu sagen pflegen, eines Guineafahrers. Jedoch, und dies war ein besonders schlimmer Umstand, verdingte ich mich nicht etwa als ordentlicher Seemann auf das Schiff. Wenn ich in diesem Falle auch etwas härter hätte arbeiten müssen, so würde ich doch den seemännischen Dienst gründlich erlernt und mich allmählich zum Matrosen oder Schiffsoffizier, wenn nicht gar zum Kapitän heraufgearbeitet haben. Nein, wie es ja immer mein Schicksal war, dass ich das Schlimmste wählte, so tat ich es auch dieses Mal. Denn da ich Geld in der Tasche und gute Kleider auf dem Leibe hatte, wollte ich nur wie ein großer Herr an Bord gehen und hatte somit auf dem Schiffe weder etwas Ordentliches zu tun noch lernte ich den Seemannsdienst vollständig kennen.

2. KAPITEL

Guineafahrten, Gefangenschaft bei den Seeräubern und Flucht

s war mein Glück, dass ich in London gleich in die richtige Gesellschaft geriet. Ich machte die Bekanntschaft eines Kapitäns, der schon an der guineischen Küste gewesen war und wieder dorthin zu fahren gedachte. Da ihm mein Umgang angenehm war, bat er mich, wenn ich gern die Welt sehen möchte, möge ich mit ihm fahren, es solle mich nichts kosten. Ich könne an seiner Tafel speisen und in seiner Kajüte schlafen. Wenn ich Waren mitnehmen wolle, könne er mir durch den Handel Vorteil damit verschaffen. Ich nahm das Anerbieten an und schloss einen Vertrag mit dem Schiffseigner, der ein ehrlicher und aufrichtiger Mann war. Mein kleines Kapital wurde durch die Redlichkeit des Schiffskapitäns ansehnlich vergrößert. Ich legte etwa vierzig Pfund Sterling in Spielzeug und anderen Waren an. Diese vierzig Pfund hatte ich mithilfe etlicher Verwandter zusammengebracht, und ich vermute, dass meine Mutter auch meinen Vater beredet hatte, mir zu meiner ersten Unternehmung etwas Kapital vorzuschießen.

Die Reise an die guineische Küste war mein einziges glückliches Abenteuer. Das habe ich dem treuherzigen und ehrlichen Gemüt meines Freundes, des Kapitäns, zu danken. Von ihm erfuhr ich auch allerhand Wissenswertes in Bezug auf Mathematik und Schiffsführung. Ich lernte den Kurs eines Schiffes berechnen und den Stand der Sonne messen, mit einem Worte Dinge, die ein Seefahrer können muss. Es war seine Freude, mich das alles zu lehren. Darum folgte ich ihm gern und wurde auf dieser Reise beides, ein Seefahrer und ein Kaufmann. Ich brachte fünf Pfund und neun Unzen Goldkörner für meine Waren zurück. Daraus vermochte ich in London dreihundert Pfund Sterling zu erlösen. Dadurch wurde mein Kopf mit ehrgeizigen Gedanken erfüllt, doch ich bin später dafür ins äußerste Elend geraten. Aber sogar diese Reise war nicht ganz ohne Missgeschick für mich abgelaufen, wozu ich hauptsächlich rechne, dass ich mich während der ganzen Reise unwohl fühlte, und da wir unsern Handel hauptsächlich an der Küste vom fünfzehnten Grad nördlicher Breite bis zum Äquator hin trieben, so wurde ich, wohl infolge der übermäßigen afrikanischen Hitze, von einem heftigen Fieber befallen.

Nunmehr galt ich als Guineahändler. Zu meinem Unglück starb mein Freund bald nach seiner Rückkehr. Ich beschloss, die gleiche Reise nochmals zu machen und begab mich wieder auf das vorige Schiff, auf dem aus dem Steuermann der Kapitän geworden war. Diese Reise war die unglücklichste, die je ein Mensch unternommen hat. Ich hatte nur für hundert Pfund Sterling Waren mitgenommen, die übrigen zweihundert aber bei der Witwe meines Freundes in Verwahrung gegeben. Als unser Kapitän den Kurs gegen die Kanarischen Inseln hielt, sichtete er in der Dämmerung des Morgens einen türkischen Seeräuber, der uns mit vollen Segeln nachjagte.

Wir hissten, um zu entrinnen, gleichfalls unsere sämtlichen Segel, soviel nur die Masten halten wollten. Da wir aber sahen, dass der Pirat uns überholte und uns in wenigen Stunden erreicht haben würde, blieb uns nichts übrig, als uns kampfbereit zu machen.

Wir hatten zwölf Kanonen, der Seeräuber aber führte deren achtzehn an Bord. Gegen drei Uhr nachmittags hatte er uns eingeholt. Da er uns jedoch aus Versehen mittschiffs angriff, statt am Vorderteil, wie er wohl ursprünglich beabsichtigt hatte, schafften wir acht von unsern Kanonen auf die angegriffene Seite und verabreichten ihm eine Salve. Nachdem der Feind unser Feuer erwidert und dazu seine zweihundert Mann Besatzung auf uns hatte mit Musketen schießen lassen, ohne einen einzigen unsrer Leute, die sich gut gedeckt hielten, zu treffen, wich er zurück. Alsbald aber bereitete er einen neuen Angriff vor und auch wir machten uns abermals zur Verteidigung fertig. Diesmal griff er uns auf der andern Seite an, legte sich dicht an unsern Bord, und sofort sprangen sechzig Türken auf unser Deck und begannen, unsere Segel und Tauwerk zu zerhauen.

Wir empfingen sie zwar mit Musketen, Enterhaken und andern Waffen, machten auch zweimal unser Deck frei; trotzdem aber, um sogleich das traurige Ende des Kampfes zu berichten, mussten wir, nachdem unser Schiff seeuntüchtig gemacht und drei unserer Leute getötet waren, uns ergeben und wurden als Gefangene nach Salee, dem Hafen der Piraten, gebracht.

Mir ging es nicht so schlimm, als ich anfangs befürchtet hatte. Ich wurde nicht wie die anderen ins Landesinnere verschleppt und an des Kaisers Hof gebracht, sondern der Kapitän der Seeräuber behielt mich als eigene Beute. Er meinte, ich als junger, flinker Bursche könne ein geschickter Sklave sein.

Die vollständige Verwandlung meines Standes, durch die ich aus einem stolzen Kaufmann zu einem elenden Sklaven geworden war, deprimierte mich tief. Jetzt gedachte ich der prophetischen Worte meines Vaters: dass ich ins Elend geraten und ganz hilflos werden würde. Ich glaubte, diese Vorhersagung habe sich nun bereits erfüllt, und es könne nichts Schlimmeres mehr für mich kommen. Die Hand des Himmels, so dachte ich, habe mich schon erreicht, und ich sei rettungslos verloren. Aber ach! Es war nur der Vorgeschmack der Leiden, die ich noch, wie der Verlauf dieser Geschichte lehren wird, zu ertragen hatte.

Als mein neuer Herr mich in sein eigenes Haus mitgenommen hatte, gab ich mich der Hoffnung hin, er werde mich auch mitnehmen, wenn er wieder zur See ginge, und ich könne dann, wenn ihn vielleicht ein spanisches oder portugiesisches Kriegsschiff kapern würde, wieder meine Freiheit erlangen. Diese kühne Hoffnung entschwand aber bald; denn sooft sich mein Patron einschiffte, ließ er mich zurück, um die Arbeit im Garten und den gewöhnlichen Sklavendienst im Hause zu verrichten, und wenn er dann von seinen Streifzügen heimkam, musste ich in der Kajüte seines Schiffes schlafen und dieses bewachen. Während ich hier nun auf nichts anders sann, als wie ich meine Flucht bewerkstelligen könnte, wollte sich mir doch auf keine Weise die Gelegenheit dazu bieten. Auch war niemand da, dem ich meine Pläne hätte mitteilen und der mich hätte begleiten können, denn ich besaß keinen Mitsklaven. Es vergingen zwei Jahre, ohne dass ich den geringsten Weg zu einer Flucht vor mir sah.

Erst danach traten Umstände ein, die meine Pläne wieder belebten. Eine geraume Zeit hindurch blieb nämlich mein Herr, wie ich hörte, aus Geldmangel, gegen seine Gewohnheit zu Hause. Während dieser Zeit fuhr er jede Woche ein oder mehrere Male in einem kleinen Boot auf die Reede zum Fischen, wobei er stets mich und einen jungen Mauren zum Rudern mitnahm. Wir machten ihm auf diesen Fahrten allerlei Späße vor, und da ich mich beim Fischfang anstellig zeigte, erlaubte er, dass ich nebst einem seiner Verwandten und dem Maurenjungen auch zuweilen allein hinausfuhr und ihm ein Gericht Fische holte.

Einstmals als wir an einem ganz stillen Morgen zum Fischen ausfuhren, fiel ein so dichter Nebel ein, dass wir alsbald das Ufer aus dem Blick verloren. Wir ruderten immerzu, wussten aber schließlich nicht mehr, in welcher Richtung das Land zu suchen sei. Wir arbeiteten den ganzen Tag und die folgende Nacht dazu und wurden erst bei anbrechendem Morgen gewahr, dass wir seeeinwärts getrieben und wenigstens zwei Meilen vom Ufer ab waren. Wir mussten hart rudern, um das Land zu erreichen, denn der Wind stand uns scharf entgegen. Auch waren wir vor Hunger völlig entkräftet.

Unser Seeräuberkapitän aber ließ sich den Vorgang zur Warnung dienen. Er fuhr künftig nicht mehr ohne Kompass aus. Dem Schiffszimmermann, der gleichfalls ein englischer Sklave war, gab er Befehl, mitten in der Schaluppe eine kleine Kajüte zu bauen. Dort konnte einer am Ruder stehen und das große Segel führen. Vorn im Schiff aber blieb Platz für die übrigen, die die Segel hissen und wenden mussten. Das Segel war oben schmal und unten breit. Unsere Schiffer nennen diese Form ein Gigsegel, und die Rahe oder Gig hing über der Kajüte. Dieser Raum war schmal und niedrig. Er hatte bloß Platz für den Herrn mit ein paar Sklaven. Man konnte darin schlafen und ein Tischchen zum Essen aufstellen. Auch etliche Kisten mit Brot, Reis und Kaffee und einige Flaschen fanden noch Platz. Mit diesem Boot fuhren wir fleißig zum Fischen, und weil ich sehr geschickt war, nahm mich der Seeräuber stets mit. An einem Tage sollten einige vornehme Mauren des Ortes als Gäste mitfahren. Es wurde ein besonderer Vorrat an Lebensmitteln eingeschifft. Auch drei Flinten mit Pulver und Schrot hatte man ins Boot gebracht, denn man wollte sich wohl mit Vogelschießen ergötzen.

Ich trug alle Sachen in das Boot und machte das Fahrzeug fahrbereit. Ich hatte es sauber geputzt, die Flagge aufgezogen und Wimpel angebracht, die lustig im Winde wehten. Bald darauf aber kam der Kapitän allein zum Strand und sagte, seine Gäste hätten wegen dringender Geschäfte abgesagt. Ich solle mit dem Diener und dem Jungen allein hinausfahren, um Fische für die Abendmahlzeit zu fangen. Die Gäste würden heute Abend bei ihm zu Hause speisen. In aller Geschwindigkeit machte ich mich zur Abfahrt fertig; denn mir schossen meine Gedanken an Flucht durch den Kopf. Jetzt hatte ich die Möglichkeit, das kleine Schiff in meinen Besitz zu bringen. Nun konnte ich zu einer Reise hinausfahren, auch wenn ich noch nicht wusste, wohin ich segeln sollte. Mir war es gleich, an welchen Ort der Welt ich käme, wenn ich nur die Freiheit wiedererlangte.

Mein erster Gedanke war, wie ich den Diener unauffällig veranlassen könne, weiteren Mundvorrat zu holen. Ich befahl ihm, noch Nahrung herbeizuschaffen, weil es sich nicht schicke, dass wir von unseres Herrn Mundvorrat äßen. Er ging bereitwillig und brachte einen großen Korb mit Zwieback und drei Krüge mit frischem Wasser an Bord. Ich wusste, wo meines Herrn Weinflaschen standen. Ich schleppte eine ziemliche Anzahl herbei und setzte sie in die Kästchen hinein, als seien sie für den Herrn dorthin gebracht. Es war guter Wein aus einer englischen Beute. Auch trug ich einen großen Klumpen Wachs von etwa fünfzig Pfund Gewicht ins Boot, damit es mir nicht an Lichtern fehle. Auch große Knäuel Segeldraht, Bindfaden, Beil, Säge und

Hammer, lauter sehr nützliche Dinge, vergaß ich nicht. Der Diener machte zwar verwunderte Augen, ließ sich aber übertölpeln. Ich vermochte, ihn sogar zu überreden, noch ein wenig Pulver und Schrot zu holen; ich sagte ihm, wir könnten auf große Seevögel zum Schuss kommen, und beschrieb ihm wo der Schießvorrat im großen Schiff liege.

»Gut«, erwiderte er, »ich will's holen.« Bald darauf kam er wirklich mit einem großen Lederbeutel, in welchem sich etwa anderthalb Pfund Pulver, fünf bis sechs Pfund Schrot und etliche Kugeln befanden, und trug dies alles zusammen ins Boot.

Unterdessen hatte ich auch in meines Herrn Kajüte etwas Pulver gefunden, das ich in eine der großen Flaschen im Flaschenkorb, die beinahe leer war und deren Inhalt ich in eine andere goss, füllte. So, mit dem Nötigsten versehen, segelten wir aus dem Hafen zum Fischfang. Der Wind blies leider aus Nordnordost; wäre er von Süden gekommen, hätte ich leicht die spanische Küste oder wenigstens die Bai von Cádiz erreichen können. Trotzdem aber, mochte der Wind auch noch so ungünstig wehen, blieb mein Entschluss fest, von diesem schrecklichen Orte zu entrinnen, das Übrige aber dem Schicksal zu überlassen.

Nachdem wir einige Zeit gefischt hatten, ohne etwas zu fangen – denn auch wenn ich einen Fisch an der Angel spürte, zog ich ihn nicht heraus –, sagte ich zu dem Diener: »Das geht so nicht, auf diese Weise werden wir unserm Herrn nichts nach Hause bringen, wir müssen es weiter draußen versuchen.«

Er willigte ein und zog, da er am Bug des Schiffes stand, die Segel auf. Er dachte an nichts Böses und ich stand am Ruder. Wir steuerten eine gute Meile auf die hohe See hinaus, drehten dann bei, als wenn es wieder das Fischen gelten solle. Ich gab dem Jungen das Steuer in die Hand, trat an den Diener heran, tat, als ob ich mich nach etwas bücke, griff ihn unversehens unter die Kniekehle und warf ihn über Bord. Er tauchte augenblicklich wieder auf, denn er schwamm wie ein Kork, rief und flehte, ihn wieder ins Schiff zu nehmen, er wolle mit mir durch die ganze Welt gehen. Er schwamm wirklich hinter dem Boot her und hätte es bald wieder erreicht.

Ich aber eilte in die Kajüte, ergriff eine der Vogelflinten und rief ihm zu: »Wenn du dich ruhig verhältst, werde ich dir nichts zuleide tun. Du schwimmst gut genug, um das Land erreichen zu können, und die See ist ruhig. Mach, dass du fortkommst, so will ich dich verschonen; wagst du dich aber an das Boot heran, so brenne ich dir eins vor den Kopf, denn ich bin entschlossen, in die Freiheit zu fahren.«

Hierauf wandte er sich um, schwamm nach der Küste und hat diese auch sicher mit Leichtigkeit erreicht, denn er war ein vortrefflicher Schwimmer.

Nun hatte ich noch den Jungen im Boot. Er hieß Xury, und ich sagte ihm, wenn er mir treu sein wolle, könne er bei mir ein großer Mann werden. Wofern er sich aber nicht ins Gesicht schlage und mir so Treue schwöre, wolle ich ihn ins Meer werfen. Der Bursche lächelte mich so offen und ehrlich an, dass ich ihm nicht misstrauen konnte. Er tat, wie ich geheißen, versprach mir, treu und ergeben zu sein und mit mir durch die ganze weite Welt zu gehen.

Ich steuerte das Boot auf das hohe Meer und blickte derweilen dem schwimmenden Mauren nach. An Land mochten sie denken, ich segle der Meerenge zwischen Afrika und Spanien zu. Wer hätte glauben können, wir wollten südwärts entweichen, nach der barbarischen Küste zu, wo uns die Eingeborenen in ihren Booten leicht hätten umzingeln und umbringen können.

Auch landen hätten wir dort nicht können, denn wir wären von den wilden Tieren und noch wilderen Menschen sehr bald aufgefressen worden.

Sobald es aber dunkel wurde, veränderte ich meinen Kurs und segelte nach Osten, damit ich unter Land bliebe. Ich hatte frischen, ständigen Wind und stille See. Darum kam ich gut weiter und befand mich am andern Nachmittag gegen drei Uhr, als ich zum ersten Mal wieder Land sichtete, nicht weniger als 150 englische Meilen südwärts von Salee. Ich war also weit über das Reich des Kaisers von Marokko oder eines der Nachbarkönige hinaus. Wir sahen an Land keine Menschen, und ich hatte so große Angst vor den Mauren, dass ich mich nicht getraute, an Land zu gehen. Der Wind blies noch immer aus der alten Richtung und ich musste ihm ganze fünf Tage nachfahren. Endlich drehte er sich nach Süden. Daraus schloss ich, wenn mir Schiffe nachgefahren seien, so würden sie jetzt den Wind gegen sich haben und umkehren müssen. Jetzt wagte ich es, an Land zu gehen. Ich ankerte in der Mündung eines kleinen Flusses, ohne seinen Namen und das anliegende Land zu kennen. Auch Menschen waren nicht sichtbar, aber ich verlangte auch keine zu sehen. Was mir fehlte, war frisches Wasser. Wir waren willens, abends an Land zu schwimmen und die Gegend zu erkunden. Sobald aber die Nacht völlig hereingebrochen war, begann ein so grässliches Heulen und Brüllen wilder Tiere, dass der arme Junge fast vor Angst starb und mich anflehte, ja nicht vor Tage an Land zu gehen.

Ich sagte ihm, dass uns am Tage die Menschen mehr schaden würden als die Tiere.

Da lachte er und sagte: »Dann wollen wir dazwischenschießen und sie alle in die Flucht jagen.«

Ich freute mich, dass der Bursche so munter war, und gab ihm, um ihn noch beherzter zu machen, einen Schluck Branntwein.

Wir ließen unseren Anker fallen und lagen die ganze Nacht über still. Zu schlafen vermochten wir nicht, denn eine Menge großer, wilder Tiere aller Gattungen kam ans Meeresufer, sprang ins Wasser, um sich darin zu erfrischen und abzukühlen. Sie machten ein solch entsetzliches Geschrei und Geheul, wie ich es mein Lebtag nicht gehört habe.

Xury, und ich nicht minder, entsetzten uns noch mehr, als wir eins dieser großen Tiere auf unser Boot zuschwimmen hörten. Wir konnten nichts sehen, aber sein Schnauben bewies uns, dass es eine ungeheuer wilde und grimmige Bestie sei.

Xury meinte, es sei ein Löwe, und er wird richtig geurteilt haben. Ich lief eilends zur Kajüte, nahm eine Flinte und feuerte auf das Geräusch los. Darauf kehrte das Tier augenblicklich um und entfernte sich nach dem Ufer zu.

Es ist nicht zu beschreiben, was für ein entsetzliches Lärmen, fürchterliches Schreien und Geheul am Ufer und weit ins Land hinein über meinem Büchsenschuss entstand. Ein solcher Knall war an dieser Küste wohl niemals gehört worden. Es war also unmöglich, in der Nacht an Land zu gehen.

Ich überlegte, ob wir es bei Tage wagen sollten. Es konnten uns ebenso gut wilde Menschen als auch reißende Löwen und Tiger empfangen. Vor beiden hatten wir gleiche Angst. Trotzdem waren wir gezwungen, das Land zu betreten, denn es war nur noch eine Viertel Kanne frisches Wasser im Boot. Xury bot sich an, er wolle mit einem Krug ans Ufer gehen, Wasser suchen und herbringen.

Zur Belohnung für seinen Mut gab ich ihm ein Stück Zwieback und noch einen Schluck Branntwein. Wir holten das Boot näher ans Ufer heran, wateten dann mit unserem Gewehr und zwei Wasserkannen hinüber. Ich getraute mich nicht, das Boot aus dem Blick zu lassen; denn ich fürchtete, Wilde könnten mit Kähnen den Fluss herabkommen und es wegnehmen.

Der Junge aber, als er eine Niederung erblickte, die eine englische Meile landeinwärts lag, lief dorthin, und ich sah ihn bald darauf wieder zu mir herrennen. Ich dachte, er würde von den Wilden verfolgt, oder er fliehe aus Furcht vor einem grausamen Tier. Daher eilte ich ihm entgegen.

Als ich näher kam, sah ich ein Tier über seiner Achsel hängen, das hatte er geschossen. Es hatte die Größe eines Hasen, war aber von anderer Farbe, und die Läufe waren viel länger. Wir freuten uns sehr, denn nun hatten wir ein herrliches Essen.

Noch größere Freude machte es mir, dass der Junge Wasser gefunden und keine wilden Menschen gesehen hatte. Als die Flut sank, fanden wir, dass weiter den Fluss hinauf eine Quelle sprudelte. Dort konnten wir ohne Mühe Wasser schöpfen und brauchten uns deswegen nicht in Gefahr zu begeben. Wir füllten unsere Krüge, ließen es uns bei unserem Hasenwildbret wohl sein und machten uns zur Weiterreise fertig. Menschliche Fußstapfen haben wir in dieser Gegend des Landes nicht wahrgenommen.

Weil ich bereits einmal diese Küste befahren hatte, wusste ich, dass die Kanarischen sowie die Kapverdischen Inseln nicht weit von ihr abliegen. Ich hatte jedoch keine Navigationsinstrumente, um die Sonnenhöhe zu nehmen, erinnerte mich auch nicht, unter was für einer Breite diese Eilande lägen. Darum wusste ich nicht, von wo aus ich seewärts auf sie zuhalten müsste. Ich beschloss also, nicht aufs Ungewisse ins offene Meer hinauszusteuern, vielmehr längs der Küste hinzusegeln, bis in die Gegend hinunter, wo ich englische Schiffe auf ihrer gewöhnlichen Fahrt

zur guineischen Küste anzutreffen hoffte. Nach meiner Überlegung musste ich mich in der Gegend befinden, die zwischen dem Kaiserreich Marokko und den südlicheren Ländern liegt und wo die Küste nur von wilden Tieren bewohnt ist. Die Eingeborenen haben diesen Landstrich verlassen und sich aus Furcht vor den Marokkanern nach Süden zurückgezogen, während die Mauren die Gegend wegen ihrer Unfruchtbarkeit nicht bewirtschaften. Beide Völkerschaften haben auch deshalb jene Gegend aufgegeben, weil so erstaunlich viele Tiger, Löwen, Leoparden und andere wilde Tiere dort hausen. Die Mauren benutzen die Gegend daher nur zum Jagen. Beinahe hundert Meilen lang sahen wir an der Küste nur wüstes Land, bei Tage wie ausgestorben, des Nachts erfüllt vom Geheul und Gebrüll der Tiere.

Am Tage glaubte ich einige Male, den Pik von Teneriffa, den höchsten Gipfel des Berges Teneriffa auf den Kanarischen Inseln, zu sehen, und überlegte, ob ich diese Inseln nicht doch ansteuern solle. Ich versuchte es zweimal, musste es aber wegen starken Gegenwindes aufgeben. Auch war mein kleines Fahrzeug für die hohe See viel zu leicht. Daher lenkte ich wieder zurück und blieb bei meinem Vorhaben, längs der Küste nach Süden zu segeln. Wegen frischen Wassers mussten wir noch einige Male landen. Einmal legten wir morgens in der Frühe unterhalb einer Landspitze, die hoch ins Meer vorsprang, an.

Xury, dessen Augen schärfer waren als die meinen, rückte sachte zu mir her und flüsterte, wir täten besser, weiter vom Ufer abzuhalten. Dort bei jenem kleinen Hügel schliefe ein grässliches Ungeheuer.

Ich folgte seinem deutenden Finger mit den Augen und erblickte einen entsetzlich großen Löwen, der im Schatten eines Felsen in tiefem Schlummer lag.

»Xury«, sagte ich, »spring ans Land und töte den Hund!«

»Ich kann ihn nicht töten!«, gab er mit ängstlichem Gesicht zurück. »Er schluckt mich auf einmal hinunter.«

Ich ergriff unsere größte Flinte, lud sie stark mit Pulver und ein paar Stücken Eisen und zielte scharf nach dem Kopf des Löwen. Er fuhr brüllend auf und sank dann zusammen.

Nun hatten wir zwar ein Wildbret, konnten's aber nicht essen. Xury wollte durchaus etwas von dem Tier mitnehmen, und ich überlegte, ob mir vielleicht die Haut nützlich sein könne. Ich beschloss, sie abzuziehen. Wir schwammen an Land und ich machte mich mit Xury ans Werk. Er verstand dieses Handwerk besser als ich. Wir hatten ganze zwei Tage daran zu schaffen und wir breiteten das Löwenfell oben auf der Kajüte aus. Die Sonne trocknete es in ein paar Tagen und ich gebrauchte es später als Unterbett.

Nach diesem Aufenthalt segelten wir zehn bis zwölf Tage südwärts. Um Nahrungsmittel zu sparen, die sehr abzunehmen begannen, begaben wir uns öfter an Land, um Wild zu schießen. Ich hatte überlegt, den Fluss Gambia oder Senegal, das ist die

Gegend bei Kap Verde, zu erreichen. Dort hoffte ich ein europäisches Schiff anzutreffen. Gelang das nicht, so blieb kein anderes Mittel, als die Kapverdischen Inseln anzusteuern. Mir war bekannt, dass alle europäischen Schiffe, die nach der guineischen Küste oder nach Ostindien oder Brasilien fahren, dieses Kap oder diese Eilande besuchen. Mein Schicksal stand fest: Ich musste ein Schiff antreffen oder Hungers sterben.

Mit diesem Plan fuhr ich zehn Tage lang nach Süden. Jetzt war das Land bewohnt, wir segelten an einigen Orten vorbei, wo die Leute am Ufer standen und nach uns ausschauten. Sie waren brandschwarz und splitternackt.

Ich hatte eines Tages Lust, an Land zu gehen, aber Xury riet mir ab. Doch fuhr ich näher ans Ufer hin, um mit ihnen reden zu können. Sie liefen eine gute Strecke am Strand nebenher. Waffen trugen sie nicht, hatten aber einen langen, dünnen Stock in der Hand.

Xury sagte, das sei eine Lanze, und sie träfen damit auf ziemliche Entfernung sicher ihr Ziel. Ich hielt also wieder weiter ab und suchte, mich durch Gebärden und Zeichen mit ihnen zu verständigen. Insbesondere gab ich ihnen zu verstehen, dass ich gern etwas zu essen hätte. Sie winkten zurück, ich möchte anhalten, dann wollten sie uns Speise bringen. Darauf reffte ich mein Segel, drehte bei und wartete. Die Schwarzen rannten eilends ins Land hinauf, kamen in weniger als einer halben Stunde zurück und brachten zwei Stücke gedörrtes Fleisch und einiges Korn.

Aber wir wussten nicht, wie wir zusammenkommen sollten. Ich wagte mich nicht ans Land und ihnen schien es vor uns zu grauen. Sie fanden einen guten Ausweg; sie legten ihre Gaben am Strand nieder und liefen eine ziemliche Strecke zurück. Dann holten wir die Speise ins Boot und sie kamen ans Ufer.

Unsere Dankbarkeit bewiesen wir ihnen durch Zeichen, denn eine Gegengabe besaßen wir nicht. Wir hatten aber Gelegenheit, ihnen einen besonderen Dienst zu erweisen. Als wir noch am Strande lagen, kamen zwei große Raubtiere, deren eines das andere mit heftigem Grimm verfolgte, vom Gebirge herunter an die See. Darüber erschraken besonders die Frauen und schrien vor Angst. Nur die, die eine Lanze in der Hand trugen, flohen nicht. Die Bestien taten indes niemand etwas, sprangen ins Wasser, tauchten unter, schwammen umher, als ob sie sich erfrischen wollten. Ich hatte die Flinte zur Hand genommen und hieß Xury das Gleiche tun.

Endlich kam eines der Tiere dem Boote näher. Ich legte mich auf die Lauer, ein Gewehr schussfertig in der Hand. Sobald mir das Tier in Schussweite kam, gab ich Feuer und traf es gerade vor den Kopf. Alsbald sank es unter, kam aber gleich wieder in die Höhe und tauchte im Todeskampf auf und nieder. Es hatte sich instinktiv nach dem Lande zurückgewendet, allein noch ehe es das Ufer erreichte, gaben ihm die tödliche Wunde und das verschluckte Wasser den Tod.

Es ist unmöglich, das Erstaunen der armen Leute über den Knall und das Feuer meines Gewehres zu schildern. Einige von ihnen wollten vor Furcht sterben und fielen, wie tot vor Schrecken, um.

Als sie das Untier leblos und ins Wasser versinken sahen und ich ihnen zugewinkt hatte, ans Ufer zu kommen, fassten sie Mut, näherten sich und fingen an, das Tier zu suchen. Es schwamm in seinem Blute, von dem das Wasser sich gefärbt hatte.

Ich schlang ihm ein Seil um den Leib, das ich den Leuten zuwarf, welche das tote Tier damit an den Strand zogen. Es war ein ungemein schöner und wundervoll gefleckter Leopard. Sie schlugen vor Verwunderung über das Ding, womit ich ihn getötet hatte, die Hände über dem Kopf zusammen.

Die Leopardin, erschreckt durch Blitz und Knall des Schusses, schwamm ans Land und rannte zu dem Berg zurück, woher sie gekommen. Ich merkte, dass die Sklaven Lust hatten, den toten Leoparden zu verzehren, und war auch gern bereit, ihnen denselben zu überlassen. Daher gab ich ihnen das durch Zeichen zu verstehen und sie schienen sehr dankbar dafür. Sofort machten sie sich an die Arbeit und zogen ihm mit einem scharfen Stück Holz das Fell rascher ab, als wir es mit unsern Messern gekonnt hätten.

Sie boten mir etwas von dem Fleisch an, was ich jedoch ablehnte, dagegen machte ich ihnen Zeichen, sie sollten mir das Fell geben, was sie denn auch sehr bereitwillig taten. Sie brachten mir außerdem noch eine große Menge von Lebensmitteln, die ich zwar nicht kannte, aber dennoch annahm.

Ich machte ihnen dann durch Zeichen begreiflich, dass ich Wasser nötig habe, indem ich ihnen einen von meinen Krügen umgekehrt vorzeigte, um damit anzudeuten, dass er leer sei.

Sofort kamen auf ihren Ruf zwei Frauen herbei und trugen ein großes irdenes Gefäß, das, wie ich vermute, in der Sonne gebrannt war. Sie setzten es in der früher erwähnten Weise nieder und ich schickte Xury ans Ufer und ließ meine drei Krüge sämtlich füllen. Die Frauen waren vollständig nackt, ebenso wie die Männer.

Jetzt hatte ich essbare Wurzeln, Korn und Was-

ser die Menge. Nachdem ich diese freundlichen Sklaven verlassen, segelte ich etwa elf Tage weiter, ohne der Küste zu nahe zu kommen, bis ich ungefähr fünf Meilen vor mir eine weit in das Meer ragende Landspitze entdeckte. Da die See sehr ruhig war, steuerte ich vom Lande ab, um diese Spitze zu umsegeln. Endlich, nachdem ich etwa zwei deutsche Meilen an dem gedachten Punkt vorüber war, erblickte ich vollkommen deutlich auch auf der andern Seite seewärts Land, woraus ich den begründeten Schluss zog, jenes sei das Kap Verde und dies seien die nach ihm benannten Inseln. Jedoch lagen sie mir noch zu fern, und ich wusste nicht, nach welcher Seite ich mich wenden sollte, denn wenn sich ein frischer Wind erhob, war es leicht möglich, dass ich keine von beiden erreichte.

In dieser unsicheren Lage ging ich gedankenvoll in die Kajüte und setzte mich, nachdem ich Xury das Ruder übergeben, dort nieder.

Plötzlich rief der Junge: »Herr, ein Schiff, ein Segelschiff!« Ich blickte hinaus und sah, dass der Junge voller Entsetzen war, denn er meinte wohl, das Schiff sei eins der Seeräuberfahrzeuge, das uns nachgejagt wäre. Ich erkannte das Schiff sogleich als ein portugiesisches und dachte, es sei zum Sklavenhandel nach der guineischen Küste bestimmt. Als ich aber den Kurs genauer verfolgte, musste ich feststellen, dass es nicht nach der Küste, sondern nach dem offenen Meer zu seinen Kurs hielt. Darauf warf auch ich das Steuer herum und strebte weiter in die See hinein.

Bei vollen Segeln aber vermochte ich nicht, näher an das Schiff heranzukommen. Vom Schiff aus mussten sie uns aber durch ihre Ferngläser gesehen haben und meinen, dass unser Boot ein europäisches sei, das zu einem verunglückten Schiff gehöre. Ich sah sie Segel reffen und halb beidrehen. Das erhöhte meinen Mut. Ich setzte die Flagge meines Seeräuberkapitäns und brannte eine Büchse los. Auf dieses Notzeichen warfen sie ihr Schiff mitleidig nach mir herum, sodass ich nach etwa drei Stunden bei ihnen an Bord war.

Sie umstanden mich alle und fragten auf Portugiesisch, Spanisch und Französisch, wer ich sei; aber ich verstand keine dieser Sprachen.

Endlich sprach mich ein schottischer Matrose englisch an. Ihm antwortete ich und erzählte in englischer Sprache meine Schicksale, was er den andern übersetzte. Ich berichtete, wie ich in die Sklaverei der Mauren geraten und aus Salee entkommen sei.

Ich war unbeschreiblich froh, aus einer so elenden und fast hoffnungslosen Lage befreit zu sein. Sofort bot ich alles, was ich besaß, dem Schiffskapitän als Lohn für meine Befreiung an.

Er aber erwiderte mir großmütig, er werde nichts annehmen, es solle mir vielmehr alle meine Habe wieder zugestellt werden, sobald wir nach Brasilien kämen. »Denn«, sagte er, »ich habe Euch das Leben nur aus dem Grunde gerettet, aus dem ich mir selber in ähnlicher Lage Rettung wünschen würde. Vielleicht werde ich früher oder später einmal in gleicher Weise von jemandem aufgenommen werden müssen. Obendrein«, fuhr er fort, »wenn ich Euch so weit von der Heimat, wie Brasilien entfernt ist, brächte und Euch dann Eure Habe abnähme, so müsstet Ihr doch Hungers sterben. Nein, nein, Herr Engländer, ich will Euch umsonst mitnehmen, und Eure Sachen werden Euch dort Unterhalt verschaffen und die Heimreise ermöglichen.«

Ebenso mildtätig wie er gesprochen hatte, handelte er auch. Er untersagte den Matrosen aufs Strengste, auch nur das Geringste von meinen Sachen anzurühren; dann nahm er diese in eigenes Gewahrsam und händigte mir ein genaues Verzeichnis derselben ein, damit ich sie sämtlich, sogar meine drei irdenen Krüge, wiederbekomme.

Mein Boot war ein recht gutes Fahrzeug. Das sah er sofort und fragte mich, ob ich es an das Schiff verkaufen und was ich dafür haben wollte. Ich bat ihn, er solle es von mir zum Dank für die Rettung als Geschenk annehmen. Er ließ mir jedoch einen Schuldschein schreiben, dass mir bei unserer Ankunft in Brasilien achtzig Speziestaler dafür bezahlt würden. Falls mir aber dort jemand ein höheres Angebot mache, wolle er den Rest nachschießen. Für den Jungen bot er mir sechzig Speziestaler an. Ich gönnte ihn dem Kapitän gern, verkaufte ihn aber sehr ungern, denn er hatte mir auf der Flucht so treulich geholfen, dass ich ihm eine neue Sklaverei ersparen wollte. Als ich das dem Kapitän erzählte, fand er es nicht unbillig und schlug vor, er wolle dem Jungen schriftlich geloben, ihn nach zehn Dienstjahren gänzlich freizugeben. Da Xury selber zustimmte, überließ ich ihn dem Kapitän.

Bis Brasilien hatten wir eine sehr gute Reise und kamen nach etwa drei Wochen im Allerheiligen-Hafen, Bahia de Todos los Santos, glücklich an. Nun war ich wieder ein freier Mann und konnte überlegen, was ich künftig anfangen solle. Dem edelmütigen Schiffskapitän bewahre ich auch heute noch ein dankbares Andenken. Er wollte für meine Mitreise nicht einen Heller, gab mir dazu zwanzig Dukaten für die Haut des Leoparden und vierzig für die Löwendecke. Meine sämtlichen Sachen, die ich auf das Schiff gebracht hatte, wurden mir Stück für Stück ausgehändigt. Was ich ihm verkaufen wollte, die Flaschen, zwei Flinten, den Rest des Wachsklumpens, das bezahlte er mir bar. Aus meiner ganzen Ausrüstung löste ich 220 spanische Speziestaler. Mit diesem Kapital betrat ich Brasilien.

Der Kapitän sorgte aber auch weiterhin für mich. Er empfahl mich an das Haus eines ehrlichen Mannes, der eine Zuckermühle und eine Zuckerrohrpflanzung besaß. Bei ihm war ich eine Zeit lang zu Gast, lernte nebenher den Betrieb einer Zuckerrohrpflanzung kennen und sah auch, wie der Zucker gekocht wurde.

Ich bemerkte, dass das ein ertragreiches Gewerbe sei, und entschloss mich, dort zu bleiben, eine Farm zu erwerben und mein in London hinterlassenes Geld nach hier überweisen zu lassen. Ich kaufte so viel unbebautes Land, als mein Geld langte, und machte einen Überschlag, wie ich es später mit dem Pflanzen und Ernten halten wolle, wenn mein Geld aus England eingetroffen sei.

Ich hatte einen Portugiesen, der aus Lissabon, aber von englischen Eltern stammte, mit Namen Wells zum Nachbar, der sich ungefähr in denselben Umständen befand wie ich. Wir wurden gut bekannt miteinander. Sein Betriebskapital war wie das meine gering und verschaffte uns etwa zwei Jahre hindurch wenig mehr als den Lebensunterhalt. Indessen begannen wir, uns zu vergrößern, sodass wir im dritten Jahr schon etwas Tabak anpflanzen und jeder von uns ein großes Stück Land zum Zuckerbau für das folgende Jahr vorbereiten konnten. Leider aber hatten wir Hilfe nötig, und jetzt wurde es mir klar, dass es eine Torheit von mir gewesen war, mich von Xury zu trennen. Aber ach! Es ist kein Wunder, dass ich, der ich's nie vernünftig angefangen, auch diesmal verkehrt gehandelt hatte. Das war nun nicht wieder gutzumachen. Ich hatte mich jetzt auf ein Leben eingelassen, das meiner ganzen Natur entgegen und völlig verschieden war von dem, woran ich Gefallen fand, dessentwillen ich das Vaterhaus verlassen und den väterlichen Rat in den Wind geschlagen hatte.

Jetzt befand ich mich auf der Mittelstraße des Lebens, die ich zu Hause auch hätte einschlagen können, ohne mich in der Welt so abzuplagen, wie ich es nun tat.

Oft sagte ich zu mir selbst: Diese Art Leben könntest du auch in England bei deinen Verwandten und Freunden führen und brauchtest nicht deswegen fünftausend englische Meilen unter Fremde und unter die Wilden in eine Wüstenei zu gehen, wo man von dem Fleckchen Erde, das deine Heimat ist, niemals ein Wort vernommen hat.

So sah ich meine Lage mit immer größerem Missvergnügen an. Ich hatte niemand zum Umgang als jenen Nachbarn, mit dem ich zuweilen verkehrte. Was zu arbeiten war, musste ich mit eigenen Händen erledigen, und ich kam mir vor wie jemand, der auf eine einsame Insel verschlagen ist. Aber das sollte erst noch kommen. Jedermann möge bedenken, dass, wenn er seine gegenwärtige Lage ungerecht beurteilt, die Vorsehung ihn leicht zu einem Tausche zwingen kann, damit er durch die Erfahrung lerne, wie glücklich er früher gewesen ist. Jenes einsame Leben auf einem öden Eilande, an das ich damals dachte, sollte mir noch dereinst beschieden sein, weil ich so oft ungerechterweise damit mein damaliges Leben verglichen hatte, welches, wenn es länger gedauert, mich sehr wahrscheinlich zu einem begüterten und reichen Manne gemacht hätte.

Meine Pflanzung war schon einigermaßen eingerichtet, als mein dienstfertiger Freund, der Schiffskapitän, wieder abreiste. Drei Monate hatten ihn seine Schiffsladung und seine Reiseanstalten in Brasilien gehalten. Als ich ihm erzählte, dass ich mein kleines Kapital in London nach hier überschreiben lassen wolle, erbot er sich zur freundlichen und ehrlichen Vermittlung. Ich solle ihm Brief und Vollmacht geben und einen schriftlichen

Auftrag an die Inhaberin meines Geldes, dass sie meine Barschaft nach Lissabon überweise, und zwar in Waren, die in diesem Lande fehlten. Die Waren wolle er dort verkaufen und mir bei seiner nächsten Fahrt den Erlös mitbringen. Um aber in London eine Sicherheit zu behalten, denn alle menschlichen Dinge seien dem Wechsel und dem Unstern unterworfen, riet er mir, zunächst nur die Hälfte meines Geldes, hundert Pfund Sterling, einzusetzen. Käme die Hälfte glücklich in meine Hände, so könne ich den Rest in gleicher Weise nachholen.

Das war ein treuer Rat, und ich überzeugte mich, dass ich nichts Besseres tun konnte, als ihn zu befolgen. Ich schrieb die Briefe und den Auftrag an die Witwe des englischen Kapitäns, gab auch einen ausführlichen Bericht über meine Abenteuer, mein Sklaventum, meine Flucht und meine Rettung. Zuletzt schilderte ich ihr mein augenblickliches Leben und meine Pläne. Als mein Kapitän in Lissabon ankam, fand er bei dortigen englischen Kaufleuten Gelegenheit, nicht nur den Auftrag, sondern auch meine brieflichen Nachrichten nach London zu übermitteln, wo sie richtig in die Hände der Witwe meines Freundes kamen. Die händigte nicht nur das Geld aus, sondern fügte ein feines Geschenk für den portugiesischen Schiffer bei.

Der Londoner Kaufmann legte die hundert Pfund in solchen englischen Waren an, die in Lissabon begehrt waren, und der Schiffskapitän brachte sie mir glücklich und unbeschädigt nach Brasilien. Es befanden sich darunter allerhand Werkzeuge aus Eisen sowie mancherlei Hausrat, der auf einer Pflanzung nötig und nützlich ist.

Als die Waren ankamen, glaubte ich, mein Glück wäre vollkommen. Mein Kapitän hatte die fünf Pfund Sterling, die er von der Frau meines Freundes geschenkt bekommen, dafür angewandt, mir einen Knecht auf sechs Jahre zu kaufen. Einen Dank lehnte er ab und nahm nur etwas Tabak von meinem eigenen Gewächs. Die Waren aber, die ich nicht selbst verwenden konnte, lauter englische Webwaren, Tücher, Stoffe und ähnliche Dinge, konnte ich mit gutem Gewinn absetzen, denn sie waren auch hierzulande sehr gesucht. Ich habe im Ganzen wohl viermal so viel wie aus meiner ersten Ladung daraus gelöst und war nun meinem armen Nachbarn weit überlegen. Darum konnte ich zu dem einen europäischen Knecht, den mir mein Kapitän aus Lissabon mitgebracht hatte, noch einen Sklaven kaufen und einen weiteren weißen Knecht mieten.

3. KAPITEL

Neue Fahrt und Schiffbruch

Im folgenden Jahre hatte ich auf meiner Pflanzung eine große Ernte. Ich gewann fünfzig schwere Rollen Tabak. Jede davon wog über hundert Pfund. Sie wurden zurückgelegt, bis die Flotte von Lissabon zurückkäme.

Jetzt aber spukte mir mein wachsender Reichtum im Kopf herum, füllte ihn mit allerlei Plänen, die über meine Mittel gingen, wie das ja schon oft die gescheitesten Geschäftsleute ruiniert hat. Wäre ich in meiner damaligen Lage geblieben, so hätte ich wohl noch alles Glück gewinnen können, um dessentwillen mein Vater mir so eindringlich ein ruhiges, stilles Leben empfohlen hatte. Allein es warteten andere Dinge auf mich. Ich sollte der Schmied meines eigenen Unglücks werden. Ich sollte das Maß meiner Torheiten voll machen, um mir für Selbstanklagen, zu denen ich später Zeit genug haben sollte, noch mehr Stoff zu sammeln. All mein Missgeschick aber wurde herbeigeführt durch meine törichte Neigung zu einem unsteten Leben, dem ich, entgegen den klarsten Beweisen, dass mir das Beharren in meinem jetzigen Leben am besten bekäme, unablässig nachstrebte.

Da also mein Reichtum zunahm, wälzte ich allerhand Pläne und Vorschläge in meinem Kopf, die weit über meinen Verstand hinausgingen. Meinen Eltern war ich weggelaufen, also konnte ich auch jetzt nicht stillsitzen. Ich schlug das Glück, als reicher und wohlhabender Mann auf einer Pflanzung zu sitzen, in den Wind und folgte einer vermessenen und unmäßigen Begierde. So stürzte ich mich selbst wieder in den tiefsten Abgrund menschlichen Elends.

Nach vier Jahren des Aufenthalts in Brasilien ging auf meiner Pflanzung alles trefflich vonstatten. Ich hatte nicht allein die portugiesische Sprache völlig erlernt, sondern gewann auch Freunde unter den Einwohnern, besonders unter den Kaufleuten von San Salvador, unserem Seehafen. Ihnen hatte ich häufiger erzählt, dass ich zweimal an der guineischen Küste gewesen sei, hatte geschildert, wie der Handel dort vonstatten ginge und wie leicht es sei, gegen geringe Sachen, als da sind: gläserne Perlen, Puppenwerk, Messer, Scheren, Beile, Stücke Glas, nicht nur Goldkörner, guineisches Korn, Elfenbein, sondern auch Sklaven zur Arbeit in Brasilien in Menge zu erhandeln. Bei solchen Unterhaltungen erhoben sich allemal die Köpfe sehr aufmerksam. Sie sagten, sie hätten wohl Lust, ein Schiff an die guineische Küste zu schicken. Sie alle besäßen Pflanzungen, wie ich auch, aber überall fehlten Arbeiter.

Damals wurde der Handel mit diesen noch nicht stark betrieben. Er stand unter der Oberaufsicht der Könige von Spanien und Portugal, und die Einkünfte flossen in die königlichen Kassen, daher wurden nur wenig Sklaven nach Brasilien gebracht, und diese kosteten schweres Geld.

Einmal nachdem ich mich mit einigen Pflanzern und Kaufleuten sehr angelegentlich und eingehend über diese Dinge unterhalten hatte, kamen am nächsten Morgen drei von ihnen zu mir und sagten, sie hätten sich jene Angelegenheit reiflich überlegt und wollten mir einen Vorschlag machen. Ich musste Verschwiegenheit geloben, und hierauf teilten sie mir mit, dass sie keinen öffentlichen Handel mit Sklaven treiben dürften, beabsichtigten, nur eine einzige Reise zu machen, die erkauften Sklaven heimlich ans Land zu bringen und dann unter sich zu teilen. Es frage sich nun, ob ich als ihr Beauftragter die Unternehmung zu Schiffe leiten wolle. Als Vergütung sollte ich einen gleichen Anteil wie sie von den Sklaven bekommen, ohne zu dem Ankaufskapital beizusteuern.

Dies wäre ein lockendes Anerbieten für jemanden gewesen, der nicht eine eigene Pflanzung hatte, die auf dem besten Wege war, sich zu vergrößern. Für mich aber, der ich einen guten Anfang gemacht hatte und nur so fortzufahren brauchte, um mithilfe meiner andern hundert Pfund Sterling aus England binnen drei oder vier Jahren sicherlich mir ein Vermögen von drei- bis viertausend Pfund Sterling erworben zu haben, war der bloße Gedanke an eine solche Reise das Unsinnigste, dessen ich mich schuldig machen konnte.

Aber ich hatte nun einmal den Drang, mich zugrunde zu richten, und deshalb konnte ich dem Anerbieten ebenso wenig widerstehen, wie ich einst dem guten Rat meines Vaters zu folgen vermocht hatte.

Kurz, ich sagte jenen Leuten, dass ich von Herzen gern die Reise machen wolle, wenn sie versprächen, während meiner Abwesenheit für meine Pflanzung zu sorgen und sie, falls ich umkommen sollte, an die von mir bestimmten Personen zu übertragen.

Sie gingen hierauf ein und stellten mir ein urkundliches Versprechen darüber aus. Ich fasste dann ein formvollendetes Testament ab, verfügte darin über meine Pflanzung und über meine sonstige Habe für den Fall meines Todes und ernannte den Kapitän, meinen Lebensretter, zum Universalerben mit der Bestimmung, dass er die Hälfte meines Besitztums für sich behalten, die andere Hälfte verkaufen und den Ertrag nach England schicken solle.

So traf ich wenigstens die besten Maßnahmen, um die Zukunft meines Vermögens zu sichern. Hätte ich nur halb so viel Nachdenken auf das verwandt, was mein wahres Interesse forderte und was ich tun und lassen sollte, so würde ich sicherlich nicht meine günstige Position aufgegeben und eine Seereise angetreten haben, auf der mich die gewöhnlichen Gefahren einer solchen erwarteten und obendrein noch, wie ich nach meiner Erfahrung Grund hatte anzunehmen, ganz besondere Abenteuer und Gefahren.

Ich aber folgte blindlings den Lockungen meiner Einbildungskraft und hörte nicht auf die Stimme der Vernunft. Das Schiff wurde ausgerüstet, die Ladung geliefert und alles der Verabredung gemäß von meinen Kompagnons ins Werk gesetzt.

Ich begab mich am 1. September 1659 an Bord. Das war eine unglückselige Stunde, denn eben am gleichen Tag vor acht Jahren war ich meinen Eltern in Hull entlaufen und hatte mich also gegen mein eigenes Bestes als Narr aufgeführt.

Unser Schiff war hundertzwanzig Tonnen groß, besaß sechs Kanonen und hatte vierzehn Mann Besatzung, den Kapitän, den Schiffsjungen und mich eingeschlossen. Wir führten keine schwere Ladung, sondern nur geringe Sachen zum Sklavenhandel, als da sind: gläserne Perlen, allerhand Meermuscheln und Puppenwerk, kleine Taschenspiegel, Messer, Scheren und Beile. Wir gingen unter Segel und steuerten nordwärts an der Küste entlang. Dann wollten wir hinüber nach Afrika lenken, etwa unter dem zehnten oder zwölften Grad. Das war in der damaligen Zeit so der Brauch. Wir hatten sehr gutes Wetter, nur war es überaus heiß. Auf der Höhe von Kap Sankt Augustino liefen wir seeeinwärts und verloren das Land bald aus dem Gesicht. Wir fuhren in Richtung Nordost zu Ost. Auf diesem Kurs kreuzten wir den Äquator in etwa zwölf Tagen und befanden uns, unserer letzten Feststellung nach, auf sieben Grad zweiundzwanzig Minuten nördlicher Breite. Da überfiel uns ein heftiger Orkan, der uns ganz aus dem Kurs warf. Der Sturm wütete so entsetzlich, dass wir ganze zwölf Tage nichts tun konnten als treiben und uns dem Grimm des Orkans und dem Willen des Schicksals überlassen mussten. In diesen zwölf Tagen habe ich mich täglich darauf gefasst gemacht, von der See verschlungen zu werden. Kein Einziger auf dem Schiff dachte, mit dem Leben davonzukommen.

Zu allem Unheil verloren wir drei Leute. Einer davon starb am hitzigen Fieber, ein anderer nebst dem Schiffsjungen wurde über Bord gespült. Ungefähr am zwölften Tage legte sich der Sturm ein wenig, und der Kapitän begann, so gut es gehen wollte, die Position zu bestimmen. Er brachte heraus, dass wir etwa unter dem elften Grad nördlicher Breite, aber zweiundzwanzig Längengrade westwärts vom Kap Sankt Augustino verschlagen waren. Demnach befanden wir uns in der Nähe der Küste von Guiana oder dem nördlichen Teil Brasiliens, oberhalb des Amazonasstromes und nahe dem Orinoko, der gewöhnlich der große Fluss genannt wird. Der Kapitän beratschlagte mit mir, welchen Kurs er jetzt nehmen solle, und da unser Schiff leck und arg zugerichtet war, wollte er direkt nach der brasilianischen Küste zurückkehren, wogegen ich mich jedoch entschieden erklärte.

Wir studierten hierauf die Seekarte und fanden, dass wir kein bewohntes Land antreffen würden, bis wir in den Bereich der Karibischen Inseln kämen. Deshalb beschlossen wir, Kurs auf Barbados zu steuern, das wir, wenn wir uns seewärts hielten, um den Golfstrom der Bai von Mexiko zu vermeiden, etwa in vierzehn Tagen zu erreichen hoffen konnten. Denn ohne unser Schiff auszubessern und für uns selbst Lebensmittel einzunehmen, wären wir in keinem Falle imstande gewesen, die afrikanische Küste zu erreichen.

In der erwähnten Absicht änderten wir nun den Kurs und steuerten nach Westnordwest, um auf irgendeiner der englischen Inseln Station zu machen. Aber es sollte anders kommen.

Unter dem zwölften Grad überfiel uns ein zweiter Sturm, der uns mit solcher Gewalt westwärts jagte, dass wir aus aller menschlichen Nähe entführt wurden. Wenn wir überhaupt Land erreichen konnten, so mussten wir zu den Wilden geraten, die uns auffressen würden. Während dieses Elends und bei immer hart stürmendem Wind schrie eines Morgens einer unserer Leute: »Land!« Kaum waren wir aus der Kajüte heraus, um uns umzusehen, so stieß das Schiff auf eine Sandbank. Da seine Bewegung im Augenblick gehemmt war, schlug die See dermaßen darüber her, dass wir geschwind unter Deck mussten, um von den überkommenden Wogen nicht ins Meer gerissen zu werden. Keiner, der nicht einmal in der gleichen Not gewesen ist, vermag, sich die Bestürzung der Menschen in solchen Augenblicken vorzustellen oder sie zu beschreiben. Wir wussten nicht, wo wir waren und auf was für ein Land wir zutrieben.

Auch mussten wir, da der Wind zwar etwas gemäßigter, aber immer noch sehr heftig war, jeden Augenblick fürchten, das Schiff werde in Trümmer gehen, wenn nicht, wie durch eine Art Wunder, der Wind plötzlich umschlage. Wir schauten einer den

andern in Todeserwartung an und jeder von uns machte sich zum Eintritt in eine andere Welt bereit.

Ganz gegen unser Erwarten jedoch zerbarst das Schiff nicht, und wie der Kapitän versicherte, begann der Wind, sich plötzlich zu legen. Trotzdem aber, da wir auf dem Sande saßen und keine Hoffnung hatten, das Schiff flottzumachen, blieb uns nichts übrig, als daran zu denken, wie wir das nackte Leben retten könnten. Vor dem Sturm hatten wir am Stern unseres Schiffes ein Boot gehabt, das aber während des Unwetters ans Steuerruder geschleudert, sich dann losgerissen und entweder versunken oder fortgetrieben war. Wir hatten zwar noch ein anderes Boot an Bord, aber es schien unmöglich, dasselbe in See zu bringen. Zu langem Besinnen jedoch fehlte die Zeit, da wir jede Minute das Schiff in Stücke zu sehen meinten, und einige riefen es sei bereits geborsten. In der äußersten Not fasste unser Steuermann eben dieses Boot, schwang es mithilfe der Matrosen über Bord, alle sprangen hinein, ließen es treiben, und wir ergaben uns, elf an der Zahl, der Gnade Gottes und dem wilden Meer. Segel hatten wir nicht, und wären sie vorhanden gewesen, wir hätten nichts damit ausrichten können. Also versuchten wir, mit

Rudern das Land zu erreichen. Wir taten es voll Angst im Herzen. Der Wind half uns und jagte uns der Küste zu. Wir konnten nicht wissen, ob sie steil oder flach, sandig oder felsig sei. Unsere einzige Hoffnung war, dass wir vielleicht auf eine Bucht oder eine Flussmündung träfen und unser Boot dort hineintreiben lassen könnten. Je näher wir aber ans Ufer kamen, um so wilder sahen das Land und die Brandung aus.

Nachdem wir ungefähr anderthalb Seemeilen gerudert und getrieben waren, kam eine wütende, berghohe Welle hinter uns her und versetzte uns den letzten Streich. Sie raste mit solcher Heftigkeit daher, dass sie das Boot umkippte und wir im Augenblick ins Meer geschleudert wurden. Ehe wir nur ein Stoßgebet hatten tun können, waren wir sämtlich von den Wogen verschlungen.

Die Verwirrung meiner Gedanken beim Untersinken ins Wasser ist unbeschreiblich. Aber ich hatte Glück: Eine große Welle trug mich eine weite Strecke gegen das Ufer und warf mich auf den Strand. Ich war halb tot von dem eingeschluckten garstigen Seewasser, hatte aber noch so viel Verstand und Atem übrig, dass ich um mich schaute.

Als ich sah, dass ich dem festen Lande nahe war, raffte ich mich auf und versuchte, so geschwind als möglich zum Land hinzulaufen, ehe eine Welle käme und mich wegspülte. Aber ich merkte bald, dass ich den Wellen nicht entgehen konnte. Ich sah die See gleich einem großen Berg und so grimmig wie ein erbitterter Feind hinter mir herstürzen, ohne dass ich noch Mittel und Kräfte hatte, gegen sie anzugehen. Ich bemühte mich, den Atem anzuhalten, aus dem Wasser herauszukommen oder mich durch Schwimmen an das Land heranzuarbeiten. Auch sorgte ich mich, dass die See, wenn sie mich beim Anlauf gegen das

Land schöbe, mich beim Zurückprallen nicht wieder mit sich wegreißen möchte.

Die anrollende Welle begrub mich unter sich, und ich konnte fühlen, dass ich mit starker Gewalt und großer Geschwindigkeit einen ziemlichen Weg Richtung Ufer geschwemmt wurde. Ich hielt, wie ich mir vorgenommen, den Atem an und versuchte, mit Schwimmen dem Strande näher zu kommen. Als mir der angehaltene Atem die Brust sprengen wollte, merkte ich, dass ich in die Höhe gerissen wurde und mit Kopf und Händen über das Wasser emporschoss.

Obwohl dies nur zwei Sekunden dauerte, reichte es doch aus, mir neue Luft und frischen Mut zu verschaffen. Abermals war ich eine gute Weile mit Wasser bedeckt, dann aber, als sich die Woge erschöpft hatte und zurückkehrte, fühlte ich Grund unter den Füßen. Ich stand einige Augenblicke still, schöpfte Luft und eilte sofort mit allen Kräften dem Ufer zu. Aber auch diesmal entrann ich nicht der wütenden See, die mich aufs Neue überflutete.

Ich wurde noch zweimal von den Wellen in die Höhe gehoben, aber das Ufer war flach und ich wurde wiederum eine ziemliche Strecke gegen das Land geworfen. Die letzte Welle hätte mir bald den Tod gebracht, denn sie schleuderte mich mit großer Gewalt gegen eine Klippe. Ich war taub an allen Gliedern und konnte mir nicht weiterhelfen, denn ich bekam einen Schlag auf die Seite und einen zweiten auf die Brust, sodass ich nicht zu atmen vermochte. Wäre wieder eine Welle gekommen, so hätte ich unfehlbar im Wasser ersticken müssen. Aber nun lag ich auf dem Trockenen, konnte mich erholen, hielt mich an einem Stück Felsen fest, bis der Stoß vorüber war. Auch gingen die Wellen nicht mehr so hoch wie anfangs.

Als die Welle wieder zurückrollte, wagte ich einen Satz und gelangte dadurch so weit aufs Land, dass die folgende Woge wohl über mich hinschlug, mich aber nicht wegspülen konnte. Mit dem letzten Sprung erreichte ich das feste Land, kletterte mit großer Freude auf die Hügel des Ufers hinauf und warf mich ins Gras nieder.

Nun hatte ich die Brandung und die Lebensgefahr überstanden. Ich war wohlbehalten an Land, sah mich um und dankte Gott, dass er mein Leben gerettet. Wenige Minuten zuvor hatte ich das nicht zu hoffen gewagt.

Es ist unmöglich zu schildern, welches Glück und welch große Freude die Seele empfindet, wenn der Leib aus dem Grabe zurückgeholt wird. Ich stand auf, wanderte auf dem Festland auf und nieder, hob meine Hände und jubelte laut. Mein ganzes Wesen war voll hoher und freudiger Gedanken über meine Errettung.

Dann ging ich zum Strand, um vielleicht meinen Kameraden helfen zu können. Aber die Wellen spien nur drei Hüte, eine Mütze und zwei verschiedene Schuhe aus. Meine Kameraden habe ich nie wieder gesehen.

Als ich zu dem gestrandeten Schiffe blickte, das ich durch die Brandung kaum erkennen konnte, rief ich unwillkürlich aus: »Mein Gott, wie ist es möglich gewesen, dass ich das Land erreichen konnte.«

Nachdem sich mein Gemüt beruhigt hatte, fing ich an, mich umzusehen, an was für einen Ort in der Welt ich geraten wäre, und dachte, was ich nun anfangen wolle. Da verlor ich bald den Mut und meine Errettung wollte mich nicht mehr froh machen. Ich war nass, hatte keine Kleider, besaß weder zu essen noch zu trinken, konnte mir also nichts anderes denken, als dass ich vor

Hunger würde sterben müssen oder von den wilden Tieren zerrissen würde. Besonders schlimm dünkte es mich, dass ich kein Gewehr in Händen hatte, um Wild zu schießen und mich zu verteidigen, wenn mir einer ans Leben wolle. Ich besaß nichts als ein Messer, eine Tabakspfeife und ein paar Krümel Tabak in einer Dose.

Dies war meine ganze Habe, und ich geriet darüber so in Verzweiflung, dass ich wie wahnsinnig hin und her lief. Als die Nacht hereinbrach, wurde mein Herz überschwer, und ich begann zu überlegen, wie es mir wohl ginge, wenn wilde Tiere in der Gegend wären, die des Nachts auf Raub auszugehen pflegen.

Mir fiel kein besseres Mittel ein, als auf einen dicht bewachsenen dornigen Baum, der sich unweit erhob, hinaufzuklettern und die ganze Nacht droben zuzubringen. Dort oben konnte ich nachsinnen, was für eines Todes ich sterben würde. Im Augenblick hatte ich nicht die geringste Hoffnung, mein kümmerliches Leben retten zu können.

Ich ging einige hundert Schritt landeinwärts, um frisches Trinkwasser zu suchen. Zu meiner Freude fand ich eine klare Quelle und labte mich. Dann ging ich zu dem Baum, stieg hinauf, machte mir einen Sitz zurecht, damit ich im Schlaf nicht herunterfiele. Zur Verteidigung schnitt ich mir einen Prügel ab, setzte mich zurück und dann verfiel ich infolge meiner großen Müdigkeit in tiefen Schlaf und schlief so erquickend, wie es wohl wenige in meiner Lage vermocht hätten. Nie im Leben hat mir, glaube ich, der Schlummer so wohl getan wie damals.

4. KAPITEL

Robinson richtet sich auf der Insel ein

Bei meinem Erwachen war es lichter Tag, der Sturm hatte sich gelegt, und die See tobte nicht mehr so stark wie am Tage vorher. Ich wunderte mich, dass das Schiff in der Nacht von der Sandbank, auf der es gelegen, von der Flut aufgehoben und bis an den Felsen, an den mich die Wellen so unsanft hingeschleudert hatten, heraufgetrieben worden war. Es lag nunmehr nur noch etwa eine Seemeile vom Ufer entfernt und stand immer noch aufrecht. Daher wollte ich versuchen, an Bord zu gelangen, um wenigstens etliche nötige Sachen daraus zu bergen.

Als ich von meiner Schlafstätte auf dem Baum herabgestiegen war, blickte ich umher, und das Erste, worauf meine Augen fielen, war das Boot. Der Wind und die Wellen hatten es etwa zwei Meilen zu meiner Rechten entfernt auf den Strand geschleudert.

Ich ging die Küste entlang darauf zu, aber ein kleiner, etwa eine halbe Meile breiter Meeresarm hinderte mich, zu ihm zu gelangen.

Da ich nun für den Augenblick mein Augenmerk mehr auf das Schiff gerichtet hatte, wo ich etwas zu meinem Überleben zu finden hoffte, so kehrte ich für diesmal wieder um.

Gegen Mittag wurde die See ganz ruhig. Als das Wasser sich

vom Strand verlaufen hatte, konnte ich bis auf eine Viertelmeile an das Schiff herankommen. Hier erkannte ich zu meinem Schmerz, dass, wären wir an Bord geblieben, wir alle geborgen gewesen wären und lebendig das Land erreicht hätten. Dann wäre mir mein jetziger trostloser Zustand erspart worden. Dieses Erkennen trieb mir die Tränen in die Augen. Aber was half mir das jetzt!

Ich beschloss, das Schiff zu erreichen, zog einen Teil meiner Kleider aus und stieg ins Wasser. Als ich es erreicht hatte, zeigte sich mir eine neue große Schwierigkeit; ich wusste nämlich nicht, wie ich wohl hineingelangen könne. Es saß fest auf dem Grunde und ragte hoch über das Wasser hinaus, nirgends konnte ich mich festhalten. Als ich es zweimal umkreist hatte, erblickte ich ein kleines Stück Tau, das mir entgangen war, bei der Fock so tief herunterhängen, dass ich es mit einiger Mühe zu fassen kriegte und an ihm herauf die Back erreichen konnte. Nun sah ich, dass das Schiff geborsten war und viel Wasser unten im Schiffsbauch stand. Es schien mit dem Hinterteil auf festem Grund zu liegen, und das Vorderteil neigte sich dem Wasser zu.

Das ganze Deck war jedoch frei und trocken. Ich untersuchte zuvorderst, was im Wasser verdorben und was noch zu gebrauchen sei. Zu meiner Freude erkannte ich, dass alle Nahrung trocken und vom Wasser verschont war. Ich ging in die Brotkammer, nahm Zwieback, stopfte mir die Hosentaschen damit voll und aß, während ich das Schiff besichtigte. In der großen Kajüte fand ich Rum und tat einen guten Zug, um mich für die weitere Arbeit zu stärken. Jetzt fehlte mir nichts als ein Boot, um all die notwendigen Sachen an Land zu bringen, die mir voraussichtlich sehr nötig sein würden. Aber was hätte es geholfen, die Hände in den Schoß zu legen und Unerreichbares zu wünschen? Meine große Not spornte meinen Eifer an. Wir hatten an Bord einige Rahen und zwei oder drei dicke hölzerne Sparren, auch einige große Masten. Ich beschloss, dies alles zu benutzen, und warf dann so viel davon über Bord, wie ich allein tragen konnte, band aber an jedes Stück einen Strick, damit sie nicht wegschwämmen. Hierauf verließ ich das Schiff und zog die Hölzer an mich heran, band vier davon an beiden Enden floßartig möglichst fest zusammen und legte zwei bis drei Stücke quer darüber. Da ich bemerkte, dass ich zwar ganz gut auf den so verbundenen Hölzern herumgehen konnte, dass sie aber kein großes Gewicht zu tragen vermochten, machte ich mich an eine neue Arbeit. Ich sägte mit der Zimmermannssäge einen langen Mast der Länge nach in drei Teile und brachte diese mit großer Mühe und Arbeit an meinem Floß an. Die Hoffnung, mich mit dem Nötigsten zu versehen, feuerte mich an, sodass ich vollbrachte, was mir wohl bei keiner andern Gelegenheit möglich gewesen wäre.

Das Floß war nun stark genug, um ein beträchtliches Gewicht aushalten zu können. Es fragte sich zunächst, womit ich es belasten und wie ich die Ladung vor dem Seewasser schützen sollte. Zuerst beschloss ich, alle Planken und Bohlen, deren ich habhaft werden konnte, darauf zu legen. Nachdem dies geschehen, nahm ich, in richtiger Erwägung dessen, was ich am nötigsten brauchte, drei Seemannskisten, brach sie auf und ließ sie, nachdem ich sie leer gemacht, auf das Floß herunter.

In die erste packte ich Lebensmittel, nämlich: Brot, Reis, drei holländische Käse, fünf Stücke Ziegenfleisch, das auf dem Schiff einen Hauptteil unsrer Kost ausgemacht hatte, und einen kleinen Rest europäischen Getreides, welches wir für Geflügel mitgenommen hatten, das unterwegs geschlachtet worden war. Es war Weizen und Gerste gemischt gewesen, was aber, wie ich später mit großem Bedauern bemerkte, teils von den Ratten angefressen, teils durch die Länge der Zeit verdorben war. Auch einige Flaschen Likör entdeckte ich, die der Kapitän für sich bestimmt hatte, sowie fünf bis sechs Gallonen Arrak. Ihnen konnte das Seewasser keinen Schaden tun und ich stellte sie neben die Kisten.

Inzwischen begann die Flut, allmählich zu steigen. Mit Bedauern sah ich meinen Rock, mein Hemd und die Weste wegschwimmen, die ich am Ufer auf dem Sand zurückgelassen hatte, während ich meine leinenen, nur bis ans Knie reichenden Hosen, sowie die Strümpfe beim Schwimmen anbehalten hatte. Der Verlust meiner Sachen veranlasste mich, nach Kleidern umherzustöbern, und ich fand deren auch in Menge. Doch nahm ich nur das für den Augenblick Nötigste, denn ich hatte mein Augenmerk noch mehr auf andre Dinge gerichtet, und zwar vor allem auf Handwerkszeug, mit dem ich auf dem Lande hantieren könnte. Nach langem Suchen geriet ich an die Kiste des Schiffszimmermanns. Das war eine sehr wertvolle Beute für mich, damals für mich weit mehr wert als eine Schiffsladung voll Gold. Ich ließ die Kiste auf mein Floß hinunter, ohne ihren Inhalt nachzuprüfen.

Weiterhin sorgte ich für Gewehre samt Pulver und Blei. In der großen Kajüte hingen einige gute Vogelflinten nebst zwei Pistolen. Ich nahm sie als Erste weg, fand auch einige Pulverhörner und einen Sack mit Bleikugeln. Dazu legte ich zwei alte rostige Säbel. Wohl wusste ich, dass drei Fässlein Schießpulver im Schiff waren, aber mir war nicht bekannt, wo sie der Stückmeister hingesetzt hatte. Nach langem Suchen fand ich sie doch.

Zwei davon waren trocken, das dritte vom Seewasser verdorben. Die beiden ersten stellte ich samt den Waffen auf das Floß.

Nun dachte ich, ich hätte Ladung genug, und überlegte, wie ich an Land käme; denn mir fehlten Segel und Ruder. Jede Hand voll Wind konnte die ganze Fracht ins Meer werfen. Aber drei Umstände machten mich zuversichtlich: erstlich die stille See, zweitens die nach dem Ufer auflaufende Flut und drittens der schwache Wind, der gegen das Land hinwehte. Ich hatte zu der Zimmermannskiste noch zwei Sägen, eine Axt und einen Hammer nebst etlichen zerbrochenen Rudern gefunden, die zum Boot gehörten. Mit dieser Ladung stieß ich endlich vom Schiff ab. Ungefähr eine halbe Stunde lang ging die Fahrt vortrefflich; aber ich merkte, dass ich weitab getrieben wurde. Daraus schloss ich auf eine Meeresströmung. Ich ließ es also gut sein und hoffte, auf diese Art einen Hafen oder eine Flussmündung zu finden, wo ich bequem landen könne.

Meine Hoffnung trog mich nicht. Das Land öffnete sich, und ich sah, wie ein starker Strom in die Bucht hineindrängte. Ich steuerte mein Floß so gut wie möglich, um es in der Mitte des Stromes zu halten. Doch beinahe hätte ich neuen Schiffbruch erlitten; weil ich die Küste nicht kannte, lief mein Floß mit einem Ende auf seichtem Grunde fest. Da aber das andere Ende frei im Wasser lag und die Wellen es hoben und senkten, fehlte wenig, dass meine ganze Ladung abgerutscht und ins Wasser gefallen wäre.

Ich tat mein Äußerstes, um die Kisten festzuhalten, und arbeitete eine halbe Stunde mit allen Kräften, die unersetzliche Ladung zu retten. Es war mein Glück, dass die auflaufende Flut das Floß weiter hinauf auf ebenen Grund brachte. Die steigende Flut machte es vollends frei. Ich stieß es mit dem Ruder in die rechte Fahrt, trieb hinauf und befand mich endlich in der Mündung eines kleinen Flusses, in die das Meer hineindrang. Dort sah ich mich nach einem Platz zum Anlegen um, denn ich wollte nicht allzu weit den Strom hinauffahren, weil ich mir vorstellte, vom Ufer her ein Schiff auf dem Meer zu erspähen, das mich retten könne.

Endlich fand ich eine Bucht am rechten Ufer der Flussmündung, in die ich mein Floß mit großer Mühe und Beschwerlichkeit hineinstieß. Beinahe wäre hier zuletzt noch meine ganze Ladung ins Wasser gefallen. Das Ufer war ziemlich steil. Der vordere Teil des Floßes kam hoch zu liegen, der andere senkte sich. Ich musste also das Floß mit einem Ruder an Land festhalten und abwarten, dass die steigende Flut das hintere Stück heben würde. Das geschah auch bald; ich stieß es auf flachen Grund und befestigte es, indem ich die beiden zerbrochenen Ruder an beiden Enden in den Boden rammte. So lag es da, bis die Flut ablief und es samt der Ladung geborgen auf dem Trockenen stand.

Nun bestand meine nächste Arbeit darin, das Land auszukundschaften und einen bequemen Platz für meine Wohnung und einen sicheren Ort für mein Hab und Gut zu suchen. Noch wusste ich nicht, ob ich mich auf dem Festlande oder auf einer Insel befand. Mir war unbekannt, ob das Land bewohnt oder menschenleer war, ob es hier wilde Tiere gab oder nicht. Ungefähr eine Meile weit entfernt sah ich einen kleinen Berg oder Hügel, der sich sehr steil und hoch hinaufreckte und höher zu sein schien als eine Reihe von Hügeln gen Norden zu. Ich nahm eine von den Flinten nebst einer Pistole und einem Pulverhorn und wanderte auf den Hügel zu.

Nachdem ich seinen Gipfel mit großer Mühe erklettert hatte und mich umblickte, sah ich zu meinem großen Kummer mein Schicksal vor Augen; ich befand mich auf einer Insel, die von allen Seiten vom Meer umgeben war! Nirgends war Land zu erblicken, außer einigen Klippen in weiter Ferne und zwei kleinen Eilanden, die ungefähr drei deutsche Meilen weit gegen Westen lagen. Auch schien es mir, dass mein Eiland wüst und unfruchtbar sei, anscheinend auch unbewohnt. Wilde Tiere sah ich nicht, wohl aber viele unbekannte Vögel, von denen ich nicht wusste, ob man ihr Fleisch essen könne oder nicht. Bei meiner Rückkehr schoss ich einen großen Vogel, den ich auf einem Baum neben einem Gehölz sitzen sah. Dieser Schuss musste wohl der erste auf dieser Insel seit Erschaffung der Welt gewesen sein. Kaum hatte ich den Schuss abgefeuert, so erhob sich aus allen Ecken des Waldes eine unzählbare Menge Vögel mit außerordentlichem Geschnatter und Geschrei, aber ich kannte keinen einzigen von ihnen. Das erlegte Tier hielt ich für eine Habichtsart, seiner Farbe, seines Schnabels und der Krallen wegen. Das Fleisch schmeckte nach Aas und war ungenießbar.

Mein Entdeckergang hatte mich insoweit befriedigt, als ich sicher war, dass ich von Wilden nichts zu fürchten hatte.

Ich ging zu meinem Floß zurück und brachte die Ladung an Land. Wie ich aber die Nacht zubringen und wo ich schlafen sollte, das wusste ich nicht. Mir graute davor, auf der bloßen Erde zu liegen, denn ich fürchtete, von wilden Tieren zerrissen zu werden. Später erwies sich, dass die Angst unnötig gewesen war. Ich baute aus Kisten und Brettern eine Art Palisade zusammen und machte mir eine Hütte zum Nachtlager zurecht. Was ich essen wollte, wusste ich noch nicht, hatte aber aus dem Walde, wo ich den großen Vogel geschossen, ein paar kleine Tiere herausspringen sehen, die wie Hasen aussahen.

Ich begann, darüber nachzudenken, welche Sachen ich noch aus dem Schiff holen könne, die mir notwendig sein konnten und von gutem Nutzen. Vor allem dachte ich an Tauwerk und Segel und beschloss, eine zweite Fahrt zum Schiff zu machen. Ich wusste, dass der nächste Sturm das Schiff zerschlagen würde. Darum entschloss ich mich, alles liegen zu lassen, bis ich alle Dinge gerettet hatte, die mir dienen konnten. Ich wollte mein Floß hier lassen und während der Ebbe zum Schiff waten, meine Kleider aber in der Hütte lassen. Nur ein Hemd, leinene Hosen und dünne Schuhe ohne Absätze konnte ich anbehalten.

So schwamm ich wieder ans Wrack, baute ein neues Floß, machte es aber nicht so ungeschickt wie das erste Mal, überlud es auch nicht und brachte gleichwohl viel nützliche Fracht darauf. In der Kajüte des Zimmermanns fand ich ein paar große Säcke voll Nägel, einen schweren Bohrer, einige dutzend Beile und ein ungemein nützliches Ding, einen Schleifstein. Alle diese Dinge legte ich zu andern wertvollen Sachen, die zu der Obsorge des Stückmeisters gehört hatten, nämlich mehrere Sack Eisen, zwei Fässchen Musketenkugeln, sieben Musketen und noch eine Vogelflinte, dazu noch einen kleinen Vorrat Pulver, einen großen Beutel mit Schrot und eine Rolle dünngeschlagenen Bleis. Diese jedoch war so schwer, dass ich sie nicht über Bord bringen konnte. Ferner nahm ich alle Kleidungsstücke, die ich nur finden konnte, mit, suchte auch Segeltuch zusammen, rollte das Marssegel ein, und zuletzt packte ich eine Hängematte und Bettzeug zusammen. Somit war mein zweites Floß gut beladen und ich brachte es zu meiner großen Freude bequem an Land.

Ich war in großer Sorge, in meiner Abwesenheit könne mein Vorrat an Essen und Trinken weggekommen sein. Allein ich fand alles unversehrt, kein ungebetener Gast hatte mich beehrt.

Nur saß auf einer Kiste ein Tier, das glich einer wilden Katze. Als ich darauf zuging, sprang es nur einige Schritte weg und äugte mich an. Ich hielt ihm meine Flinte entgegen, aber es ließ sich dadurch nicht anfechten. Hierauf warf ich ihm ein Stück Zwieback hin, obwohl ich davon keinen Überfluss hatte. Es schnupperte daran, fraß es auf und schien Lust nach mehr zu haben. Ich gab ihm aber nichts und so lief es fort.

Als ich meine zweite Ladung an Land gebracht hatte, hätte ich die Pulverfässchen gern aufgemacht und den Inhalt in kleinere Portionen verteilt. Dann hätte ich das Pulver besser fortschaffen können. denn die große Tonne war mir zu schwer. Darum machte ich ein kleines Zelt aus Segeltuch und stützte es mit abgehauenen Pfählen. Unter dieses Dach brachte ich alle Sachen, die von der Nässe oder der Sonne Schaden nehmen konnten. Alle übrigen Kisten und Fässer stellte ich in einem Kreis um das Zelt herum. So war ich gegen einen unvermuteten Angriff von Menschen und Tieren gesichert. Sodann verschloss ich den Eingang mit einigen Brettern von innen und mit einem leeren Kasten von außen, bereitete mir ein Bett auf dem Boden, legte meine zwei Pistolen mir zu Häupten und meine Flinte neben mich, ging dann zum ersten Male wieder zu Bett und schlief die ganze Nacht sehr ruhig. Meine Müdigkeit war verständlich genug, da ich die vorige Nacht nur wenig geschlafen und den letzten Tag über tüchtig gearbeitet hatte.

Obwohl ich jetzt den größten Vorrat von Gegenständen besaß, den wohl jemals ein einzelner Mensch um sich her aufgehäuft hat, gab ich mich dennoch nicht damit zufrieden. Denn da das Wrack noch in seiner früheren Stellung verharrte, wollte ich nichts in dem Schiff lassen, was mir nützen könnte. So ging ich denn jeden Tag bei niedrigem Wasser an Bord und schaffte diesen und jenen Gegenstand herüber. Das dritte Mal holte ich mir vom Takelwerk, soviel ich schleppen konnte, alle dünnen Seile und Stricke, ein Stück Leinwand, das zum Ausbessern der Segel bestimmt war, und das Fass mit dem nassen Pulver. In der Folge schaffte ich nach und nach das sämtliche Segeltuch an Land, ließ es jedoch nicht ganz, sondern schnitt es kurzerhand in Stücke, da es nur noch als einfache Leinwand zu benutzen war.

Auf meiner fünften oder sechsten Fahrt hatte ich eine besonders erfreuliche Überraschung. Obwohl ich nichts mehr auf dem Schiff vermutete, um das ich mich hätte mühen mögen, fand ich doch noch eine große Tonne mit Brot, drei große Fässer mit Rum, eine Büchse mit Zucker und ein Tönnchen mit feinem Mehl. Die Brote wickelte ich stückweise in Lappen von Segeln und brachte alles wohlbehalten an Land.

Am folgenden Tag schwamm ich abermals zum Schiff. Wenn ich es auch schon vollkommen ausgeplündert hatte, so griff ich nun zu den Ankertauen, hieb die größten in so kleine Stücke, dass ich sie fortbringen konnte, und verfuhr ebenso mit den leichteren Tauen. Auch alles Eisenwerk, dessen ich habhaft werden konnte, nahm ich mit.

Für das Floß fällte ich den Fock- und den Hauptmast, belud es mit den schweren Gütern und trat die Rückfahrt an. Ich konnte aber das Floß wegen seiner Schwere nicht so leicht lenken. Es kippte um und alles Gut fiel ins Wasser. Ich selbst nahm keinen Schaden, denn ich befand mich dicht vor Land; aber von der Ladung ging ein Teil verloren. Nachdem die Flut abgelaufen war, konnte ich mit großer Mühe von dem Eisen einiges retten, musste aber deswegen mehrfach unter Wasser tauchen. Nach dieser Fahrt schwamm ich noch an jedem der folgenden Tage an Bord und holte herüber, was mir in die Hände kam.

Jetzt war ich schon dreizehn Tage auf der Insel und elfmal hatte ich das Schiff besucht. Ich hatte von dem Schiffsgut geborgen, soviel zwei Menschenhände wegzuschleppen vermögen. Vielleicht hätte ich das ganze Schiff, Stück für Stück, an Land gebracht, wenn es weiterhin stilles Wetter geblieben wäre. Als ich mich aber zu meiner zwölften Fahrt rüstete, merkte ich, dass sich der Wind erhob. Gleichwohl schwamm ich an Bord, fand in der Kajüte noch ein Kästchen mit Schubladen und darin etliche Rasiermesser, einige große Scheren und zehn bis zwölf Messer und Gabeln. In einem andern Behälter lagen dreißig Pfund geprägtes Gold, teils europäische, teils brasilianische Münze. Es waren Gold- und Silberstücke.

Als ich es erblickte, musste ich lachen: »Oh elender Plunder«, rief ich, »wozu taugst du mir jetzt? Du bist nicht so viel nütze, dass es sich lohnt, dich von der Erde aufzulesen. Jedes Messer ist mehr wert als der ganze Haufen Geld. Bleib wo du bist, sinke mit dem Schiff unter, es verlohnt sich nicht, dich zu retten.« Als ich es aber besser bedachte, nahm ich's doch auf, wickelte es in ein Stück Segeltuch und stieg nach oben, um ein Floß zu bauen.

Während ich daran arbeitete, überzog sich der Himmel mit

Wolken, der Wind frischte auf, und nach einer Viertelstunde stürmte es vom Lande her beträchtlich. Sofort hielt ich mit dem Bau des Floßes inne, denn ich konnte es gegen den Wind nicht an Land bringen. Ich musste für mich selber sorgen, sprang also ins Wasser und schwamm dem Ufer zu. Das war schwere Arbeit wegen der Sachen, die ich hinter mir herzog. Der Wind stand mir stark entgegen und das Wasser war bereits sehr ungestüm, aber ich kam ungefährdet nach Hause und saß bald trocken in meinem kleinen Zelt. Mein Reichtum um mich her war sicher verstaut. Es stürmte die ganze Nacht hindurch heftig. Als ich am Morgen hinausblickte, war das Schiff verschwunden. Ich erschrak, beruhigte mich aber, denn ich sagte mir, dass ich alles, was ich gebrauchen konnte, an Land geholt hatte. Von dem Schiff sind nur noch einige Wrackstücke ans Ufer getrieben worden, die mir wenig von Nutzen sein konnten.

Von nun an überlegte ich mir ernstlich, wie ich mich gegen Wilde, sofern es hier welche gäbe, oder gegen Raubtiere, die sich auf der Insel aufhalten könnten, sichern sollte. Ich dachte an einen Keller oder eine Höhle unter der Erde, über der ich ein Zelt errichten könne.

Ich durchsuchte die Insel und fand endlich eine kleine Hochebene neben einem Hügel, dessen Vorderseite zur Ebene steil aufstieg. Hier konnte mir also von oben her niemand gefährlich werden. Auf der Seite dieses Felsenhügels befand sich eine niedere Höhle, als ob es der Eingang zu einem großen Keller wäre. Vor dieser Höhle gedachte ich mein Zelt aufzuschlagen.

Zunächst zog ich vor der Höhle einen Halbkreis von zehn Schritt Durchmesser. In diesen Halbkreis pflanzte ich zwei Reihen Palisaden und schlug die Pfähle so tief in den Boden, dass sie wie Pfeiler standen. Sie ragten fünfeinhalb Fuß empor und waren oben zugespitzt. Beide Reihen standen einen halben Fuß voneinander entfernt. Dann flocht ich die Taue, die ich auf dem Schiff zerhauen hatte, Reihe auf Reihe übereinander um die Pfähle und schlug von innen her Stützen wie Strebepfeiler gegen die Palisaden. Auf diese Weise machte ich meinen Zaun so stark, dass weder Menschen noch Tiere durchbrechen oder darüber hinwegkommen konnten. Bei dieser Arbeit kostete es mich am meisten Zeit und Mühe, die Stämme im Walde zu fällen, sie zu meinem Wohnplatz zu schleppen und in den Boden hineinzutreiben.

Der Eingang zu diesem Wohnplatz sollte keine Tür sein, sondern ich wollte den Zaun mithilfe einer kurzen Leiter übersteigen. War ich hinüber, so konnte ich die Leiter hinter mir herziehen, und niemand vermochte mir zu folgen.

Jetzt schlief ich nachts ruhig und ohne jede Furcht. Von nun an schleppte ich in meinen festen Wohnplatz in unsäglicher Arbeit all meinen Reichtum, Nahrungsmittel, Schießbedarf, Werkzeug. Ich errichtete ein großes Zelt, um mich vor Regen zu schützen, und ich machte es doppelt: Innen baute ich ein kleines Zelt und darüber ein großes. Dazu legte ich auf das obere Zelt ein breites Stück grober geteerter Leinwand, das ich mit den Segeln geborgen hatte. Und ich schlief nicht mehr im Bett, sondern ruhte recht gut in einer Hängematte, die unserm Steuermann gehört hatte.

Täglich wanderte ich über die Insel, um sie genau zu erkunden. Ich wollte wissen, was alles darauf wüchse und welche Tiere es hier gäbe.

Zu meiner Freude erspähte ich eines Tages wilde Ziegen, aber sie waren so scheu und listig und so schnell auf ihren Füßen, dass ich ihnen auch mit der größten Mühe nicht beikommen konnte. Aber der erste Misserfolg schreckte mich nicht ab. Ich beobachtete sie genau und stellte fest, dass sie mich, wenn ich über ihnen stand, nicht zu erspähen vermochten. Daraus schloss ich, dass sie gewöhnlich ihre Augen abwärts richteten. Darum suchte ich mich ihnen von oben her zu nähern und konnte manches Stück schießen.

Mit dem ersten Schuss erlegte ich eine Geiß, die ein junges Zicklein bei sich hatte. Als ich die Beute schulterte, trabte das Kitzlein hinter mir drein und blieb mähend an der Leiter stehen. Ich trug also das erlegte Tier hinüber und holte das Junge nach. Meine Hoffnung, es zähmen zu können, erfüllte sich indessen nicht, denn es wollte nicht fressen, und Milch hatte ich nicht. Ich musste es also töten. Mit dem Wildbret, das mir die Ziegen gaben, kam ich lange Zeit aus und sparte so Brot, von dem ich nur wenig Vorrat hatte.

Nunmehr besaß ich eine beständige Wohnung, musste mich aber nach einem Platz umsehen, an dem ich jederzeit Feuer unterhalten konnte. Ferner war Brennholz zu beschaffen. Von jetzt an drängte die Arbeit nicht mehr so sehr. Ich saß häufig und konnte mir Gedanken über mein Schicksal machen. Über die Gefährlichkeit meiner Lage war ich mir durchaus klar. Ich übersah auch die ganze Folge der Ereignisse, die mich in dieses Schicksal hineingetrieben hatte: Die geplante Reise an die guineische Küste, der Sturm, der das Schiff vom Kurs abgetrieben hatte, der Schiffbruch auf den Untiefen vor diesem Eiland, meine Rettung, während alle anderen ertrunken waren. War das nun Schicksal und Strafe des Himmels, dass ich in diesem wüsten Land einsam und verlassen mein Leben beenden sollte?

Wenn mir diese Gedanken kamen, liefen mir die Tränen übers Gesicht. Dann aber tröstete ich mich wieder. In allem Unglück war mir Glück beschieden worden. Ich hatte mein Leben gerettet und aus dem Schiff alles herausholen können, womit ich mir das Leben erhalten konnte. Wie stünde ich da, wenn mir das alles fehlte, wenn ich ohne Flinten, Pulver und Blei, ohne Werkzeuge, ohne Kleider, Bett, Zelt oder andere Deckung wäre. Mir grauste, wenn ich mir dieses Schicksal vorstellte.

Dann aber dachte ich daran, dass ich bei meinem jetzigen Leben die Übersicht über die Zeit ganz verlieren werde. Ich versuchte, eine zeitliche Ordnung zu bilden: Am 30. September hatte ich den Fuß auf dieses furchtbare Eiland gesetzt. Nach zehn oder zwölf Tagen war mir eingefallen, dass ich eine Art Kalender machen müsse. Und weil ich weder genügend Papier noch Feder und Tinte hatte, schnitt ich mit meinem Messer in einen dicken Pfahl große Buchstaben ein, machte mit einem Querbrett ein großes Kruzifix daraus und rammte es an meiner Landungsstelle in den Boden ein. Hier stand zu lesen: »Hier an Land gekommen den 30. September 1659.« In die Seiten dieses Pfahls, den ich vierkantig zugehauen hatte, schnitt ich mit meinem Messer je eine Kerbe, und die siebente Kerbe war immer doppelt so lang als die anderen, und jeder erste Tag des Monats wiederum länger als die Sonntagskerbe. Auf solche Art gewann ich einen Kalender mit wöchentlicher, monatlicher und jährlicher Zeitrechnung.

Unter den Gegenständen, die ich vom Schiff gebracht hatte, befanden sich einige an sich ziemlich wertlose, die mir aber sehr nützlich waren und die ich oben zu erwähnen unterlassen habe. Hierzu gehörten unter anderm: Federn, Tinte, Papier, die ich zum Teil aus den Vorräten des Kapitäns, des Steuermanns, des Stückmeisters und des Zimmermanns entnommen hatte; ferner mehrere Kompasse, einige mathematische Instrumente, Quadranten, Ferngläser, Karten und Schifffahrtsbücher. Das alles hatte ich zusammengerafft, ohne viel darüber nachzudenken, ob ich es jemals brauchen könne oder nicht. Auch drei Bibeln waren mir in die Hände gefallen, die mit meinen Sachen aus London gekommen waren. Sodann hatte ich einige portugiesische Bücher, darunter drei katholische Gebetbücher, und verschiedene andere Schriften aus dem Wrack mitgenommen und sorgfältig aufbewahrt. Ferner darf ich nicht vergessen, dass an Bord unseres Schiffes ein Hund und zwei Katzen gewesen waren, von denen ich im Verlauf meiner Geschichte noch zu reden haben werde. Denn die beiden Katzen hatte ich mitgenommen, der Hund aber war an dem Tage, nachdem ich die erste Floßfahrt gemacht hatte, von selbst aus dem Schiffe gesprungen und ans Land geschwommen. Er war mir manches Jahr hindurch ein treuer Gefährte, trug und apportierte mir alles Mögliche und leistete mir Gesellschaft, so gut er vermochte.

Wie schon bemerkt, hatte ich auch Federn, Tinte, Papier gefunden. Ich ging damit sehr sparsam um, zeichnete aber dennoch, solange der Vorrat reichte, alle meine Erlebnisse auf das Genaueste auf. Später wurde mir dies unmöglich, da es mir nicht gelang, Tinte zu bereiten.

Überhaupt fehlte mir, so viel Gegenstände ich auch um mich aufgehäuft hatte, doch eine Menge sehr wesentlicher Dinge, so z. B. außer Tinte eine Hacke und ein Spaten oder eine Schaufel, um die Erde damit umzugraben; ferner Nähnadeln, Stecknadeln und Faden oder Garn. Was die Wäsche anbelangt, so gewöhnte ich mich schnell daran, sie zu entbehren.

Der Mangel an diesen Gerätschaften erschwerte meine Arbeiten und alles ging langsam vonstatten. Es dauerte fast ein ganzes Jahr, bis ich die Palisadenumzäunung vollendet hatte.

Die Stämme, die ich nur so schwer wählte, als ich sie tragen konnte, nahmen viel Zeit zum Fällen, Vorbereiten und Nachhauseschaffen in Anspruch. Zuweilen brauchte ich zwei Tage, um eine von diesen Palisaden fertig an Ort und Stelle zu bringen, und einen dritten Tag, um sie in die Erde zu treiben. Hierzu bediente ich mich anfangs eines schweren Holzstückes, später aber nahm ich dazu eine der eisernen Brechstangen. Trotzdem war es ein mühsames und Zeit raubendes Werk, diese Pfähle festzumachen. Aber was lag daran, dass irgendetwas, das ich verrichtete, Zeit kostete, da ich ja deren im Überfluss hatte? Denn soviel ich vorläufig übersah, blieb mir nach Vollendung jener Arbeit nur noch die übrig, die Insel nach Lebensmitteln zu durchsuchen, was ich ohnehin schon tat.

Aber auch diese Arbeit war einmal vollendet, und ich konnte die Zeit voraussehen, da ich weiter nichts zu tun hatte, als Jagdausflüge zu machen und mir ein Gericht Fleisch zu schießen. Darum fing ich an, über meine Lage ernstlich nachzudenken und meine Erlebnisse niederzuschreiben. Ich wollte meinen Bericht denen hinterlassen, die etwa nach mir diese Insel betreten würden. Darauf bestand jedoch wenig Aussicht. Ich gedachte aber, von meinen quälenden Gedanken frei zu werden, sofern ich sie aufs Papier brächte. So versuchte ich, das Gute und das Böse gegenüberzustellen, und glich darin dem Kaufmann, der Soll und Haben gegeneinander abwägt:

Das Böse

— Ich bin auf ein wüstes Eiland verschlagen worden und habe keine Hoffnung, es je verlassen zu können. Ich bin von allen Menschen und von aller Welt abgesondert. So muss ich ein elendes Dasein führen.

— Ich bin aus der menschlichen Gesellschaft ausgeschlossen und muss als Einsiedler leben. Ich habe keine Kleider, um meine Blöße zu bedecken.
— Ich bin ohne Verteidigungsmittel gegen Angriffe von Menschen und Tieren.
— Ich habe keinen Gefährten, mit dem ich reden und Trost von ihm holen könnte.

Das Gute

— Ich lebe noch, während alle meine Gefährten ertrunken sind.
— Von der ganzen Schiffsgesellschaft bin ich allein dem Tode entronnen. Und Gott, der mich wunderbarerweise vom Tode errettet, kann mich auch aus dieser Lage befreien.
— Und ich bin noch nicht Hungers gestorben. Wäre ich an einen unfruchtbaren Ort geraten, so wäre ich vor Hunger gestorben.
— Ich lebe in einem heißen Klima, wo ich Kleider schwerlich tragen kann. Auf meinem Eiland gibt es keine wilden Tiere. Wie wäre es mir ergangen, wenn ich an der afrikanischen Küste Schiffbruch erlitten hätte!
— Gott schickte das Schiff nahe genug ans Land, dass ich viele nötige Dinge daraus entnehmen konnte. Manche Dinge werden für das ganze Leben reichen.

Aus dieser Übersicht ergab sich für mich, dass kein Zustand auf der Welt so elend und entsetzlich ist, dass man darin nicht auch ein Gutes zu erkennen vermöge. Dieses Nachdenken machte mich ruhig und zufrieden. Ich fing an, mich immer besser einzurichten und mich an das neue Leben zu gewöhnen.

5. KAPITEL

Robinson führt Tagebuch und wird Ackerbauer

Meine Wohnung baute ich im nächsten Jahre weiter aus. Den Palisadenzaun verstärkte ich von außen durch einen Wall aus Erdstücken, die ich zwei Fuß hoch dagegen aufschichtete. Dann stemmte ich in der Höhe des Palisadenzauns lange Sparren schräg gegen den Felsen und bedeckte sie mit Baumästen. So entstand ein Schuppendach, das den Regen abhielt. Die Regengüsse waren zu manchen Jahreszeiten äußerst heftig. Meine Güter brachte ich sämtlich unter das schräge Dach oder verwahrte sie in der Höhle. Anfangs bildeten sie einen unordentlichen Haufen, der mir allen Platz wegnahm und mich in der Bewegung hinderte, darum suchte ich, die Höhle zu erweitern. Da der Felsen aus lockerem Sandstein bestand, so gab er leicht nach, und die Höhlung wurde ständig tiefer. Nun war ich gegen Raubtiere gesichert. Aber ich arbeitete mich ganz durch den Felsen hindurch und verschloss den zweiten Ausgang mit einer Tür. So hatte ich nicht nur einen großen Vorratsraum, sondern auch eine Haustür bekommen. Jetzt vermochte ich, meine Güter zu ordnen und jedem Stück seinen Platz zu geben. Nunmehr fing ich an, mir die nötigen Geräte für meine Bequemlichkeit anzufertigen. Zuerst entstanden Tisch und Stuhl, denn ohne sie gibt es in einer Wohnung keine Behaglichkeit. Ohne den Tisch konn-

te ich weder schreiben noch essen und mich nicht bequem ausruhen.

Zwar hatte ich in meinem früheren Leben nie Handwerkszeug in der Hand gehabt. Gleichwohl fand ich mit der Zeit durch Arbeit, Fleiß und Scharfsinn, dass ich zu jedem Handwerk geschickt sei, sofern ich nur die nötigen Werkzeuge hätte. Manche Dinge musste ich jedoch auch ohne Werkzeug herstellen. Einige lediglich mit Hobel und Hackbeil, und zwar waren das Gegenstände, die wohl nie früher auf solche Art verfertigt waren.

Wenn ich also ein Brett nötig hatte, blieb mir nichts übrig, als einen Baum zu fällen und den Stamm mit der Axt von beiden Seiten so lange zu behauen, bis er dünn wie ein Brett war, worauf ich ihn dann mit einem Hobel glättete. Freilich konnte ich auf diese Weise aus einem ganzen Baum nur ein einziges Brett erhalten; doch da half nichts weiter als Geduld, und wenn auch die Anfertigung eines einzigen solchen Gegenstandes mich eine enorme Zeit und Arbeit kosteten, so waren ja Arbeit und Zeit für mich von geringem Wert, es kam nicht darauf an, ob ich sie so oder so verwendete.

Ich machte mir also Tisch und Stuhl und benützte dazu die kurzen Bretter, die ich vom Schiff geholt hatte. Aus andern verfertigte ich Borde. Sie waren anderthalb Fuß breit und ich befestigte sie an der Seitenwand meines Kellers. All mein Handwerkszeug, Nägel, Eisenwerk, fand darauf seinen Platz.

Und nun fing ich an, ein Tagebuch zu führen und darin meine täglichen Beschäftigungen zu verzeichnen. Früher hatte es mir zu sehr an Ruhe, besonders an Gemütsruhe gefehlt und mein Journal würde in dieser Zeit mit vielen unbedeutenden Dingen angefüllt worden sein.

Einige Tage nachdem ich schon alles vom Schiff geholt hatte, konnte ich es nicht unterlassen, doch wieder einmal die Spitze eines kleinen Berges zu besteigen und auf die See hinauszuschauen, in der Hoffnung, ein Schiff zu erblicken. Wirklich bildete ich mir auch ein, in großer Entfernung ein Segel zu erspähen. Ich täuschte mich lange mit dieser Hoffnung und blickte starr auf das Meer, bis mir der Blick verschwamm. Dann gab ich es auf, setzte mich nieder, weinte wie ein Kind und verstärkte so mein Elend durch meine eigene Torheit.

Erst nachdem ich diesen Kummer einigermaßen überwunden, meine Niederlassung beendigt und mein Hauswesen eingerichtet hatte und alles um mich so hübsch wie möglich geordnet war, begann ich mein Tagebuch. Ich will den kärglichen Inhalt desselben (ich konnte es nämlich nur so lange fortsetzen, bis mir die Tinte ausging) hier mitteilen; obwohl dasselbe viele Dinge wiederholt, die schon berichtet sind.

Tagebuch

Am 30. September 1659 kam ich armer, elender Robinson Crusoe auf diese schreckliche Insel, nachdem ich in einem fürchterlichen Sturm auf der offenen See Schiffbruch erlitten hatte. All meine Gefährten sind ertrunken und ich selbst bin nur mit knapper Not dem Tode entronnen. Der Insel habe ich den Namen »Insel der Verzweiflung« gegeben.

1. Oktober. Am Morgen sah ich zu meiner großen Verwunderung, dass das Schiff bei der Flut wieder flott geworden war und näher ans Ufer getrieben wurde.

Vom 1. bis 24. Oktober. Alle diese Tage habe ich mit vielen Gängen zum Schiff zugebracht und alle Dinge, deren ich hab-

haft werden konnte, auf Flößen ans Land geführt. Es gab viel Regen in diesen Tagen, also muss es wohl die gewöhnliche Regenzeit gewesen sein.

25. Oktober. Regen bei Tag und Nacht mit starken Windstößen. In der Nacht ist das Schiff auseinander gebrochen. Ich brachte das gerettete Gut unter Dach, damit es im Regen nicht verdürbe.

26. Oktober. Ich erkundete den ganzen Tag die Ufergegend, um einen Platz für eine Wohnung zu finden, der mir Sicherheit gegen Überfälle durch wilde Menschen und Tiere gewähre. Gegen Abend fand ich einen bequemen Platz unter einem Felsen und ich steckte einen Halbkreis für mein Lager ab.

1. November. Am Felsen schlug ich mein Zelt auf und schlief darin die erste Nacht. Ich habe es so groß gemacht, dass ich meine Hängematte darin an Pfählen aufhängen kann.

2. November. Alle Kisten und Bretter samt den Floßhölzern setzte ich zu einem Zaun zusammen, um gegen Überfälle gesichert zu sein.

3. November. Ich ging mit der Flinte auf die Jagd und schoss zwei Vögel, die so groß waren wie Enten und eine reiche Mahlzeit ergaben. Am Nachmittag fing ich an, einen Tisch anzufertigen.

4. November. Am Morgen begann ich, meine Tageszeit ordentlich einzuteilen, wie viel Zeit mir zum Arbeiten, zur Jagd, zum Schlafen und zum Vergnügen bliebe. Alle Morgen gehe ich einige Stunden mit dem Gewehr auf die Jagd. Darauf arbeite ich bis gegen elf Uhr, esse dann, was ich habe, und lege mich von 12 bis 2 Uhr in der heißen Mittagszeit schlafen. Nachmittags beginnt die Arbeit von neuem. An diesem und am folgenden Tage wurde mein Tisch fertig.

5. November. Als ich heute mit dem Hund auf die Jagd ging, erlegte ich eine wilde Katze. Das Fell ist schön und weich, das Fleisch aber ungenießbar. Allen Beutetieren streife ich die Haut ab, trockne sie und bewahre sie auf. Am Strande erblickte ich unbekannte Wasservögel. Auch erschrak ich vor einigen Seehunden, die schnell ins Wasser sprangen und entwischten.

6. November. Heute legte ich die letzte Hand an meinen Tisch, aber er fiel nicht ganz zu meiner Zufriedenheit aus.

7. November. Es hat sich dauernd gutes Wetter eingestellt. Den heutigen und die nächsten Tage verwandte ich dazu, mir einen Stuhl zu machen, gab ihm auch eine leidliche Form, aber ganz gefallen wollte er mir nicht.

14. bis 16. November. Ich fertigte Kisten und Kästen an, um mein Pulver aufzubewahren. Sie werden getrennt verwahrt. Ich schoss einen großen Vogel, dessen Namen ich nicht kannte, der aber eine vortreffliche Speise lieferte.

17. November. Ich vertiefte die Höhle hinter meinem Zelt, um mehr Raum für meine Bequemlichkeit zu bekommen. Bei

dieser Arbeit fehlten mir sehr eine Haue, eine Schaufel und ein Schiebkarren oder Korb. Statt der Haue nahm ich ein Brecheisen. Das eignete sich gut, war aber zu schwer.

18. November. Im Walde fand ich einen Eisenbaum. Er wird in Brasilien wegen seines ungemein harten Holzes so genannt. Ich hieb mit großer Mühe ein Stück davon ab und schleppte es nach Hause. Beinahe hätte ich die Axt daran verdorben. Aus dem Holz machte ich eine Schaufel, musste aber sehr lange daran arbeiten. Danach hat sie mir gute Dienste geleistet. Meine Versuche, einen Korb anzufertigen, misslangen, denn es fehlte mir an Zweigen, die sich zur Flechtarbeit eigneten. Einen Schiebkarren glaubte ich wohl machen zu können, wagte mich aber nicht an das Rad und gab den Plan auf. Zum Wegtragen der Erde verfertigte ich eine hölzerne Mulde. Sie glich den Mulden, worin die Handlanger den Maurern den Mörtel zutragen. An der Schaufel arbeitete ich vier Tage, saß aber auch viele Stunden an der vergeblichen Arbeit für den Schubkarren.

23. November. Ich hatte viel Zeit mit der Anfertigung von Werkzeugen verbracht und ging jetzt an die Vergrößerung der Höhle, damit ich meine Sachen bequemer aufheben könne. Mein Wohnzimmer war weiterhin das Zelt. Weil aber das Zelt während des vielen Regens nicht trocken blieb, überdachte ich den ganzen Platz mit schrägen Sparren und legte Binsen und breite Baumblätter wie ein Strohdach darüber.

10. Dezember. Als ich meine Höhle fertig zu haben glaubte, stürzte plötzlich ein Teil des Gewölbes ein. Ich erschrak sehr, denn hätte ich da gestanden, so wäre kein Totengräber für mich zu bestellen gewesen. Nun gab es wieder viel Arbeit. Ich musste die lockere Erde hinaustragen und das Gewölbe stützen.

11. Dezember. Heute sicherte ich das Gewölbe, indem ich

zwei Pfosten mit kreuzweise darüber gerichteten Brettern aufstellte. In den nächsten Tagen fügte ich weitere Stützen hinzu, sodass am Ende der Woche das ganze Gewölbe gesichert war.

17. Dezember. Heute und in den nächsten beiden Tagen tischlerte ich Borde für die Wand, schlug auch Nägel in die Pfosten, um allerlei Sachen daran aufzuhängen.

20. bis 25. Dezember. Es hat den ganzen Tag und die ganze Nacht geregnet, ich konnte nicht ausgehen.

26. Dezember. Kein Regen, das Erdreich hat sich abgekühlt, die Natur ist anmutiger als vorher.

27. Dezember. Ich schoss einen jungen Bock und verwundete ein Junges, sodass ich es fangen und an einem Strick nach Hause schleppen konnte. Daheim verband und schiente ich den verletzten Lauf. Ich will es am Leben halten und zähmen.

28. bis 30. Dezember. Große Hitze und kein kühles Lüftchen. Erst gegen Abend konnte ich ausgehen, um ein Wild zu schießen. Tagsüber brachte ich meine Wohnung in Ordnung.

1. Januar. In der Kühle der Frühe und am Abend streifte ich mit dem Gewehr umher und schlief den Tag über. In den Tälern nach der Mitte des Eilandes zu fand ich eine Menge Ziegen. Sie waren überaus scheu und ich konnte nicht nahe genug herankommen. Ich will versuchen, sie mit dem Hund zu jagen.

2. Januar. Ich versuchte, den Hund auf die Ziegen zu hetzen, aber sie stellten sich alle gegen ihn, und er wich zurück.

3. Januar. Ich begann, an meinem Palisadenzaun zu arbeiten, und nahm mir vor, ihn recht dick und stark zu machen, denn mir graute immer noch vor einem Überfall. Ich habe vom dritten Januar bis zum 14. April daran gearbeitet, obwohl der Halbkreis nur 24 Schritt lang ist. An manchen Tagen wurde ich durch Regen behindert.

Auf meinen Jagdgängen machte ich bisweilen Entdeckungen, die mir von Nutzen waren. Insonderheit fand ich eine Art wilder Tauben, die aber nicht auf Bäumen nisteten, sondern in den Höhlen und Löchern der Felsen. Ich nahm etliche Junge mit und zog sie auf, aber als sie größer wurden, flogen sie mir weg. Von da an holte ich die Jungen und machte daraus ein herrliches Essen. In meinem Haushalt fehlte es an mancherlei Dingen, die ich nicht herstellen konnte, soviel Mühe ich mir auch gab. So wollte mir kein Fass gelingen. Ich konnte die Dauben nicht dicht machen und verstand nicht, den Boden einzusetzen. Darum gab ich es auf. Ferner hatte ich meine liebe Not mit den Lichtern, denn ich konnte doch nicht abends mit dem Dunkelwerden zu Bett gehen. Hätte ich jetzt den Wachsklumpen, den ich auf der Flucht aus der Sklaverei mitgenommen! Nur wenn ich eine Ziege schoss, gewann ich etwas Talg. Den goss ich in ein Schüsselchen aus Lehm, das an der Sonne getrocknet war, und steckte einen Docht aus Schiffswerg hinein. Das gab eine beständige Flamme, aber sie leuchtete nicht hell genug.

Mitten unter all meiner Arbeit fand ich ein Beutelchen, das mit Hühnerfutter angefüllt gewesen war; aber die Ratten hatten die Körner gefressen und es enthielt nichts als leere Hülsen und Staub. Ich schüttelte das Säckchen neben meiner Festung aus. Kurz nach der großen Regenzeit sah ich ein paar Halme aus der Erde sprießen und war sehr erstaunt, als nach längerer Zeit zehn oder zwölf Ähren einer englischen Gerste hervorbrachen. Dieser Vorgang stürzte mich in große Verwirrung, denn ich dachte, Gott habe dieses Korn ohne Saat durch ein Wunder für mich wachsen lassen. Nicht weit davon am Felsen fand ich noch andere Halme, die Reisstängeln glichen. Auch das erschien mir wunderbar. Ich lief über die halbe Insel, blickte in alle Ecken und Winkel hinein, um noch mehr Halme zu finden, aber ich konnte nichts entdecken. Da fiel mir endlich ein, dass ich die Spreu aus dem Säckchen an jene Stelle hingeschüttet hatte. Da war es mit dem Wunder aus.

Als die Ähren reiften, das war gegen den Ausgang des Juni, schnitt ich sie sorgfältig ab und verwahrte jedes Körnchen, um es als Saatgut zu gebrauchen. Aber es dauerte vier Jahre, bis ich davon essen konnte, denn im ersten Jahr ging mir die ganze Saat zugrunde, weil ich zu unrechter Zeit gesät hatte.

Auch zwanzig oder dreißig Reisrispen hatte ich mit Sorgfalt großgezogen. Ich wollte Brot daraus backen und Brei daraus kochen. Das gelang erst nach mehreren missglückten Versuchen.

Drei oder vier Monate arbeitete ich überaus hart, um den Palisadenzaun zu vollenden. Am 14. April schlug ich den letzten Pfahl ein und stieg zum ersten Mal über die Leiter in meine Wohnung. Als ich die Leiter nachgezogen hatte, hielt ich meine Festung für sicher.

Einen Tag nach Vollendung meiner Wohnung setzte mich ein Ereignis in großen Schrecken. Plötzlich fielen von der Decke meines Kellers und vom Gipfel des Hügels große Stücke herunter, und zwei der Pfosten, die die Kellerdecke hielten, krachten zusammen. Ich dachte, die ganze Höhle fiele ein, denn ein Stück war früher schon eingebrochen, und ich hatte die Decke abstützen müssen. Darum lief ich schleunigst zu meiner Leiter und stieg über die Palisade, um nicht verschüttet zu werden. Draußen erst erkannte ich, dass es sich um ein schreckliches Erdbeben handelte. Der Boden unter mir bewegte sich in etwa acht Minuten dreimal so stark, dass das stärkste Gebäude der Welt davon eingestürzt wäre. Vom Gipfel eines Felsens, der in etwa einer halben englischen Meile Entfernung gegen die See zu sich erhob, fiel ein großes Felsstück mit Donnergepolter herab. Ich konnte auch beobachten, wie das Meer in Bewegung geriet. Vielleicht war der Erdstoß unter Wasser heftiger als auf dem Lande.

Über dieses Ereignis war ich so entsetzt, dass ich in derselben Weise seekrank wurde wie auf dem Meer. Der Steinfall hatte mir einen besonders empfindlichen Schrecken eingejagt. Ich dachte, dass der Hügel einstürzen und mein Zelt und damit all meine Hausgeräte unter sich begraben würde. Als aber der dritte Erdstoß vorüber war, hob sich mein Mut. Zwar wagte ich noch nicht, wieder in mein Haus einzusteigen, sondern ich saß niedergeschlagen und ängstlich auf der flachen Erde. Während ich so saß, bemerkte ich, dass sich der Himmel mit Wolken bezogen hatte, als wenn es regnen wolle. Der Wind erhob sich und in weniger als einer halben Stunde tobte ein entsetzlicher Orkan. Das Meer schäumte auf, eine Flutwelle brach weit ins Land hinein, Bäume wurden mit den Wurzeln ausgerissen, kurz, es war ein schreckliches Unwetter. Der Sturm dauerte drei Stunden, nahm dann ab und nach weiteren zwei Stunden war es windstill. Dann aber fing es an, gewaltig zu regnen.

Die ganze Zeit über saß ich erschrocken und hilflos auf der Erde. Mir fuhr plötzlich durch den Sinn, Sturm und Regen müssten eine Folge des Erdbebens sein. Dann aber war das Erdbeben vorüber und ich durfte mich wieder unter mein Dach wagen. Ich stieg über die Palisade und setzte mich in mein Zelt. Doch der Regen war so heftig, als wolle er mein Zelt wegschwemmen. Ich musste mich in die Höhle hineinbegeben, obwohl ich immer noch befürchtete, sie könne einstürzen.

Der heftige Regen zwang mich, durch meinen Palisadenzaun ein Loch zu hauen, damit das Wasser abfließen konnte. Es hätte sonst meine Höhle überschwemmt.

Als das Erdbeben sich nicht wiederholte, begann ich, ruhiger zu werden. Ich spürte Hunger, ging in meine Speisekammer und nahm einen Schluck Rum. Währenddessen dauerte der Regen an, und es schüttete die ganze Nacht und den folgenden Tag, sodass ich nicht ins Freie gehen konnte. Jetzt begann ich, über das Erdbeben nachzudenken. Ich meinte, es sei unklug, in der Höhle zu bleiben, denn ich könne nachts im Schlaf darin verschüttet werden. Ich müsse an einem offenen Ort eine kleine Hütte anlegen und mit einem hohen Zaun umgeben. Darin könne mir bei einem neuen Erdbeben nichts geschehen. Ich brachte die beiden folgenden Tage, den 19. und 20. April, damit zu, auszukundschaften, wohin ich meine Wohnung verlegen solle. In meiner Angst vor einem neuen Erdbeben schlief ich sehr unruhig, mochte aber nicht draußen vor der Palisade liegen, wo ich vor keinem Überfall sicher war.

Mittlerweile fiel mir ein, dass es lange Zeit dauern würde, bis das neue Haus bewohnbar wäre. Ich beschloss, in aller Eile einen neuen Zaun aus Stämmen und Stricken zu machen und darin mein Zelt aufzuschlagen. Nur mit den Werkzeugen hatte ich große Not. Zwar besaß ich drei große Zimmermannsäxte und einige kleine Beile, allein die waren durch Hacken und Hauen des harten Holzes schartig und stumpf geworden. Wohl hatte ich einen Schleifstein, konnte ihn jedoch nicht drehen. Nach vielem Überlegen konstruierte ich ein Rad mit einem Strick, um den Stein mit dem Fuß zu bewegen, damit ich beide Hände frei hätte. Später habe ich festgestellt, dass die Scherenschleifer es nicht anders machen.

28. bis 29. April. Beide Tage brachte ich mit dem Schleifen meiner Werkzeuge zu und mein Schleifstuhl erwies sich als gut und bequem.

30. April. Ich merkte, dass mein Brot auf die Neige ging. Darum musterte ich den Bestand und bestimmte für die folgende Zeit täglich einen einzigen Zwieback. Darüber wurde mir das Herz sehr beklommen.

1. Mai. Als ich am Morgen zum Meer hinaussah, erblickte ich einen großen Gegenstand am Strande. Als ich hinzuging, fand ich eine Tonne und daneben einige Schiffstrümmer, die der Orkan ans Ufer getrieben hatte. Das Wrack selber schien höher aus dem Wasser herauszuragen als mein Schiff, mit dem ich gekommen war. In ihm würde ich neue Vorräte finden. Ich untersuchte das Fässchen und merkte, dass Pulver darin war. Allein es war nass und so fest wie Stein geworden. Ich ging so dicht wie möglich an das Schiff heran, um noch andere brauchbare Dinge zu entdecken. Ich fand es sehr weit von seiner vorigen Stelle versetzt. Der Vordersteven, der vordem im Sand begraben war, stand wenigstens sechs Fuß über Wasser. Das abgebrochene Heck hatten die Wellen umgeworfen, und es war so viel Sand angespült worden, dass ich es fast trockenen Fußes betreten konnte. Das ganze Schiff war geborsten und an den folgenden Tagen trieben immer neue Sachen ans Land.

Dieses Ereignis brachte mich von dem Gedanken ab, meine Wohnung zu verlegen. Ich richtete meine Überlegungen nur auf das Schiff und versuchte, einen Eingang zum Inneren zu finden. Es war aber ganz mit Sand angefüllt. Ich beschloss, alles vom Schiff abzumontieren, was ich jemals würde gebrauchen können.

3. Mai. Mit meiner Säge machte ich den Anfang und schnitt damit einen Balken durch, der den oberen Teil des Decks zusammenhielt. Als das Deck freilag, räumte ich den Sand weg, aber ich musste bald davon ablassen, weil mir die Flut auf den Hals kam.

4. Mai. Ich ging zum Fischen, vermochte aber, nichts zu fangen. Schon wollte ich aufhören, als ein junger Delfin anbiss. Die gefangenen Fische dörrte ich an der Sonne.

5. Mai. Ich arbeitete am Wrack, entfernte noch einen Querbalken und brach die Bretter des Verdecks los, band sie zusammen und ließ sie von der Flut an Land treiben.

6. Mai. Die Arbeit am Wrack wurde fortgesetzt. Ich konnte eiserne Bolzen und mehrere Stück Eisen lösen, war aber sehr müde und gedachte, die Arbeit aufzugeben.

7. Mai. Ich ging zum Schiff, nur um zu schauen, fand aber, dass das Deck eingebrochen war, weil ich die Stützbalken abgesägt hatte. Ich konnte in den Laderaum hineinsehen, fand aber nur Wasser und Sand.

8. Mai. Mit einem Brecheisen wollte ich die Decksplanken abbrechen. Zwei Bretter band ich zusammen und ließ sie an Land treiben.

9. Mai. Mit dem Steigeisen stieg ich in das Schiffsinnere hinein, fand etliche Fässer, konnte sie aber nicht aufbrechen.

10. bis 14. Mai. Ich arbeitete alle Tage auf dem Schiff, holte viele Balken, Sparren, Planken, Bretter und zwei oder drei Zentner Eisen.

15. Mai. Heute nahm ich zwei Beile mit, um zu versuchen, Stücke von einer Bleirolle abzuschlagen. Da aber die Rolle anderthalb Fuß tief im Wasser lag, wollte es nicht gelingen.

16. Mai. In der Nacht wehte ein harter Sturm, der das Wrack noch mehr zertrümmerte. Ich verbrachte meine Zeit auf der Taubenjagd und konnte wegen der hereinbrechenden Flut nicht mehr ans Schiff kommen.

17. Mai. Etliche Trümmer des Wracks waren zwei Meilen entfernt an Land getrieben worden. Ich ging hin und begutachtete sie. Sie waren aber so schwer, dass ich sie nicht fortschaffen konnte.

24. Mai. Am Wrack brach ich mit vieler Mühe Sachen mit dem Brecheisen los. Eine starke Flut hatte verschiedene Fässer und zwei Seekisten ans Ufer getrieben. Bei Tage stand der Wind vom Land ab, und es gelangte heute nichts an den Strand außer Holz und einem Fass mit gepökeltem Schweinefleisch, das aber durch Meerwasser und Salz verdorben war.

Mit der Arbeit am Schiff fuhr ich bis zum 15. Juni fort. Ich unterbrach sie nur, wenn ich auf die Jagd ging. Immer sorgte ich, dass ich beim Eintreten der Ebbe zum Wrack hinausgehen konnte. Nunmehr hatte ich Balken, Bretter und Eisen genug, um ein gutes Boot zu bauen. Hätte ich nur etwas vom Bootsbau verstanden!

16. Juni. Am Strande fand ich eine große Seeschildkröte, die erste, die ich auf der Insel sah. Das aber war nur mein Pech, auf der andern Seite der Insel hätte ich hundert haben können.

17. Juni. Den ganzen Tag brachte ich mit dem Kochen der Schildkröte zu. Sie hatte ein Schock Eier im Leibe, und ihr Fleisch war das Leckerste, das ich jemals gegessen habe. Seit meiner Landung auf diesem schrecklichen Eiland hatte ich nur das Fleisch von wilden Ziegen und Vögeln gegessen.

18. Juni. Es regnete den ganzen Tag und ich musste daheim bleiben. Mir schien es, der Regen sei kälter als sonst.

19. Juni. Ich hatte Schüttelfrost, ich fühlte mich krank, als ob das Wetter kühl wäre.

20. bis 27. Juni. Die ganze Zeit plagte mich ein sehr starkes Fieber. Der Höhepunkt des Fiebers dauerte sieben Stunden,

Kälte und Hitze wechselten ab. Ich war sehr schwach und halb tot vor Angst über meinen unglücklichen Zustand. Dazu quälte mich gewaltiges Kopfweh. Weil ich nichts mehr zu essen hatte, nahm ich am 26. Juni mein Gewehr zur Hand, war aber ganz kraftlos. Ich schoss eine Ziege, schleifte sie mit großer Mühe nach Hause und briet ein Stück Fleisch auf dem Rost. Am nächsten Tage nahm das Fieber wieder zu, ich musste den ganzen Tag zu Bett liegen, konnte aber weder essen noch trinken. Wegen der großen Schwäche vermochte ich nicht, ans Wasser zu langen. In meiner Not schrie ich zu Gott, und ich glaube, ich habe zwei oder drei Stunden geschrien und gejammert. Endlich fiel ich in Schlaf und wachte erst spät in der Nacht auf. Ich fühlte mich erquickt, war aber matt und sehr durstig. Da sich aber in der Wohnung kein Tropfen Wasser befand, musste ich bis an den Morgen liegen bleiben, schlief wieder ein und hatte schwere Albträume.

28. Juni. Der Schlaf hatte mich erquickt und das Fieber war verschwunden. Ich stand auf, um etwas zu essen. Weil ich aber fürchtete, das Fieber könne wiederkehren, füllte ich eine große Flasche mit Wasser und setzte sie auf den Tisch, damit ich sie vom Bett aus erreichen konnte. Als Medizin goss ich etwas Rum dazu. Von dem Ziegenwildbret briet ich ein Stück auf den Holzkohlen, konnte aber nur wenig davon essen. Ich versuchte, mich im Freien zu ergehen, war aber sehr matt und fühlte mich traurig und niedergeschlagen. Zum Abend bereitete ich mir drei Schildkröteneier, die ich in der Asche briet.

Ich versuchte, ans Meer zu gehen, konnte jedoch kaum die Flinte tragen und musste mich bald auf die Erde setzen, und allerlei schwere Gedanken gingen mir durch den Kopf. Ich schlenderte langsam zurück, stieg über die Palisade, war aber unruhig und hatte keine Lust zum Schlaf. Darum zündete ich meine Lampe an und erwartete neues Fieber.

Da fiel mir ein, dass die Brasilianer gegen alle Krankheiten nichts als Tabak verwendeten. Ich suchte meinen Tabak und fand ein Kistchen mit einer schon zubereiteten Rolle. Daneben lagen noch frische Blätter, die noch nicht völlig trocken waren. Nun wusste ich nicht, in welcher Weise ich den Tabak gegen meine Krankheit gebrauchen solle. Ich machte allerlei Proben. Zuerst kaute ich ein Blatt und mir wurde im Kopfe ganz dumm davon. Dann legte ich Tabak in etwas Rum, um diese Medizin vor dem Schlafengehen einzunehmen. Zuletzt verbrannte ich ein Stück auf der Kohlenpfanne und hielt meine Nase über den Rauch, solange ich es wegen der Hitze und des Erstickens nur immer auszuhalten vermochte. Danach versuchte ich, in der Bibel zu lesen, allein mein Kopf war von dem Tabak so wüst, dass ich kein Wort begriff. Der Tabak hatte mir den Kopf so verwirrt gemacht, dass ich ganz schläfrig wurde. Ich ließ meine Lampe brennen, damit ich in der Nacht, wenn ich nach etwas langen wollte, es finden könne. Dann kroch ich ins Bett, nicht ohne zuvor den Rum, in dem der Tabak gelegen hatte, getrunken zu haben. Er war so streng und stinkend, dass ich ihn kaum schlucken konnte, und ich merkte, wie er mir zu Kopf stieg. Aber ich fiel in einen tiefen Schlaf und wachte erst am folgenden Nachmittag um drei Uhr auf. Es kann freilich auch der dritte Tag gewesen sein, sodass ich den ganzen folgenden Tag und die nächste Nacht dazu geschlafen hätte. An meiner Zeitrechnung fehlte nämlich später ein Tag, und ich wüsste nicht, wo er sonst verloren gegangen sein könnte. Dem aber sei, wie ihm wolle, beim Erwachen fand ich mich überaus erquickt und meine Lebensgeister lustig und munter. Beim Aufstehen fühlte ich mich kräftiger als tags vorher. Auch mein Magen war gesund und ich fühlte Hunger. Am folgenden Tage kehrte das Fieber nicht wieder und mein Zustand besserte sich ständig. Das alles geschah am 29. Juni.

30. Juni. Es war mein Jagdtag, ich wollte nicht zu weit gehen und schoss nur ein paar Wasservögel, die wilden Gänsen glichen. Ich hatte aber noch keine Lust zum Wildbret, sondern aß etliche Schildkröteneier. Am Abend erneuerte ich die Arznei des vorigen Tages, Tabak in Rum gebeizt, nur dass ich weniger davon nahm. Auch das Kauen der Tabakblätter und das Räuchern unterließ ich. Gleichwohl war es mir am nächsten Tage nicht so wohl, als ich gehofft.

2. Juli. Ich nahm die Arznei wieder auf alle drei Arten und trank eine doppelte Portion. Dadurch wurde ich so schläfrig wie beim ersten Male.

3. Juli. Das Fieber war ganz und gar verschwunden, aber meine Kräfte kehrten erst nach mehreren Wochen ganz zurück.

4. Juli. Meine Stimmung wurde gelassener und vergnügter. Ich fand Trost und Erbauung im Lesen der Bibel. Je mehr sich Gesundheit und Kraft bei mir wieder einstellten, desto besser konnte ich meine gewohnte Arbeit wieder aufnehmen.

4. bis 14. Juli. Ich war viel draußen mit dem Gewehr und fühlte mich bei neuen Kräften sehr wohl. Mein Nachdenken zeigte mir, dass ich in den nassen Monaten, bei Sturm und Regen, nicht ins Freie gehen dürfe. Die Regenzeit hatte sich für meine Gesundheit als gefährlich erwiesen.

Nunmehr wurden es zehn Monate, seitdem ich auf diesem unseligen Eiland gelandet war. Es erschien mir unmöglich, von hier erlöst zu werden, denn ich glaubte, noch nie hätte ein menschliches Wesen seinen Fuß an diesen Ort gesetzt. Nachdem ich meine Wohnung vollständig eingerichtet hatte, spürte ich großes Verlangen, die Insel vollends zu erkunden.

15. Juli. Ich machte mich zur Erkundung auf. Anfangs ging ich zu der Landestelle der Flöße. Dann wanderte ich einige Meilen den Strand hinauf und kam an einen kleinen Bach, der gutes und frisches Wasser führte. In der trockenen Zeit führte er eine geringe Wassermenge. Im Tal lagen anmutige Wiesen, mit schönem Gras bewachsen. An einigen Stellen, die vom Hochwasser nicht erreicht wurden, entdeckte ich ausgedehnte Flächen, auf denen Tabak wuchs, der mit großen und dicken Stängeln aufgeschossen war. Ich suchte nach der Kassavawurzel, woraus die Indianer ihr Brot bereiten, konnte jedoch keine finden. Ich sah auch Zuckerrohr, aber es war verwildert. Diese Entdeckungen befriedigten mich sehr, und auf dem Heimweg überlegte ich, wie ich mir die Pflanzen nutzbar machen könnte. Leider hatte ich in Brasilien auf die Pflanzenzucht zu wenig Acht gegeben, verstand also nicht viel davon.

16. Juli. Ich ging den vorigen Weg, überschritt den Bach und den Wiesengrund. Jenseits wurde die Gegend waldiger. Ich fand verschiedene Früchte, insbesondere Melonen, in großen Mengen auf der Erde, und sehr viel Trauben auf den Bäumen. Die Weinstöcke waren über ganze Bäume gerankt und die Trauben waren reif. Das war eine erfreuliche Entdeckung; aber ich aß nur wenig davon, denn ich erinnerte mich daran, dass in der Zeit, in der ich Sklave gewesen, ein englischer Landsmann durch Traubenessen Durchfall und Fieber bekommen hatte und daran gestorben war. Ich dachte mir ein vorzügliches Mittel aus, die Trauben zu meiner Gesundheit zu genießen: ich trocknete sie an der Sonne und verwahrte sie wie Rosinen. So konnte ich sie ohne Gefahr essen und hatte auch in der Regenzeit noch genug davon.

Ich brachte den ganzen Tag in dem fruchtbaren Tal zu und ging abends nicht nach Hause zurück. Es war die erste Nacht, die ich nicht zu Hause geschlafen habe. Ich machte es wie in der ersten Nacht, die ich auf der Insel zubrachte. Auf dem Baum schlief ich recht gut und begab mich am anderen Morgen auf neue Entdeckungsfahrt. Vier englische Meilen wanderte ich nordwärts. Denn auf der Mittags- und Morgenseite hatte ich eine Reihe von Bergen vor mir. Zuletzt gelangte ich an einen Durchbruch, hinter dem sich das Land gegen Westen zu senken schien. Im Osten plätscherte ein frischer Bergquell, der aus der Seite eines Hügels entsprang. Das ganze Land war grün und blühend und zeigte frische Frühlingsfarbe. Ich glaubte, mich in einem gepflegten Garten zu befinden.

Ich stieg in das anmutige Tal hinab und hatte an der schönen Landschaft meine Freude, denn ich stellte mir vor, das alles gehörte mir und ich wäre König und Herr dieses Landes. Ich sah einen Überfluss an Kokospalmen, Apfelsinen- und Zitronenbäumen, aber sie waren sämtlich verwildert und trugen wenig Früchte. Die grünen Zitronen waren mir sehr willkommen. Ihr Saft, mit Wasser gemischt, ergab ein gesundes und erquickendes Getränk.

Ich beschloss, so viel Zitronen und Trauben wie nur möglich nach Hause zu schaffen und einen Vorrat davon anzulegen. Was ich tragen konnte, nahm ich mit und wollte den Rest am anderen Tage holen.

Erst nach drei Tagen kam ich von diesem Ausflug nach Hause zurück. Am folgenden Tage begab ich mich mit zwei Säcken hinaus, um das Gesammelte zu bergen. Aber unbekannte Tiere hatten die Vorräte angefressen und zerstreut. Jetzt ersann ich ein neues Mittel. Ich pflückte große Mengen Trauben und hängte sie an die Äste der Bäume, damit sie dort trockneten. Von den Zitronen nahm ich so viele mit nach Hause, wie ich auf dem Rücken tragen konnte.

Als ich die große Fruchtbarkeit dieses Tales überdachte, meinte ich, ich hätte meine Wohnung im schlechtesten Teil des Landes aufgeschlagen. Ich überlegte, ob ich nicht meinen Wohnort wechseln sollte. Diese Gedanken lagen mir lange im Sinn, denn die Anmut und Schönheit der Gegend reizte mich. Dann aber überlegte ich, dass ich gegenwärtig an der Seeseite wohnte, wo ich vielleicht ein Schiff erblicken oder wohin ein Mensch gleich mir verschlagen werden könnte. Zwischen den Bergen und Wäldern in der Mitte des Eilandes würde ich ewig ein Gefangener sein.

Gleichwohl hatte ich diese Gegend so lieb gewonnen, dass ich den ganzen Monat Juli dort blieb. Ich baute mir eine Laube als Sonnenhaus und umzäunte sie mit einer starken Doppelpalisade, deren Zwischenraum ich mit Buschwerk ausfüllte. In dieser Umzäunung schlief ich sicher, manchmal mehrere Nächte hintereinander. Über die Palisade stieg ich wie bei meiner eigentlichen Wohnung über eine Leiter hinein. Jetzt konnte ich mir einbilden, hier wäre mein Landhaus und bei der Höhle mein Palast.

An dem Zaun arbeitete ich bis Anfang August. Dann begann die Regenzeit und vertrieb mich in meine alte Wohnung. Dort konnte ich den Regen in der Höhle überdauern. Die getrockneten Trauben nahm ich mit. Sie waren vollkommen trocken geworden und glichen den besten langen Rosinen. An ihnen besaß ich gute Winternahrung. Kaum hatte ich alles geborgen, da fing es an zu regnen, und es stürmte und schüttete jeden Tag bis zur Mitte des Oktober. Bisweilen konnte ich keinen Fuß aus meiner Höhle hinaussetzen.

Um diese Zeit musste ich mich über die Vermehrung meiner Haustiere wundern. Ich hatte eine meiner Katzen vermisst und eine ganze Zeit nichts von ihr vernommen. Ende August aber fand sie sich plötzlich wieder ein und brachte drei junge Kätzchen mit, die völlig der Alten glichen. In der Folge wurde ich durch so viele Katzen belästigt, dass ich sie endlich wie Ungeziefer totschlagen und aus meinem Hause vertreiben musste. Nichts war vor ihnen sicher.

Vom 14. bis zum 20. August konnte ich des Regens wegen meine Höhle nicht verlassen, und ich nahm mich vor der Nässe sorgfältig in Acht, um vor dem Fieber sicher zu sein. Da aber meine Nahrung zur Neige ging, wagte ich's doch zweimal. An dem einen Tage schoss ich einen Bock, und am 26. August fand ich eine Schildkröte, die besonders gut schmeckte. Meine Mahlzeiten waren so eingerichtet: Am Morgen zum Frühstück ein Bündel gedörrter Trauben, zu Mittag ein Stück Fleisch von wilden Ziegen oder einer Schildkröte, abends einige Schildkröteneier. Das Fleisch musste ich braten, denn ich besaß kein Geschirr, um es zu kochen. Während ich in meine Höhle eingesperrt war, arbeitete ich täglich einige Stunden, um sie zu erweitern. Ich ließ nicht locker, bis ich einen Gang durch den Hügel gebrochen und mir so einen zweiten Ausgang gebahnt hatte. Nun machte mir aber ziemliche Sorge, dass ich jetzt von zwei Seiten einem Angriff preisgegeben sein könnte.

30. September. Das war der unglückselige Jahrestag meiner Landung. Ich zählte die Kerben an meinem Kalenderpfosten zusammen und stellte fest, dass ich dreihundertfünfundsechzig Tage im Lande war. Diesen Tag beging ich als Feiertag. Während des ganzen Jahres hatte ich keinen Sonntag gefeiert, hatte gar vergessen, die Wochentage durch einen längeren Schnitt für

den Sonntag abzuteilen. Das holte ich jetzt nach, aber am Ende der Rechnung fand sich, dass ein Tag fehlte. Das konnte nur der verschlafene Genesungstag sein.

Kurz danach ging mir die Tinte aus. Ich schrieb nur noch die merkwürdigsten Begebenheiten meines Insellebens auf, ließ aber die Kleinigkeiten weg.

6. KAPITEL

Robinson wird Handwerker und erforscht seine Insel

Um nicht während der Regenzeit ins Freie gehen zu müssen, versorgte ich mich im Voraus mit Nahrung. Auch sonst fand ich genug zu tun, um über die Regenzeit wegzukommen. Vor allem wollte ich mir einen Korb flechten. Allein alle Gerten, die ich ausprobierte, waren mürbe und brachen. Endlich fiel mir ein, die Stecken, die aus meiner lebenden Hecke herauswuchsen, könnten zäh und biegsam sein. Darum ging ich andern Tages zu meinem Landhause, schnitt einige dünne Zweige ab und fand sie für ein Korbgeflecht recht geeignet. Da hieb ich mir mit dem Beil eine große Menge ab. Ich trocknete sie innerhalb des Zaunes und trug sie dann in den Keller. So konnte ich in der nassen Zeit viele Stunden mit Korbflechten verbringen. Wie das zu machen war, hatte ich als Knabe im Laden eines Korbmachers gesehen. Manche Mußestunde hatte ich ihm zugeschaut und ihm Weidenruten zugereicht. Damals hatte ich gelernt, wie man es anstellen muss. Ich fertigte Körbe, um Erde darin zu tragen. Dann machte ich tiefe Geflechte, die ich als Vorratskörbe verwenden konnte. Auch das geerntete Korn gedachte ich darin aufzuheben.

Die trockene Zeit brachte ich damit zu, die zweite Reihe Palisaden einzuschlagen. Nebenher flocht ich die Körbe fertig.

Dann aber wollte mir der Plan nicht aus dem Kopf, die ganze Insel zu erforschen. Bis zur Mitte des Eilands war ich schon gekommen und ich hatte bereits einen Blick auf die See an der andern Seite der Insel geworfen. Jetzt nahm ich mir vor, quer über die Insel bis zum Westufer zu wandern. Ich hängte mein Gewehr um, nahm einen größeren Vorrat an Pulver und Blei als sonst, steckte Zwieback und dürre Trauben in einen Beutel und befestigte das Beil im Gürtel. So ausgerüstet trat ich die Wanderung an und mein Hund sprang freudig voraus.

Als ich das Tal, in dem meine Laube stand, durchquert hatte, erblickte ich im Westen die See und am Rande des Horizontes deutlich Land. Es lag sehr hoch und erstreckte sich von West nach Westsüdwest, 15 bis 20 Meilen schien es entfernt zu sein. Ob es das amerikanische Festland war oder eine Insel, wusste ich nicht. Ich dachte mir, es könne vielleicht das Land zwischen den spanischen Kolonien und Brasilien sein. Das war ganz von Wilden bewohnt, die alle Fremden, die ihnen in die Hände fallen, totschlagen und auffressen. Ich pries mich glücklich, dass ich nicht bei diesen Menschenfressern an Land gekommen war.

Mit diesen Gedanken wanderte ich weiter. Ich fand diese Seite der Insel viel schöner als meine. Wiesen und offene Felder, anmutig mit Gras und Blumen bewachsen, wechselten mit lichten Wäldern. Ich sah eine Menge Papageien und hätte gern einen gefangen, um ihn zu zähmen und sprechen zu lehren. Nach einem jungen schlug ich mit einem Stock, er fiel zur Erde, und ehe er entwischen konnte, griff ich ihn. Er gewöhnte sich an mich, aber es dauerte doch zwei Jahre, bis er einige Worte reden konnte.

Meine Wanderung machte mir ungemeine Freude. In den Tälern sah ich Hasen und Füchse, aber sie waren anderer Art als die, die ich bisher gesehen. An Nahrung fehlte es mir nicht. Ich hatte Ziegenwildbret, Tauben und Schildkröten, dazu die getrockneten Trauben, konnte mir also herrliche Mahlzeiten zurichten. Ich durchsuchte die ganze Landschaft, scheute auch keinen Umweg, um alles genau zu erkunden. Nachts schlief ich auf einem Baum oder umzäunte mich mit einer Reihe von Stecken, damit mir kein wildes Tier auf den Hals kommen könne.

Am westlichen Strande musste ich wieder erkennen, dass ich mir den schlechtesten Teil des Eilandes als Wohnsitz erwählt hatte. Hier lag das Ufer voller Seeschildkröten, während ich auf der anderen Seite in anderthalb Jahren nur drei Stück gefunden hatte. Es wimmelte von Vögeln jeder Art und viele von ihnen waren gut zu essen. Außer von den Pinguinen wusste ich keinen bei Namen zu nennen. Ich hätte nur von Vogelfleisch leben können, aber ich aß lieber das Wildbret wilder Ziegen. Hier waren sie jedoch schwieriger zu erschleichen, denn das Land war flach und eben. Obwohl diese Seite der Insel mir viel besser gefiel als der Strand meines Wohnplatzes, hatte ich doch Heimweh nach Hause. Mir schien es, als wäre ich hier auf einer Reise außer Landes.

Ich setzte meine Wanderung fort und ging am Strande entlang gen Osten, etwa zwölf englische Meilen weit. Dort schlug ich einen starken Pfahl ans Ufer, um eine Landmarke zu haben, und wandte mich zur Rückkehr.

Wie froh ich war, als ich in meiner Hütte wieder in der Hängematte lag, lässt sich nicht beschreiben. Ich hatte mein Haus lieb gewonnen und beschloss, es niemals zu verlassen, solange mich auch das Schicksal auf dieser Insel festhalte. Ich ruhte mich eine ganze Woche aus und verbrachte die Zeit damit, meinem Papagei einen Käfig zu machen. Er war inzwischen schon recht zahm und zutraulich geworden. Dann fiel mir mein armes

Böcklein ein. Ich fand es halb verhungert und schnitt eiligst Zweige von den Bäumen, um sie ihm vorzulegen. Durch den Hunger war es so zahm geworden, dass es mir wie ein Hündchen nachlief. Das arme Ding ist ein angenehmer Hausgenosse geworden und hat mich niemals verlassen.

Jetzt kam die herbstliche Regenzeit heran. Mein Leben hatte unterdessen eine gewisse Ordnung gewonnen. Ich erinnere mich jedoch nicht, dass ich während dieser ganzen Zeit meine Gedanken ein einziges Mal zu Gott erhoben oder über meinen Wandel nachgedacht hätte. Eine gewisse Stumpfheit des Herzens, eine Gleichgültigkeit hatte ganz und gar Besitz von meiner Seele genommen.

Freilich, als ich zuerst ans Land gekommen war und alle meine Schiffsgefährten ertrunken, mich selbst aber gerettet sah, hatte ich eine Art von Entzücken und einige Regungen der Seele empfunden, die unter Gottes gnädigem Beistand zu wirklicher Dankbarkeit sich hätten entwickeln können. Aber das hatte geendet, wie es angefangen, nämlich: in einer flüchtigen Freude gewöhnlicher Art. Ich war nur voll Freude gewesen, dass ich am Leben geblieben, und hatte nicht im Geringsten die große Güte der Hand, die mich erhalten und vor allen anderen ausgezeichnet hatte, bedacht. Es war eben bloß die übliche Art von Freude gewesen, welche Seeleute regelmäßig fühlen, wenn sie aus einem Schiffbruch glücklich ans Land gekommen sind, und die sie in der nächsten Schüssel Punsch für immer ertränken.

So war es auch während der ganzen bisherigen Zeit meines einsamen Lebens in mir geblieben. Erst das Aufgehen des Kornes hatte, wie ich in meinem Tagebuch erwähnte, einen kleinen Eindruck auf mich bewirkt und mich nachdenklich gemacht, solange ich es für etwas Wunderbares hielt. Aber sobald dies aufhörte, war auch jene Wirkung wieder vollkommen verraucht.

Doch nun hatte ich Zeit, nahm die Bibel und fing an, aufmerksam im Neuen Testament zu lesen. Ich machte mir zur Vorschrift, von jetzt an jeden Abend und jeden Morgen eine Weile darin zu lesen, ohne mich jedoch dabei an eine bestimmte Kapitelzahl zu binden, sondern nur so lange, wie meine Gedanken dabei bleiben würden. Nicht lange nachdem ich diese Tätigkeit begonnen, fühlte ich eine tiefe und aufrichtige Betrübnis über die Verworfenheit meines vergangenen Lebens.

Ich verstand jetzt die früher erwähnten Worte »Rufe mich an in der Not, so will ich dich erretten« in einem andern Sinn als damals, wo ich dabei nur an die Erlösung aus meiner Gefangenschaft dachte; denn wie groß auch die Insel war, auf der ich lebte, so war sie doch für mich ein Gefängnis im schlimmsten Sinne des Worts.

Nun aber, jene Stelle anders verstehend, suchte ich, in Furcht und Schrecken über die Sünden meiner vorigen Tage, nur Befreiung von dem Gewicht der Schuld, die auf meiner Seele lag. Mein einsames Leben bekümmerte mich nun nicht mehr. Ich bat nicht um Errettung und dachte nicht an Erlösung aus demselben, es schien mir nichts im Vergleich zu jenem Elend.

Und dies sei für alle meine Leser gesagt: dass, wenn sie zur Erkenntnis der Wahrheit gekommen sind, sie die Erlösung von der Sünde als einen viel größeren Segen empfinden werden als die Befreiung aus der Trübsal.

Meine Lage war zwar jetzt so elend wie früher, aber sie bedrückte meine Seele weit weniger. Meine Gedanken richteten sich durch Gebet und Lesen in der Schrift auf Dinge höherer Art. Ich fühlte einen Trost in mir, wie ich ihn vorher nie empfunden.

Ich fasste den festen Entschluss, mir alles, was ich bedurfte, durch Arbeit zu verschaffen und von nun an ein möglichst regelmäßiges Leben zu führen.

Jetzt wo ich allmählich die Regelmäßigkeit im Eintreten der trockenen und nassen Jahreszeit erkannt hatte, war ich auch imstande, für jede Zeit die richtigen Vorkehrungen zu treffen.

Wie erwähnt hatte ich die wenigen, so wunderbar aufgesprossenen Gersten- und Reisähren aufbewahrt. Weil ich glaubte, es sei jetzt nach dem Regen, als die Sonne im Süden zu stehen begann, Zeit, die Körner zu säen, grub ich, so gut es mit meinem hölzernen Spaten gehen wollte, Land um und streute das Korn darauf.

Da ich nicht vollkommen sicher war, ob es jetzt die geeignete Zeit für die Aussaat war, verbrauchte ich zunächst nur zwei Drittel des Korns und behielt etwa eine Hand voll von jeder Sorte zurück.

Das gereichte mir später zum Vorteil, denn nicht ein einziges Korn ging auf, da die trockenen Monate folgten und der Erde der Regen fehlte, auch kein Düngemittel das Wachstum unterstützte. Erst in der feuchten Jahreszeit entwickelte sich meine Aussaat, als ob sie erst kurz zuvor in die Erde gekommen wäre.

Als ich mein Korn nicht wachsen sah, suchte ich eine feuchtere Stelle des Bodens auf, um einen weiteren Versuch zu machen. Ich grub ein Stück Land in der Nähe meiner Laube um und säte den Rest meines Kornes dort im Februar kurz vor der Tag- und Nachtgleiche aus. Da die regnerischen Monate März und April folgten, ging es denn dort auch üppig auf und gab reichlichen Ertrag.

Weil ich aber nur wenig Korn gehabt hatte, betrug meine ganze Ernte auch nur etwa eine halbe Kiste von jeder Sorte.

Doch war ich durch diese Erfahrung klüger, kannte jetzt die zur Aussaat geeigneten Zeiten und wusste vor allem, dass ich jährlich zweimal säen und ernten konnte.

Während mein Korn wuchs, machte ich eine kleine Entdeckung, die mir später nützlich wurde. Sobald der Regen vorüber war und das Wetter sich aufheiterte, was Anfang November geschah, besuchte ich nämlich meine Laube nach monatelanger Abwesenheit wieder. Ich fand alles dort, wie ich es verlassen hatte. Die von mir angelegte Doppelhecke war nicht nur fest und unversehrt, sondern es hatten auch die Stämme, die ich von benachbarten Bäumen abgehauen hatte, ausgeschlagen und hohe Zweige getrieben, wie es die Weidenbäume im ersten Jahre, nachdem sie gekappt sind, zu tun pflegen. Ich war sehr angenehm überrascht, die jungen Stämme grünen zu sehen, und beschnitt sie möglichst gleichmäßig hoch. Es ist kaum glaublich, wie schön sie binnen drei Jahren heranwuchsen. Denn wiewohl der Kreis, den sie umschlossen, fast fünfundzwanzig Meter im Durchmesser hielt, überragten sie ihn doch vollständig und gewährten so viel Schatten, dass ich fast die ganze trockene Jahreszeit hindurch mich unter demselben aufzuhalten pflegte.

Dies veranlasste mich, weitere Bäume zu fällen und mir eine ähnliche Umfriedung auch um meine erste Wohnung anzulegen. Ich schlug die Palisaden etwa acht Meter entfernt von der früher angelegten Einzäunung und in einer Doppelreihe ein, sie wuchsen prächtig heran und gewährten meiner Wohnung nicht nur Schatten, sondern dienten, wie ich später erzählen werde, mir auch zur Verteidigung.

Ich beobachtete immer wieder, dass das Jahr hier nicht wie in Europa in Sommer und Winter, sondern in regnerische und trockene Zeiten zerfiel. Das Verhältnis stellte sich so dar: die Hälfte des Februars, der März und der halbe April gehörten zur Regenzeit, da dann die Sonne der Tag- und Nachtgleiche nahe war. Der halbe April, der Mai, Juni, Juli und der halbe August, wenn die Sonne nördlich vom Äquator stand, waren trocken. Die zweite Hälfte des August, der September und der halbe Oktober gehörten wieder zur Regenzeit, dagegen zählten zur trockenen Periode der Rest des Oktober, der November, Dezember, Januar und die erste Hälfte des Februar, wenn die Sonne südlich vom Äquator stand.

Zuweilen dauerte die Regenzeit länger oder kürzer, je nachdem wie der Wind wehte. Weil ich die üblen Wirkungen meiner Streifzüge in der nassen Periode erkannt hatte, trug ich Sorge dafür, mich stets mit den nötigen Vorräten zu versehen, um während der regnerischen Monate zu Hause bleiben zu können.

Jetzt war also wiederum die Regenzeit der herbstlichen Tag- und Nachtgleiche gekommen, und ich beging den 30. September in derselben feierlichen Weise wie früher als den Jahrestag meiner Landung. Zwei Jahre waren seit dieser nun vergangen und meine Aussicht auf Befreiung schien noch nicht größer als am ersten Tage. Ich verwendete den ganzen 30. September zu demütiger, dankbarer Erinnerung an die vielen wunderbaren Gnadenerweisungen, die mir in meiner Einsamkeit zuteil geworden waren und ohne die mein Elend unendlich viel größer gewesen sein würde. Aus tiefstem Herzen dankte ich Gott, dass er mir die Augen darüber geöffnet hatte, wie ich in dieser Einsamkeit sogar glücklicher als inmitten menschlicher Gesellschaft und unter allen Freuden der Welt sein könne.

Allmählich kam mir zum Bewusstsein, um wie viel glücklicher mein jetziges Leben trotz aller seiner betrübenden Umstände war, als das nichtswürdige, verworfene Dasein, das ich in früheren Tagen geführt hatte. Meine Sorgen und Freuden gestalteten sich von Grund aus um, sogar meine Wünsche änderten ihre Natur, meine Neigungen waren wie vertauscht, und ich fand jetzt mein Vergnügen in ganz anderen Dingen als denen, in welchen ich es nach meiner ersten Ankunft oder wenigstens noch vor zwei Jahren gesucht hatte.

Sonst wenn ich umhergewandert war, auf der Jagd oder um das Land kennen zu lernen, hatte oft eine plötzliche Angst meine Seele überfallen und mir das Herz bedrückt. Der Gedanke an die Wälder, die Einöde, die mich umgab, und wie ich eingeschlossen war durch die ewigen Riegel und Schlösser des Ozeans, in einer öden Wildnis, ohne Hoffnung auf Erlösung, hatte mich oft niedergebeugt. Mitten in der ruhigsten Stimmung war es oft wie ein Sturmwind über mein Gemüt gekommen und manches Mal hatte ich wie ein Kind weinen müssen. Zuweilen hatte mich's mitten in der Arbeit überfallen, dann hatte ich mich sofort hingesetzt und stundenlang stumm und verzweifelt auf die Erde gestarrt. Und gerade dieser Zustand war der schlimmste, denn wenn mein Kummer sich in Tränen oder Worten Luft machen konnte, pflegte er sich bald zu mildern.

Jetzt aber las ich täglich in Gottes Wort und wendete seine Tröstungen auf meine gegenwärtige Lage an. Eines Morgens, da ich sehr traurig war, fiel mir die Bibelstelle in die Augen: »Ich will dich nicht verlassen noch versäumen.« Sofort fiel mir auf, dass diese Worte wie für mich geschrieben seien. Weshalb wären sie auch sonst wohl gerade in dem Augenblick mir aufgefallen, als ich mich über meine Lage grämte und klagte, dass ich von Gott und Menschen verlassen sei? »Nun denn«, sage ich mir jetzt, »wenn Gott dich nicht verlassen will, was kann dir dann geschehen, und was liegt daran, wenn auch die ganze Welt dich verlässt, da du doch siehst, dass, wenn du auch die ganze Welt gewännest und solltest Gottes Gnade und Segen dafür entbehren, dein Schade unvergleichlich größer sein würde!«

Von diesem Augenblick an kam ich zu der Erkenntnis, dass ich in dieser Einsamkeit seliger zu sein vermöchte, als ich wohl in irgendeiner andern Lebenslage gewesen wäre. Nun dankte ich sogar Gott dafür, dass er mich hierher gebracht hatte.

Aber ich weiß nicht, wie es kam, dass ich bei diesem Gedanken erschrak und ihm nicht Worte zu geben wagte. »Wie kannst du so heucheln«, sagte ich laut vor mich hin, »und so tun, als ob du Gott für eine Lage dankbar seiest, in der zufrieden zu sein du dir zwar Mühe gibst, aus der du dich aber doch mit herzlichem Dank befreien lassen würdest.«

Wenn ich nun auch mit meinem Dank innehielt, so sprach ich ihn doch um so aufrichtiger dafür aus, dass mir Gott die Augen geöffnet und mich mein früheres Leben im richtigen Lichte hatte sehen, betrauern und bereuen lassen. Niemals öffnete oder schloss ich die Bibel, ohne Gott für die segensreiche Fügung zu danken, der meinen Freund in England veranlasst hatte, sie unter meine Habe zu packen, und dass ich sie später aus dem Schiffswrack hatte retten können. In solcher Gemütsstimmung begann ich mein drittes Jahr.

Im November und Dezember erwartete ich meine Gersten- und Reisernte.

Nun aber begann eine neue Not: Wie sollte ich das Korn säubern, wie es mahlen und endlich backen? Ich beschloss, in diesem Jahre nichts zu verbrauchen, sondern den ganzen Ertrag im nächsten Frühjahr zur Saat zu verwenden. Bis dahin würde ich Werkzeuge geschaffen haben, um aus dem Korn Brot zu bereiten. Viele Leute wissen nicht, wie schwer es ist, bis der Weg vom

Säen über das Jäten, Säubern, Ernten, Mahlen, Backen zum Brot zurückgelegt ist. Für mich war dieser Weg besonders schwer. Ich hatte weder einen Pflug zum Ackern noch einen Spaten zum Graben. Zwar besaß ich eine Schaufel, aber sie war aus Holz, nutzte sich geschwind ab und machte mir die Arbeit schwer. Trotzdem gelang es mir, den Acker tief umzugraben. Als ich das Korn gesät hatte, besaß ich keine Egge, musste es mit einem Baumast einscharren und einen Zweig wie eine Egge hinter mir herziehen. Nachdem es dann gut gewachsen und ich es vor Schädlingen bewahrt und endlich geerntet hatte, fehlte mir eine Mühle zum Mahlen, ein Sieb zum Reinigen, Sauerteig und Salz zum Zubereiten des Brotteiges und ein Ofen zum Backen. Alle diese Gerätschaften musste ich bis zum nächsten halben Jahr ersinnen und anfertigen. Da ich viel Saatgut besaß, war mein Feld viel größer als das erste Mal. Ich legte drei Felder dicht bei meinem Hause an und umzäunte sie mit einer guten Hecke. Damit brachte ich fast ein Vierteljahr zu.

In den Regenmonaten verwendete ich viel Zeit darauf, meinen Papagei reden zu lehren. Endlich vermochte er, seinen Namen »Poll« laut auszusprechen. Das war das erste Wort, das ich auf der Insel aus fremdem Munde hörte. Doch war diese Lehrarbeit nur Zeitvertreib beim Töpfemachen. Es machte mir unendliche Mühe, den richtigen Lehm zu finden, auszugraben, zu stampfen, mit Sand zu vermischen, ihn heimzutragen und zu bearbeiten. In einer Arbeit von zwei Monaten hatte ich nichts als ein paar ziemlich unförmige Krüge zuwege gebracht. Sie waren in der Sonne getrocknet und hart gebacken. Ich setzte sie in geflochtene Körbe und verstopfte den Raum zwischen Topf und Korb mit Reis- und Getreidestroh. In diesen Töpfen hoffte ich Korn und Mehl aufbewahren zu können.

Mit kleineren Gefäßen war ich geschickter und rascher fertig. Ich formte runde Töpfe, flache Schüsseln, kleine Krüge und Ähnliches an, und die Sonnenhitze backte sie alle sehr hart. Aber meine Gedanken zielten auf einen irdenen Topf, der Flüssigkeiten aufzunehmen vermochte und den ich aufs Feuer setzen konnte.

Nach einiger Zeit entdeckte ich zufällig in der Asche des Herdfeuers eine Scherbe von einem irdenen Gefäß, die war so hart wie ein Stein und ziegelrot. Das brachte mich auf den Gedanken, die Töpfe im Feuer zu brennen. Von einem Brennofen aber hatte ich keine Ahnung, verstand mich auch nicht aufs Glasieren. Ich setzte also einige Gefäße übereinander, legte Brennholz herum und häufte glühende Kohlen dazu. In der Glut wurden die Töpfe feuerrot und keiner zersprang. Ich ließ sie fünf bis sechs Stunden in der Hitze stehen, bis ich merkte, dass einer der Töpfe zu schmelzen anfing. Der Sand, den ich unter den Ton gemischt hatte, schmolz in der gewaltigen Hitze. Also minderte ich das Feuer, wachte aber die ganze Nacht, damit bei einer plötzlichen Abkühlung die Töpfe nicht zersprangen. So hatte ich am Morgen gute Töpfe und Häfen, die so hart gebrannt waren, als ich nur wünschen konnte, und der eine war von dem zerschmolzenen Sand vollkommen glasiert.

Nach diesem ersten Versuch habe ich nie mehr Mangel an irdener Ware gehabt. Mein Geschirr war nicht besonders schön, denn ich musste es formen wie die Kinder ihre Sandkuchen. Meine Freude war groß, als ich sah, dass meine Töpfe Feuer vertragen konnten. Ich füllte sie mit Wasser und setzte sie aufs Feuer, um Fleisch zu kochen. Das gelang vortrefflich. Aus einem Stück von einem Böcklein kochte ich mir eine schmackhafte Suppe, auch wenn mir Hafermehl und Gewürze fehlten.

Meine nächste Arbeit war ein steinerner Mörser, worin ich Korn zu stampfen gedachte. An den Bau einer Mühle durfte ich nicht denken. Nun verstand ich von keinem Handwerk auf der Welt weniger als von der Steinmetzkunst, hatte auch nicht das geringste Werkzeug dazu. Manchen lieben Tag suchte ich nach einem Stein, der groß genug war, um ausgehauen zu werden. Die Felsen der Insel waren nicht hart genug, sondern bestanden aus brüchigem Sandstein.

Da gab ich es auf und sah mich nach einem harten Holzklotz um. Der fand sich viel leichter. Ich hieb ihn mit Zimmermannsaxt und Beil rund, brannte ein Loch hinein und höhlte ihn in unsäglicher Arbeit so aus, wie es die Indianer in Brasilien mit ihren Einbäumen tun. Dann formte ich aus dem harten Eisenholz einen Stößel und besaß jetzt das Werkzeug, um meine nächste Kornernte zu Mehl zu stampfen und aus dem Mehl Brot zu backen.

Jetzt überlegte ich, wie ich ein Sieb herstellen könnte, um das Mehl von der Kleie zu scheiden. Alles Nachdenken half nichts. Von Leinwand besaß ich nur noch Lumpen, Ziegenhaar war genug da, aber wer sollte es spinnen und weben? Endlich fiel mir ein, dass sich unter den Matrosenkleidern, die ich aus dem Schiff geborgen hatte, etliche Halstücher aus Kattun befanden. Aus ihnen verfertigte ich drei kleine Siebe und behalf mich einige Jahre damit.

Nun kam ich zum Backen. Ich hatte keinen Sauerteig und auch keine Hefe. Das ließ ich zunächst beiseite und wandte mich dem Bau eines Ofens zu. Ich machte etliche irdene Gefäße, sehr breit, aber nicht tief, etwa zwei Schuh im Durchschnitt und einen knappen Schuh tief. Ich brannte sie im Feuer. Wenn ich nun backen wollte, entfachte ich auf meinem Herd, den ich aus selbst gemachten viereckigen Backsteinen angelegt hatte, ein großes Feuer. War das Holz zu glühenden Kohlen ausgebrannt, scharrte ich die Kohlen aus dem Feuerloch heraus und häufte sie auf den Herd. War der Herd sehr heiß geworden, so fegte ich die Asche weg, legte meine Brotlaibe darauf und stülpte die irdene Pfanne darüber. Dann scharrte ich die glühende Asche auf die Pfanne und bewahrte und verstärkte so die Hitze unter der Pfanne. In diesem Backofen backte ich die besten Gerstenbrote. Auch lernte ich, allerlei Reiskuchen und Puddings darin zu bereiten. Nur zu Pasteten brachte ich es nicht, weil ich dazu nur Vogelfleisch und Ziegenwildbret hätte nehmen können.

7. KAPITEL

Robinson baut ein Boot und fährt um die Insel

In diesem Jahre liefen meine Gedanken häufig auf die andere Seite der Insel. Von dorther hatte ich in der Ferne Land gesehen, das ich für das Festland hielt. Wie konnte ich dahin gelangen? Winkte dort vielleicht die Freiheit? Dann bedachte ich die Gefahren, die mir wohl drohen könnten. Vielleicht fiele ich den Wilden in die Hände, die schlimmer mit mir verfahren würden als die Löwen und Tiger in Afrika.

Ich hatte gehört, dass die Einwohner der Karibischen Küste Kannibalen seien, die jeden Europäer aufgefressen hätten, der in ihre Hände gefallen war. Aus der Sonnenhöhe wusste ich, dass die karibische Küste nicht weit sein könne. Jetzt wünschte ich mir den Jungen, den Xury, herbei und meine Schaluppe mit dem Gigsegel, mit der wir über tausend englische Meilen an der afrikanischen Küste entlanggefahren waren.

Mir fiel unser Boot ein, das nach dem Sturm bei unserem Schiffbruch an den Strand geworfen war. Ich fand es noch an derselben Stelle, aber Wind und Wellen hatten es umgeworfen, und es lag an einer Sandbank. Es erwies sich, dass es leicht auszubessern war, und ich hätte damit bequem nach Brasilien gelangen können. Aber wie sollte ich es wenden und auf den Kiel setzen? Wer half mir, es zu Wasser zu bringen? Ich versuchte es trotzdem, lief in den Wald, hieb Hebebäume ab, machte Walzen zurecht und schleppte sie zu dem Boot. Keine Mühe war mir zu viel und ich brachte drei oder vier Wochen damit zu. Doch war alle Arbeit vergebens: Das Boot war zu schwer, als dass ich es hätte bewegen können. Da versuchte ich, es zu untergraben, um es auf diese Weise wenigstens umzudrehen. Auch das war unmöglich. Ich musste die Arbeit aufgeben.

Während dieser unendlichen Mühe und Arbeit war mir ein anderer Gedanke durch den Kopf gegangen: Wäre es mir nicht möglich, wie die Indianer aus dem Stamm eines dicken Baumes ein Kanu oder einen Einbaum auszuhöhlen? Werkzeuge besaß ich zu dieser Arbeit mehr als sie. Dass die Indianer mehr Hände hätten als ich, um einen schweren Einbaum ins Wasser zu bringen, überlegte ich nicht. Das musste mir aber viel größere Schwierigkeiten machen. Denn was konnte es mir helfen, wenn ich, nachdem ich im Walde einen dicken Baum ausgesucht und mit vieler Mühe gefällt, ihn hierauf mithilfe meines Handwerkzeugs behauen und an der Außenseite ihm die richtige Form gegeben, ihn auch inwendig ausgehöhlt und so in ein Boot verwandelt hätte, dieses nach aller Mühe an seiner Stelle liegen lassen musste und nicht imstande war, es flottzumachen! Bevor ich das Boot zu bearbeiten anfing, hatte ich nicht im mindesten über dies Verhältnis nachgedacht; denn sonst würde sich mir ja sofort die Frage aufgedrängt haben, wie ich es ins Meer schaffen solle. Nein, meine Gedanken waren so eingenommen von der beabsichtigten Seereise, dass ich nicht einen Augenblick überlegte, in welcher Weise ich das Ding vom Lande wegbekommen könnte. Und doch lag es in der Natur der Sache, dass es mir leichter sein musste, das Boot fünfundvierzig Meilen weit im Wasser, als auch nur ebenso viel Schritte auf dem Land, nämlich von der Stelle aus, wo es lag, bis ans Ufer fortzubringen. Ich machte mich in so wildem Eifer an die Arbeit, als ob mir mein bisschen Menschenverstand verloren gegangen wäre. Aber ich schnitt alle Bedenken ein für allemal durch die Antwort ab: Mach nur erst das Boot fertig, das Übrige wird sich dann finden.

So begann ich denn in leichtsinniger Hast mein Werk. Zunächst fällte ich eine Zeder. Es ist sehr fraglich, ob Salomo zum Bau des Tempels in Jerusalem einen so prachtvollen Stamm, wie der meinige war, zu verwenden gehabt hat. Derselbe maß an seinem unteren Ende, dicht an der Wurzel, über fünf Fuß im Durchmesser und zweiundzwanzig Fuß weiter nach oben immer noch vier Fuß, am oberen, noch mehr verjüngten Teil, gliederte er sich in Äste.

Mit unbeschreiblicher Mühe hatte ich diesen Baum umgehauen; zwanzig Tage lang hieb und hackte ich dann an ihm herum und vierzehn weitere Tage erforderte das Beseitigen der Äste und Zweige und der ganzen ungeheuren Krone, was ich mit Axt und Beil bewerkstelligte. Dann verwendete ich einen ganzen Monat darauf, ihn so zu behauen, dass er Form und richtige Verhältnisse annahm und eine Art von Kiel bekam, damit er, wie es sich gehört, aufrecht schwimmen konnte.

Weitere drei Monate kostete es mich, das Innere zu höhlen und zu einem richtigen Bootsrumpf auszuarbeiten. Ich arbeitete ohne Feuer, lediglich mit Hammer und Meißel, mit großer Mühe, und so hatte ich denn endlich einen sehr anständigen Einbaum fertig gebracht, der sechsundzwanzig Personen fassen konnte, also auch hinlänglich groß genug war, mich und mein Hab und Gut aufzunehmen.

Als das Werk vollendet dastand, freute ich mich außerordentlich darüber. Das Boot war viel größer, als ich je ein aus einem

Baumstamm gefertigtes Kanu gesehen hatte, ich hatte dafür manchen Schweißtropfen vergossen, das kann ich versichern. Hätte ich es nun auch in das Wasser zu schaffen vermocht, so bezweifle ich gar nicht, dass ich die wahnsinnigste und unausführbarste Reise, die je unternommen worden, darin angetreten haben würde. Alle meine Versuche aber, es an das Wasser zu bringen, schlugen fehl, obgleich ich mich aus Leibeskräften abmühte. Das Boot lag nur etwa hundert Schritte vom Ufer entfernt, aber gleich die erste Schwierigkeit bestand darin, dass die Insel nach der Flussmündung hin eine Anhöhe bildete. Um dies Hindernis zu beseitigen, entschloss ich mich, die Erde abzugraben und auf solche Weise einen Abhang herzustellen. Ich begann auch diese unendlich mühselige Arbeit mit Feuereifer. Wer lässt sich auch eine Mühe verdrießen, wenn die Freiheit lockt! Als jedoch diese Aufgabe gelöst und die erste Schwierigkeit behoben war, befand ich mich um nichts weiter als vorher, denn ich konnte jetzt mein Kanu nicht von der Stelle bewegen. Nun maß ich die Entfernung aus und beschloss, einen Kanal zu graben, um, da ich mein Boot nicht zum Wasser zu schaffen vermochte, das Wasser zum Boot hinzuleiten. Auch dieses Werk fing ich mutig an, jedoch als ich näher darüber nachdachte und ausrechnete, wie tief und breit ich graben müsste und wie ich die ausgegrabene Erde fortschaffen sollte, merkte ich, dass ich mit den beiden mir einzig zu Gebot stehenden Händen zehn bis zwölf Jahre nötig haben würde, ehe ich damit fertig sein könnte. Denn die Küste lag so hoch, dass der Kanal am oberen Ende wenigstens zwanzig Fuß tief werden musste. So gab ich schließlich, wenn auch mit großem Widerstreben, den Versuch auf.

Ich war recht bekümmert darüber, und jetzt erst sah ich ein, wie töricht es ist, ein Werk zu beginnen, ehe man die Kosten veranschlagt und seine Fähigkeit, es durchzuführen, gehörig geprüft hat. Mitten in diesen Arbeiten ging das vierte Jahr meines Aufenthaltes auf der Insel zu Ende. Ich feierte den Jahrestag mit derselben Andacht wie die früheren Male. Denn durch fortwährendes Studium und ernstliches Forschen in Gottes Wort und mithilfe seiner Gnade war ich zu einer viel tieferen religiösen Kenntnis als früher gelangt. Ich sah jetzt alle Dinge anders als sonst. Die Welt betrachtete ich jetzt als etwas mir fern Liegendes, das mich nichts anging, davon ich nichts zu erwarten hätte und danach mich nicht verlangte. Ich hatte jetzt nichts mehr mit ihr zu schaffen, noch war es wahrscheinlich, dass ich sie je wiederhaben würde. Darum stellte ich sie mir vor, wie wir es vielleicht im Jenseits tun werden, als einen Ort, an dem wir gelebt, den wir aber verlassen haben.

Vor allen Dingen war ich hier abgesondert von aller Schlechtigkeit der Welt. Für mich gab es weder Fleischeslust noch Augenlust, noch Eitelkeit des Lebens. Ich begehrte nichts, denn ich besaß alles, was ich brauchte und genießen konnte.

Ich war Herr der ganzen Insel; wenn es mir beliebte, konnte ich mich König oder Kaiser des Landes nennen, das ich in Besitz genommen hatte. Es gab keinen Rivalen, keinen, der meine Herrschaft angefochten oder geteilt hätte. Ich hätte ganze Schiffsladungen von Korn produzieren können, aber ich hatte keine Verwendung dafür, und darum säte ich nur ebenso viel aus, wie mein eigener Bedarf erforderte. Auch Wasser- und Landschildkröten hatte ich eine Menge, aber mehr als von Zeit zu Zeit eine einzige konnte ich nicht verwenden. Ich besaß Bauholz genug, um eine ganze Flotte von Schiffen damit zu bauen, und Trauben genug, um mit ihnen diese Flotte, sei es als Wein, sei es als Rosinen, befrachten zu können. Jedoch, was half mir das, was ich nicht benutzen konnte?

Ich hatte auch genug zu essen, um meine Lebensbedürfnisse zu befriedigen. Was sollte ich also mit dem Übrigen machen? Wenn ich mehr Tiere tötete, als ich aufessen konnte, so musste das Fleisch von dem Hund oder den Würmern gefressen werden. Säte ich mehr Korn, als ich gebrauchen konnte, so verdarb es; die Bäume, die ich fällte, blieben liegen und vermoderten; ich konnte sie nur zu Brennholz verwenden, und auch das brauchte ich nur, um meine Speisen zu bereiten.

Kurz, Natur und Erfahrung lehrten mich bei genauer Betrachtung, dass alle guten Dinge dieser Welt nur Wert für uns haben, wenn wir sie gebrauchen können. Wie viel wir auch immer aufhäufen mögen, um es anderen zu geben, wir genießen nur gerade so viel, als wir selbst nötig haben und nicht mehr. Der habgierigste, gewinnsüchtigste Geizhals in der Welt würde vom Laster der Begehrlichkeit geheilt worden sein, wenn er an meiner Stelle gewesen wäre; denn ich besaß ja unendlich viel mehr, als ich je verwenden konnte. Es blieb mir nichts zu wünschen übrig, außer einigen Kleinigkeiten, die mir allerdings sehr willkommen gewesen wären. Ich war, wie ich früher erwähnt habe, im Besitz eines Beutels voll Geld, das aus Silber und Gold ungefähr im Wert von sechsunddreißig Pfund Sterling bestand. Aber du lieber Gott! Da lag nun das schlechte, erbärmliche, unnütze Zeug; ich hatte keinerlei Art von Verwendung dafür, und oft dachte ich bei mir, wie gern ich eine Hand voll davon für eine Anzahl Tabakspfeifen oder für eine Handmühle, um mein Korn damit zu mahlen, geben würde. Ja, das Ganze hätte ich mit Freuden hingegeben für ein wenig englischen Runkel- oder Mohrrübensamen oder für ein Häuflein Erbsen und Bohnen oder eine Flasche voll

Tinte. Wie jetzt die Sachen standen, hatte ich nicht den geringsten Vorteil oder Gewinn von jenem Mammon. Er lag im Kasten und verrostete durch die Feuchtigkeit der Höhle in der nassen Jahreszeit. Und hätte ich den Kasten voller Diamanten gehabt, so wäre es nicht anders gewesen; sie hätten keinen Wert für mich gehabt, weil ich sie nicht brauchen konnte.

Mit der Zeit war mein Leben viel freudiger geworden als im Anfange, sowohl das leibliche als das geistige. Ich setzte mich oftmals mit Dankbarkeit zu Tisch und bewunderte die göttliche Vorsehung, die mir den Tisch in der Wüste so reichlich gedeckt hatte. Ich lernte mehr die Lichtseite meiner Lage ansehen und weniger bei der Schattenseite verweilen, und das gewährte mir zuweilen so viel innere Freude, dass ich es gar nicht auszudrücken vermag.

Noch eine andere Betrachtung war mir von großem Nutzen und würde das unzweifelhaft einem jeden sein, der in solche Prüfung wie die meinige geraten ist. Ich verglich oft meinen jetzigen Zustand mit der Lage, in die ich unfehlbar geraten sein würde, wenn das Schiff nicht so nahe an meine Küste angetrieben worden wäre, wo ich es nicht nur hatte erreichen können, sondern auch alles, was ich daraus mitnehmen wollte, zu meiner Erleichterung und Bequemlichkeit sicher ans Land zu bringen vermocht hatte. Denn ohne dies hätte mir ja Handwerkszeug zu meinen Arbeiten gefehlt, jede Waffe zu meiner Verteidigung und an Pulver und Blei, um mir Nahrung zu verschaffen. Ganze Stunden, ich möchte sagen, ganze Tage, verwendete ich darauf, mir in den lebhaftesten Farben auszumalen, was ich angefangen haben würde, wenn ich nichts aus dem Schiffe gerettet hätte.

In den vier Jahren waren mir manche Dinge, die ich zu meiner Bequemlichkeit an Land gebracht hatte, entweder ganz ausgegangen oder abgenutzt und verdorben. Meine Kleider nahmen mächtig ab. Leinwand hatte ich schon längst keine mehr, außer einigen blauen und weißen Hemden aus den Kisten der Matrosen. Mit den schweren Uniformröcken konnte ich bei dem heißen Wetter nicht viel anfangen. Aber unbekleidet konnte ich auch nicht gehen, die Sonnenhitze hätte mir die Haut verbrannt. In den losen Hemden aber war die Luft am Körper immer in Bewegung und kühlte mir die Haut.

Ebenso wenig vermochte ich, ohne Mütze oder Hut zu sein, denn die Sonnenhitze auf dem bloßen Schädel verursachte unerträgliches Kopfweh. Ich musste also darauf bedacht sein, aus den Lumpen, die ich noch besaß, Kleider zurechtzumachen. So verlegte ich mich aufs Schneidern, aber es wurde Pfuscherei und ein recht armseliges Werk daraus. Da ich die Felle aller geschossenen Tiere aufbewahrt hatte, spannte ich sie mit Stecken in der Sonne aus; einige wurden trocken und hart, andere schienen tauglich. Aus diesen schnitt ich eine Mütze, die den Regen abhalten konnte. Sie gelang mir so gut, dass ich nachher eine ganze Kleidung aus den Häuten anfertigte, einen Kittel, weite Hosen, beides ohne Knöpfe. Sie saßen alle locker am Leibe und brachten Kühlung. Die Fellkleidung bewährte sich auch bei Regen. Auf der rauen Außenseite lief das Wasser ab und ich blieb trocken.

Nach der Schneiderei verwandte ich viel Mühe auf einen Sonnenschirm. In Brasilien hatte ich gesehen, dass Schirme bei der großen Hitze überaus nützlich sind. Ich probierte so lange, bis mir etwas Haltbares geriet. Die Hauptschwierigkeit war, ihn zu falten und wieder aufzuspannen. Das brachte ich endlich auch fertig. Ich überspannte das Gestell mit rauen Fellen, sodass ein Wetterdach gegen Sonne und Regen zugleich entstand. Jetzt konnte ich bei jedem Wetter ins Freie gehen, und wenn das Dach überflüssig wurde, vermochte ich, es zu falten und unter dem Arm zu tragen.

Außer der Arbeit ist mir in den ersten fünf Jahren nichts Besonderes vorgekommen. Ich lebte immer in der gleichen Weise und am gleichen Ort. Neben der jährlichen Arbeit bei Saat und Ernte, beim Trocknen der Trauben, bei der Jagd, bestand mein Hauptgeschäft darin, ein zweites Kanu zu zimmern. Ich brachte es auch glücklich zuwege. Um es ins Meer zu bringen, musste ich einen Graben auswerfen, der sechs Fuß breit, vier Fuß tief und fast eine halbe englische Meile lang war. Das erste Kanu aber lag immer noch als warnendes Zeichen an seinem Ort. Das zweite hat zwei Jahre Arbeit gekostet. Mich dauerte aber die Mühe nicht, denn nun durfte ich hoffen, endlich in See gehen zu können.

Als aber mein Einbaum auf dem Wasser schwamm, erwies er sich als nicht seetüchtig. Meine Absicht war dahin gegangen, nach dem festen Lande zu fahren. Das waren über vierzig Seemeilen. Jedoch das Boot war allzu schmal und so musste ich mein Vorhaben aufgeben. Ich beschloss aber, eine Fahrt um die ganze Insel herum zu machen. In die Mitte des Schiffes setzte ich einen kleinen Mastbaum und befestigte daran ein Stück Tuch aus den geborgenen Schiffssegeln. Bei der Probe erwies sich das Segel als gut. Dann machte ich an jeder Seite des Bootes kleine Vertiefungen, um Nahrung und Pulver aufzunehmen, damit sie vor Regen und Spritzern geschützt seien. Auch eine schmale Rinne hieb ich in das Boot, um mein Gewehr hineinzulegen. Durch eine Wildhaut gedachte ich es trocken zu halten. In das Hinterteil des Bootes steckte ich einen Sonnenschirm in ein Loch, sodass er über meinem Haupt stand. Dann war ich auf dem Wasser vor den Sonnenstrahlen geschützt.

Kleinere Fahrten bewiesen mir die Nützlichkeit aller Einrichtungen des Bootes. Bei dieser Gelegenheit aber steigerte sich meine Begierde, mein kleines Königreich ganz zu umfahren. Ich bereitete die große Reise vor, versorgte das Fahrzeug mit einigen dutzend Gerstenbroten, einem irdenen Topf voll geröstetem Reis, einer Flasche Rum, einem halben Ziegenwildbret, Pulver und Blei und nahm auch zwei große Uniformröcke gegen die Nachtkühle mit.

Es war im sechsten Jahr meines Inselaufenthalts, am letzten November, als ich diese Reise antrat. Und sie dauerte länger, als ich vermutet hatte. Obgleich das Eiland nicht allzu groß war, hatte es doch an der östlichen Seite ein beträchtliches Riff von Klippen, die sich weit in die See erstreckten. Dazu kam eine trockene Sandbank, die sich auch eine Stunde weit hinauszog. Also musste ich eine gute Strecke ins Meer hinaussegeln, um diese Hindernisse zu umfahren. Als ich die Hindernisse erblickte, wollte mir der Mut sinken. Darum warf ich zunächst den Anker aus, den ich mir aus einem zerbrochenen Schiffshaken zurechtgemacht hatte.

Dann stieg ich mit dem Gewehr an Land, kletterte auf einen Hügel und vermochte nun die Weite der Hindernisse zu über-

sehen. Ich beschloss, es zu wagen. Bei der Ausschau konnte ich auch eine starke Meeresströmung beobachten, die dicht an der Inselspitze in östlicher Richtung lief. Auf sie gab ich genau Acht, den ich überlegte, dass sie mir Gefahr bringen könne. Wie leicht konnte sie mich ins Meer hineintreiben, sodass ich nie mehr auf das Eiland zurückzukehren vermöchte. Ich bemerkte auch einen starken Gegenstrom nahe der Küste. Wenn ich also mit der ersten Strömung hinausfahren konnte, so brachte mich der Gegenstrom zurück.

An diesem Ort musste ich zwei Tage stillliegen, weil ein scharfer Südost eine starke Brandung ans Ufer warf. Am dritten Tage hatte sich der Wind gelegt, die See war glatt und ich fuhr hinaus. Als ich die Klippenspitze erreichte, sah ich, dass das Wasser sehr tief war. Dort erfasste eine Strömung mein Boot mit solcher Gewalt, dass ich weit weggerissen wurde. Da kein Wind wehte, konnte ich mein Segel nicht nutzen, und alles Rudern half nichts.

Ich hielt mich für verloren. Wenn ich ins Meer hinausgetrieben wurde, musste ich vor Hunger umkommen. Ich hatte zwar eine Schildkröte am Ufer gefunden und sie ins Boot geschoben, auch besaß ich einen großen irdenen Krug voll frischen Wassers – aber was half mir das alles auf dem weiten Weltmeer! Ich arbeitete hart, um mich zu retten. So vermochte ich, mein Boot so nahe am Gegenstrom zu halten, als es mir bei der Erschöpfung meiner Kräfte möglich war. Endlich gegen Mittag begann ein Lüftchen, aus Südsüdost zu wehen, das eine halbe Stunde später zu einem erquickenden frischen Wind anschwoll. Doch ich war schon schrecklich weit von der Insel abgekommen und hatte keinen Kompass an Bord. Hätte ich die Insel aus dem Gesicht verloren, so wäre es mir unmöglich gewesen, sie wiederzufinden.

Als der Wind aufkam, richtete ich meinen Mast wieder auf, zog das Segel in die Höhe und hielt scharf nach Norden. Ich kam gut in Fahrt und bemerkte, wie das Wasser sich veränderte. Im Strom war es stark getrübt, jetzt wurde es hell. So kam ich bald in den Gegenstrom, der mit großer Gewalt zurück nach Nordwesten floss.

Er brachte mich nach dem Eiland zurück, allein vier Stunden mehr nordwärts als die Strömung, die mich hinausgerissen hatte. Ich traf also die Insel auf der Nordseite, während ich von der Südseite ausgelaufen war.

Dann entdeckte ich, dass zwischen beiden Strömen eine Zone ruhigen Wassers lag, dort lenkte ich hinein und kam so ans Ufer. Sobald ich den Fuß aufs Land gesetzt hatte, fiel ich auf die Knie nieder und dankte Gott für meine Errettung. Dann stärkte ich mich mit Essen und Trinken und brachte das Boot in eine kleine Bucht unter den Schutz von etlichen Bäumen.

Ermattet von der Arbeit und Mühe der Reise, legte ich mich zum Schlafen nieder. Wenn ich nur gewusst hätte, wie ich mit meinem Boot wieder nach Hause kommen sollte! Auf der Fahrt hatte ich so viel Not ausgestanden, dass ich mich scheute, den gleichen Weg zurückzulegen. Wie aber die Westküste der Insel beschaffen war, das war mir völlig unbekannt. Zu neuen Abenteuern aber stand mir nicht der Sinn. Darum beschloss ich am Morgen, westwärts am Ufer hinzuwandern und mich nach einer Bucht oder einem Hafen umzusehen, wo ich mein Fahrzeug bergen und im Fall der Not wiedererlangen könne. Ich machte mich auf den Weg und fand nach etwa drei englischen Meilen einen guten Hafen, dessen Eingang fast eine Stunde breit war, der sich aber rasch verengerte und in eine kleine Bachmündung auslief. Dort fand ich einen bequemen Liegeplatz für mein

Boot. Es lag da so sicher, als ob er besonders für mich angelegt sei. Ich holte mein Boot heran und band es fest. Dann erkundete ich den Strand und wurde gewahr, dass ich nicht weit von dem Ort entfernt war, den ich vormals erreicht hatte, als ich nach diesem Ufer zu Fuß gewandert war. Danach entnahm ich dem Boot nichts als mein Gewehr und den Sonnenschirm und machte mich auf den Weg zu meinem Sommerhaus.

Ich erreichte es am Abend und fand es in dem gleichen Stande, als ich's gelassen hatte. Ich stieg über den Zaun, legte mich müde und erschöpft sofort nieder und fiel in tiefen Schlaf. Ich wurde durch eine menschliche Stimme aufgeschreckt, die rief: »Robin, Robin, Robin Crusoe! Du armer Robin Crusoe, wo bist du denn? Wo bist du gewesen?«

Das hörte ich im Halbschlaf und glaubte, mich narre ein Traum. Aber die Rufe wurden immer wiederholt, sodass ich mich völlig ermunterte und tödlich erschrak, als ich nochmals angerufen wurde.

Kaum aber hatte ich die Augen geöffnet, da sah ich meinen Poll auf dem Zaun sitzen. Er war der Mann, der mit mir gesprochen hatte! Mit derselben wehmütigen Stimme pflegte ich mit ihm zu reden. So hatte er's von mir gelernt, während er mir auf dem Finger saß und den Schnabel an meiner Backe rieb.

Gleichwohl vermochte ich das Geschehnis nicht sofort zu begreifen. Wie kam er nur hierher? Ich hielt ihm die Hand hin und rief ihn bei Namen. Da flog er herzu, setzte sich auf meinen Daumen und schwatzte immerfort: »Armer Robin Crusoe, wie kommst du hierher? Wo bist du gewesen?«

Man sah, wie er sich freute, dass er mich wiederhatte. Ich trug ihn auf der Schulter nach Hause.

8. KAPITEL

Robinson wird Tierzüchter und vermehrt sein Ackerland

Des Herumfahrens auf der See war ich nunmehr überdrüssig. Ich saß viel zu Hause und überdachte die ausgestandene Gefahr.

Meine Zeit brachte ich mit allerlei handwerklichem Tun hin: Ich durfte mich für einen guten Zimmermann halten. In der Töpferarbeit erreichte ich eine unvermutete Vollkommenheit, und ich erlangte sie durch ein Rad, auf dem die Tonklumpen im Drehen geformt wurden. Ich wusste nicht, dass ich damit die Drehscheibe der Töpfer neu erfunden hatte. Jetzt konnte ich die Geschirre rund formen, die zuvor hässlich und unförmig geworden waren.

Nie aber, glaube ich, war ich stolzer auf meine Geschicklichkeit oder erfreuter über eine Erfindung, als da es mir gelang, eine Tabakspfeife zu machen. Zwar war sie, als sie fertig war, nur ein sehr hässliches, plumpes Ding aus gebranntem Ton, aber sie war hart und fest und ließ den Rauch, ganz wie es sich gehört, hindurchziehen. Wie groß war mein Entzücken darüber! Ich hatte früher viel geraucht, auch waren Pfeifen auf dem Schiff gewesen, aber ich hatte sie nicht mitgenommen, da mir damals unbekannt war, dass es auf der Insel Tabak gab. Später, als ich das Schiff aufs Neue durchsuchte, hatte ich keine mehr finden können.

In der Korbmacherkunst verbesserte ich mich gleichfalls und machte eine Menge Körbe aller Art. Sie sahen zwar nicht immer schön aus, waren aber bequem und geschickt als Vorrats- und Traggefäße.

Da aber jetzt, im elften Jahre meiner Anwesenheit auf der Insel, meine Munition knapp zu werden begann, musste ich auf eine Art und Weise sinnen, um die Tiere lebendig einzufangen. Vor allem wollte ich eine trächtige Mutterziege besitzen. Zu diesem Zwecke legte ich Schlingen, und ich glaube wohl, dass sich mehr als einmal welche darin fingen; aber die Stricke waren nicht gut und Draht hatte ich nicht. Darum fand ich die Schlingen immer wieder zerrissen und den Köder aufgefressen.

Da beschloss ich endlich, den Fang in Gruben zu versuchen. Ich legte mehrere tiefe Löcher an, und zwar an solchen Stellen, wo, wie ich beobachtet hatte, die Ziegen zu grasen pflegen, doch die Tiere fraßen abermals das Ködergras weg, wussten aber die Falle zu umgehen. Da verbesserte ich die Fallen und fand nun eines Morgens in einer ein Böcklein und zwei Geißlein.

Die jungen Tiere ließen sich leicht zähmen und abrichten. Jetzt durfte ich hoffen, dass ich genügend Wildbret erlangen könne, wenn ich mir stets einige Stück dieses Wildes aufzöge. Sie würden dann wie eine Herde Schafe meine Wohnung umgeben. Ich beschloss, ein besonderes Gehege für die gezähmten Tiere zu machen.

Das war ein großes Unternehmen für ein einziges Paar Hände. Da ich aber die absolute Notwendigkeit desselben einsah, so machte ich mich sogleich an die Arbeit und suchte zuerst einmal nach einem passenden Platz, wo die Tiere Nahrung und Trinkwasser und Schutz vor der Sonne finden könnten. Es dauerte etwa drei Monate, bis das erste Stück Weide fertig umzäunt war.

Bis dahin band ich die drei Lämmer an den besten Weideplätzen an und ließ sie, um sie zahm zu machen, in möglichster Nähe von mir grasen; zuweilen brachte ich ihnen einige Gerstenähren oder eine Hand voll Reis und ließ sie aus meiner Hand fressen, sodass, als die Einfassung fertig war und ich die Lämmer losband, sie mir auf dem Fuße folgten und nach einer Hand voll Korn hinter mir herblökten.

Meine Einrichtung erfüllte ihren Zweck vollständig, und in etwa anderthalb Jahren hatte ich eine Herde von zwölf Ziegen, einschließlich der Lämmer. Nach weiteren zwei Jahren waren es dreiundvierzig geworden, abgesehen von denen, die ich während dieser Zeit getötet und zu meiner Nahrung verwendet hatte.

Nach und nach legte ich fünf solcher eingezäunter Weideplätze an, in denen ich kleine Abteilungen anbrachte, um die Tiere, die ich gerade gebrauchen wollte, hineinzutreiben. Die einzelnen Plätze brachte ich durch Gittertüren miteinander in Verbindung.

Jetzt konnte ich nicht nur so viel Ziegenfleisch, als ich immer essen mochte, haben, sondern obendrein Milch, und das war etwas, was ich im Anfange nicht einmal für möglich gehalten hätte; daher gewährte es mir eine um so angenehmere Überraschung. Ich richtete jetzt eine förmliche Milchwirtschaft ein, denn ich gewann zuweilen acht bis sechzehn Liter in einem Tage. Die Natur lehrt jedes Geschöpf, von der Nahrung, die sie ihm gibt, Gebrauch zu machen. So lernte auch ich, der nie eine Kuh, viel weniger eine Ziege gemolken oder die Bereitung von Butter und Käse mit angesehen hatte, wenn auch erst nach vielen missglückten Versuchen, mit Leichtigkeit sehr gute Butter und Käse zu bereiten. Von nun an fehlte es mir daran nie mehr. Wie gnädig ist doch unser Gott gegen seine Geschöpfe auch in den

Lebenslagen, wo sie mitten ins Verderben geraten zu sein scheinen. Wie kann er die bittersten Verhängnisse versüßen und uns Ursache geben, ihn für Kerker und Gefängnis zu preisen! Welch ein reicher Tisch war hier in der Wüste für mich gedeckt, wo ich anfangs nichts als den Hungertod vor mir gesehen hatte!

Selbst ein Stoiker würde sich des Lächelns nicht haben erwehren können, hätte er mich und meine kleine Familie am Mittagstisch gesehen. Da war zuerst meine Majestät, der Beherrscher der ganzen Insel. Das Leben meiner sämtlichen Untertanen stand vollkommen in meiner Gewalt. Ich konnte hängen, vierteilen, freilassen und gefangen halten, wen und wie ich wollte, und kein einziger Rebell befand sich unter allen meinen Untertanen. Man musste es sehen, wie ich gleich einem König speiste, ganz allein, während meine Diener mir aufwarteten. Poll, als mein Günstling, genoss allein das Privileg, mit mir sprechen zu dürfen.

Mein Hund, der inzwischen sehr alt und müde geworden war und leider nicht seinesgleichen auf der Insel gefunden hatte, um sein Geschlecht fortzupflanzen, saß stets zu meiner Rechten, und zwei Katzen, eine auf dieser, die andere auf jener Seite des Tisches, erwarteten ab und zu einen Brocken aus meiner Hand als ein Zeichen besonderer Gunst. Dies waren nicht mehr dieselben beiden Katzen, die ich mit ans Land gebracht hatte. Die lebten beide längst nicht mehr und ich hatte sie eigenhändig in der Nähe meiner Wohnung begraben. Die eine von ihnen hatte sich aber, ich weiß nicht mit was für einem wilden Tier, gepaart, und von ihrer Nachkommenschaft hatte ich zwei Junge aufgezogen, indessen die übrigen wild in den Wäldern umherliefen und mir auf die Dauer lästig fielen. Oftmals nämlich kamen sie in mein Haus und plünderten dasselbe, sodass ich mich endlich genötigt sah, sie zu erschießen. Mit diesem Hofstaat und in dieser üppigen Weise lebte ich und entbehrte nichts als Gesellschaft, und auch hiervon sollte ich einige Zeit später mehr als genug bekommen.

Wie ich schon bemerkte, wünschte ich sehr, mein Boot bei mir zu haben, ohne dass ich jedoch Lust verspürte, mich seinetwegen wieder in Gefahr zu begeben. So dachte ich denn manchmal darüber nach, wie ich es herbeischaffen sollte, gab aber den Gedanken, es wiederzubekommen, bald gänzlich auf.

Eine sonderbare Unruhe trieb mich dagegen immerfort nach der Spitze der Insel, wo ich bei meinem letzten Ausfluge auf den Hügel gestiegen war, um die Küste und den Lauf der Strömung zu übersehen. Das Verlangen, wieder dort zu sein, nahm alle Tage zu, bis ich endlich beschloss, die Reise dahin zu Lande zu machen, und zwar immer der Küste entlang. So begab ich mich denn abermals auf die Wanderschaft.

Hätte mich irgendein Landsmann von mir sehen können, er würde sich entweder vor mir entsetzt oder ein großes Gelächter angestimmt haben. Wenn ich zuweilen still stand und mich selbst betrachtete, so konnte ich nicht umhin, bei dem Gedanken zu lächeln, wie es wäre, wenn ich in einem solchen Aufzuge und in solchem Kostüm durch Yorkshire reisen wollte. Man stelle sich meine Erscheinung folgendermaßen vor:

Auf dem Kopfe trug ich eine hohe, große, unförmige Mütze aus Ziegenfell mit einer hinten lang herunterhängenden Krempe. Diese sollte sowohl die Sonne abhalten, als auch den Regen daran hindern, mir hinten in den Nacken zu laufen.

Ferner hatte ich eine kurze Jacke aus Ziegenfell an, die etwa bis über die Hüften reichte, und dazu ein Paar Kniehosen von demselben Stoffe. Diese Letzteren waren aus der Haut eines

alten Bockes gemacht, und das Fell hing auf beiden Seiten herab, sodass meine Beinkleider wie lange Hosen bis über die Waden herunterreichten. Schuhe und Strümpfe besaß ich nicht, aber ich hatte mir dafür eine Art von Stulpenstiefeln gemacht, die weit hinaufreichten und an den Seiten zugeschnürt waren, wie Gamaschen. Übrigens hatten sie eine sehr praktische, aber ungewohnte Form, wie überhaupt alle meine Kleidungsstücke höchst primitiv waren.

Außerdem trug ich einen breiten Gürtel von getrockneter Ziegenhaut, den ich anstatt einer Schnalle mit zwei Riemen aus demselben Stoff befestigte. Daran hing zu beiden Seiten eine Art von Gehänge, in das ich anstelle eines Säbels oder Dolches eine kleine Säge und ein Beil befestigte, das eine an der einen Seite, das andere an der anderen. Ich hatte einen zweiten Lederriemen, etwas schmaler als der Gürtel, aber auf ähnliche Weise befestigt, nur hing mir dieser über die Schulter, und daran hingen unter dem linken Arm zwei Beutel, ebenfalls aus Ziegenfell verfertigt, von denen der eine Pulver, der andere Kugeln und Schrot enthielt. Auf dem Rücken hatte ich einen Korb, auf der Schulter meine Flinte und über dem Kopf meinen großen, plumpen, hässlichen Sonnenschirm, der übrigens nach meiner Flinte das Nützlichste war, was ich bei mir führte.

Was meine Gesichtsfarbe betraf, so war dieselbe nicht so dunkel, als man sie wohl bei jemandem hätte vermuten sollen, der mit so geringer Fürsorge für dieselbe innerhalb der Wendekreise lebte. Meinen Bart hatte ich wachsen lassen, bis er eine Viertelelle lang war, aber da ich Scheren und Rasiermesser in Menge besaß, hielt ich ihn jetzt ziemlich kurz geschnitten, ausgenommen den Schnurrbart, den ich zu einem langen türkischen Bart gezogen hatte, wie ich ihn bei einigen Türken in Salee gesehen. Die Mauren trugen nämlich keine solchen Bärte wie die Türken. Immerhin war Größe und Form meines Bartes abschreckend genug und in England würde er geradezu für entsetzlich gegolten haben.

Übrigens kam es auf dies alles wenig an, da ja meine äußere Erscheinung von niemandem beobachtet werden konnte. In jenem Aufzug nun trat ich meine neue Reise an und blieb fünf bis sechs Tage fort. Zuerst wanderte ich an der Küste entlang, direkt zu der Stelle, wo ich damals mit meinem Boote vor Anker gegangen war, um die Felsen zu erklettern. Da ich diesmal für kein Boot zu sorgen hatte, schlug ich einen näheren Weg zu Lande ein und erreichte denn auch auf diesem die erwähnte Höhe. Als ich von hier aus die vorspringende Felsenspitze überblickte, die ich vor kurzem mit meinem Boote hatte umfahren müssen, sah ich zu meiner Verwunderung das Meer ganz glatt und ruhig und gewahrte nichts von Brandung oder Wellen und Strömung, weder hier noch an irgendeiner andern Stelle. Ich konnte mir diese Erscheinung durchaus nicht erklären. Daher beschloss ich, sie eine Zeit lang zu beobachten, um zu entdecken, ob vielleicht die Ebbe und Flut einen Einfluss darauf habe. Bald überzeugte ich mich auch, wie sich die Sache verhielt. Wenn nämlich die Ebbe von Westen her eintrat, so vereinigte sie sich mit der starken Wassermasse eines großen Küstenstromes und brachte so jene Strömung hervor, welche, je nachdem der Wind mehr von Westen oder von Norden her wehte, der Küste näher oder entfernter floss. Nachdem ich bis gegen Abend gewartet und um die Zeit der Ebbe wieder den Felsen erstiegen hatte, sah ich die Strömung wieder ganz deutlich wie früher, nur weit entfernt, fast eine halbe Seemeile von der Küste, während sie damals dicht an der Küste gegangen war und mich und mein Fahrzeug mit fortgerissen hatte, was unter andern Umständen nicht geschehen sein würde.

Diese Beobachtung überzeugte mich, dass ich nur auf den Eintritt der Ebbe und Flut zu achten brauchte, um mein Boot mit leichter Mühe um die Insel zurückführen zu können. Als ich aber an die Ausführung dachte, überfiel mich die Erinnerung an die früher überstandenen Gefahren dennoch mit solchem Schrecken, dass ich vorzog, einen anderen, sicheren, wenn auch mühsameren Weg einzuschlagen. Dieser bestand darin, dass ich beschloss, mir noch ein Kanu zu bauen oder vielmehr zu hauen, um für jede Seite der Insel ein besonderes Fahrzeug zu haben. Ich besaß jetzt sozusagen zwei Ansiedlungen auf der Insel. Erstens meine kleine Festung, das heißt: das mit dem Wall umgebene Zelt im Schutz des Felsens mit der Höhle dahinter, die ich inzwischen zu mehreren miteinander verbundenen Gemächern oder Kellern erweitert hatte. Der größte und trockenste dieser

Räume, der überdies eine Tür nach außen hatte, war ganz angefüllt mit den früher erwähnten großen irdenen Gefäßen und mit vierzehn oder fünfzehn großen Körben. In diesen bewahrte ich meine Vorräte auf, besonders das Korn, teils in den Ähren, die dicht über dem Stroh abgeschnitten waren, teils ausgerieben, was ich mit den Händen zu bewerkstelligen pflegte. Den so genannten Wall hatte ich, wie gesagt, aus lauter langen Reisern und dünnen Stämmen aufgeführt, die aber jetzt alle zu Bäumen angewachsen waren und um diese Zeit bereits eine solche Höhe erreicht und sich so ausgebreitet hatten, dass niemand dahinter eine menschliche Wohnung vermuten konnte.

In der Nähe dieser meiner Wohnung, aber etwas weiter landeinwärts und niedriger gelegen, waren meine beiden Stücke Ackerland, die mir alljährlich ihre Ernte lieferten. Als ich mich veranlasst sah, mehr Getreide zu bauen, bediente ich mich dazu des angrenzenden, gleich gut geeigneten Geländes.

Meine zweite Behausung war der so genannte Landsitz. Auch dieser hatte sich zu einer ganz hübschen Ansiedelung entwickelt. Zunächst fand sich da die Laube, wie ich sie nannte. Ich erhielt dieselbe immer in gutem Stand, indem ich die umschließende Hecke, an die von innen eine Leiter gelehnt war, stets in gleicher Höhe hielt.

Die Bäume – anfangs nichts als Ruten –, waren jetzt stark und hoch herangewachsen. Ich beschnitt sie so, dass sie sich ausbreiteten und mit ihrem dichten Laube erquickenden Schatten gaben. In der Mitte derselben ließ ich mein aus einem Stück Segeltuch errichtetes Zelt stehen, ohne dass es je der Ausbesserung oder Erneuerung bedurft hätte. Darunter hatte ich mir ein Ruhebett aus den Fellen erlegter Tiere und anderen weichen Gegenständen gemacht und darüber eine Decke ausgebreitet, die ich aus unseren Schiffsbetten gerettet hatte. Neben dem Ruhebett hatte ich einen dicken Stock als Waffe stehen. Ich nahm dort mein Quartier, sooft ich Veranlassung fand, mich von meiner eigentlichen Wohnung zu entfernen. Dicht daneben befanden sich die eingezäunten Weideplätze für meine Ziegen. Da es mich sehr viel Arbeit gekostet hatte, diese Räume in der beschriebenen Weise zu umschließen, war ich immer ängstlich darauf bedacht, die Umzäunungen in Ordnung zu erhalten, damit die Ziegen mir nicht entwischten. Niemals ging ich fort, ohne vorher mit vieler Mühe alle Öffnungen der Hecke mit kleinen Stäben so dicht zu verschließen, dass die Umzäunung eher ein Gitter als eine Hecke zu nennen war und man kaum die Hand dazwischen durchstecken konnte. In der nächsten Regenzeit wuchsen diese Reiser alle zusammen und bildeten mit der Zeit eine starke Wand, ja sie wurden fester als eine gewöhnliche Mauer.

Dies alles liefert den Beweis, dass ich nicht müßig war und keine Mühe scheute, jegliches, was zu meiner Annehmlichkeit notwendig schien, herzurichten.

Ich sah in meiner Herde zahmer Haustiere, die ich so nahe zur Hand hatte, einen lebendigen Vorrat von Fleisch, Milch, Butter und Käse, der für die ganze Dauer meines Aufenthalts auf der Insel, und wenn er auch noch vierzig Jahre währen sollte, vorhalten würde. Die Erhaltung derselben hing aber wesentlich davon ab, dass ich die Einzäunung möglichst vervollkommnete, damit die Herde stets zusammenblieb.

Da diese Ansiedlung etwa halbwegs zwischen meiner andern Wohnung und dem Platze gelegen war, wo ich mein Boot befestigt hatte, so hielt ich mich gewöhnlich auf dem Weg dahin eine Zeit lang dort auf; denn ich pflegte mein Boot oft zu besuchen, um alles, was dazu gehörte, in der besten Ordnung zu erhalten: Auch fuhr ich manchmal zum Vergnügen darin aus, aber abenteuerliche Reisen wollte ich nicht wieder darin unternehmen noch mich weiter als ein paar Steinwurflängen von der Küste entfernen. Ich war ja viel zu besorgt, wieder durch eine Strömung oder durch den Wind in unbekannte Gewässer verschlagen zu werden.

Jetzt gelange ich in dem Bericht von meinem einsamen Leben zu einem neuen Abschnitt.

KAPITEL 9

*Robinson entdeckt die Spuren von Wilden
und verstärkt seine Festung*

Als ich eines Mittags nach meinem Boot hinauswanderte, entdeckte ich im Sande des Strandes die Spur eines Menschenfußes. Ich glaubte meinen eigenen Augen nicht, starrte darauf hin, aber es war richtig, ein nackter Menschenfuß hatte sich dort abgedrückt. Ich stand wie vom Donner gerührt, kein Gespenst hätte mich mehr in Schrecken setzen können. Ich lauschte, sah mich nach allen Seiten um, vermochte aber niemanden zu sehen oder zu hören. Ich erstieg einen Hügel, um mich weiter umschauen zu können, dann rannte ich an der Küste auf und ab, aber es blieb alles ohne Erfolg. Keine weiteren Fußspuren waren zu finden als jene eine. Ich ging zu ihr zurück, um zu sehen, ob nicht noch andere in der Nähe seien oder ob ich mich vielleicht geirrt hätte. Aber beides war nicht der Fall. Ich erblickte nur genau denselben Eindruck der Zehen, Fersen und übrigen Teile eines Fußes. Wie die Spur dahin gekommen, wusste ich nicht und konnte es durchaus nicht begreifen.

Eine Flut von wirren Gedanken stürmte auf mich ein und völlig verstört und außer mir kam ich in meiner Festung an. Es ist nicht zu beschreiben, in was für verschiedene Gestalten meine erhitzte Einbildungskraft die Dinge verwandelte, was für eine

Menge wilder Vorstellungen meine Fantasie mir auf dem Heimweg vorspiegelte und welch sonderbare Einfälle mir in den Sinn kamen. Als ich zu meiner Burg (denn diesen Namen hatte ich meiner Wohnung gegeben) gelangt war, flüchtete ich hinein wie ein Verfolgter. Ob ich über die Leiter hineinstieg, weil das schneller ging, oder durch das Loch im Felsen, das ich meine Tür nannte, kroch, weiß ich heute noch nicht.

Kein Schlaf kam diese Nacht in meine Augen; je weiter ich von der Ursache meines Schreckens entfernt war, um so größer wurden meine Befürchtungen. Zwar widerspricht das eigentlich der Natur der Sache, aber ich war dermaßen in meinen verstörten Gedanken über die Erscheinung befangen, dass sich mir nichts als schauerliche Vorstellungen aufdrängten, obgleich ich jetzt ziemlich weit von dem Anlass meiner Furcht entfernt war.

Zuweilen bildete ich mir ein, der Teufel müsse hier sein Spiel treiben, und diese Annahme war nicht ohne allen Grund, denn wie sollte ein anderes menschliches Wesen hierher gekommen sein? Wo war das Schiff, das es hergeführt hatte? Warum waren keine anderen Fußspuren zu sehen?

Dann aber kam mir wieder der Gedanke: Warum sollte der Satan menschliche Gestalt angenommen haben, nur um seinen Fußtritt hier zurückzulassen? Bald schien mir meine abergläubische Furcht auch deshalb lächerlich, weil ich mir überlegte, dass der Teufel mich ja auf unendlich vielerlei Arten hätte mehr erschrecken können als durch diesen einzelnen Fußstapfen. Denn da ich auf einer ganz anderen Seite der Insel wohnte, würde er doch gewiss nicht so dumm gewesen sein, eine Spur an einer Stelle zurückzulassen, wo zehntausend gegen eins zu wetten war, dass ich sie nie entdecken würde und am wenigsten im Sande, wo die erste Flutwelle bei einigem Winde sie sofort auslöschen musste. Alles dieses ließ sich weder mit der Sache selbst noch mit den Vorstellungen, die wir gewöhnlich von der Schlauheit des Satans haben, zusammenreimen.

Solche Erwägungen nahmen mir allmählich die Furcht vor dem Teufel. Nun argwöhnte ich dagegen, dass ich es mit noch gefährlicheren Wesen zu tun habe, nämlich mit einem oder mehreren Bewohnern jenes gegenüberliegenden Festlandes. Ich bildete mir ein, sie wären in ihrem Kanu von widrigen Winden oder der Strömung an diese Küste verschlagen worden, dann aber wieder abgefahren, da es ihnen vielleicht ebenso wenig auf dieser öden Insel gefallen haben mochte, wie es mir behagte, sie hier zu haben.

Während mir diese Gedanken die Seele beschwerten, war ich sehr dankbar, dass ich um jene Zeit nicht gerade an der fraglichen Stelle gewesen war, und dass die Fremden mein Boot nicht gesehen hatten, weil sie sonst auf Bewohner der Insel hätten schließen müssen und vielleicht weiter nach mir geforscht hätten. Dann aber stiegen mir wieder schreckliche Gedanken auf, und meine Einbildungskraft malte mir aus, dass die Wilden das Boot gefunden hätten und nun wüssten, dass die Insel bewohnt war, und wie sie dann gewiss in großer Anzahl wiederkommen und mich überfallen würden. Und wenn sie auch mich selbst nicht finden konnten, so glaubte ich doch, sie würden meine Anlagen sehen, meine Felder verwüsten und meine zahme Ziegenherde rauben, sodass ich am Ende elendiglich Hungers sterben und zugrunde gehen müsste.

So überwältigte meine Furcht wieder all meine gläubige Hoffnung. Mein ganzes bisheriges Vertrauen auf Gott, welches auf so wunderbare Erfahrungen seiner Güte gegründet war, fiel nun über den Haufen, als ob, der mich bisher durch Wunder ernährt hatte, nicht auch Macht habe, die Nahrungsmittel, die seine Gnade mir gespendet hatte, zu beschützen. Ich machte mir Vorwürfe über meinen Leichtsinn; dass ich nicht jedes Jahr mehr Getreide gesät hatte, als was gerade bis zur nächsten Ernte ausreichend war; wie wenn nicht auch ein Unfall mich hindern könnte, das Korn, das noch auf dem Felde stand, einzubringen. Dieser Vorwurf erschien mir so gerechtfertigt, dass ich mir vornahm, künftig immer Sorge zu tragen, auf zwei bis drei Jahre im Voraus versorgt zu sein, damit ich, was auch sonst kommen möge, wenigstens nicht zu verhungern brauchte.

Was für ein seltsames Gebilde ist doch das Leben des Menschen! Durch welche verschiedene Triebfedern werden seine Neigungen je nach den eben obwaltenden Umständen hin und her bewegt! Heute lieben wir das, was wir morgen vielleicht hassen; suchen das heute auf, was wir morgen meiden; wünschen jetzt, was wir gleich darauf fürchten, ja wovor wir beim bloßen Gedanken daran zittern.

Das zeigte sich jetzt auch an mir. Denn ich, dessen einziger Kummer darin bestanden hatte, das ich aus der menschlichen Gesellschaft herausgefallen und verurteilt schien, einsam und allein, nur umgeben von dem unermesslichen Ozean, zu leben, abgeschnitten von allem Verkehr mit meinesgleichen und verdammt, in einem stummen Dasein zu existieren, als hätte der Himmel mich nicht für würdig gehalten, zu den Lebenden gezählt zu werden oder unter seinen anderen Geschöpfen zu wandeln, ich, dem der Anblick eines Wesens meiner Art als eine Auferweckung vom Tode zum Leben hätte erscheinen müssen und als der größte Segen, den der Himmel, nächst der ewigen Erlösung selbst, mir hätte angedeihen lassen können – ich erzitterte jetzt bei der bloßen Vorstellung, einen Menschen zu sehen, und hätte in die Erde sinken mögen bei der bloßen Vermutung, bei dem stummen Beweis, dass ein Mensch die Insel betreten hatte.

So wandelbar ist das Menschenherz. Als ich mich von meinem ersten Schrecken einigermaßen erholt hatte, stellte ich mancherlei merkwürdige Betrachtungen an. Ich bedachte, dass der allweise und allgütige Gott diese Lebenslage für mich ausersehen habe und dass, da ich nicht voraussehen könne, welche Absichten die göttliche Weisheit mit allem diesem verfolge, es mir eigentlich nicht zustünde, mich ihrer Anordnung zu widersetzen. Dann überdachte ich ferner, dass Gott, der ja nicht allein gerecht, sondern auch allmächtig ist, ebenso gut, wie er mich auf diese Weise strafte und heimsuchte, mich ja auch befreien könne.

Diese Gedanken beschäftigten mich viele Stunden, Tage, ja ich möchte sagen Wochen und Monate. Auch noch eine besondere Wirkung solcher Betrachtungen auf mich will ich bei dieser Gelegenheit mitteilen. Als ich nämlich eines Morgens im Bette lag und durch meine Gedanken von der Gefahr, welche die Erscheinung von Wilden für mich mit sich brächte, sehr aufgeregt war, da fielen mir plötzlich wieder die Worte der Heiligen Schrift ein: »Rufe mich an in der Not und ich will dich erretten und du sollst mich preisen.« Da konnte ich nicht allein beruhigten Herzens mein Lager verlassen, sondern ich fand auch Kraft und Mut, Gott inbrünstig um Errettung zu bitten. Als ich mein Gebet beendigt hatte, nahm ich meine Bibel zur Hand, und die ersten Worte, auf die meine Augen fielen, waren: »Harre des Herrn, sei getrost und unverzagt und harre des Herrn.«

Diese Worte gewährten mir unbeschreiblichen Trost. Ich legte mit dankbaren Gefühlen das Buch hin und war wenigstens für den Augenblick nicht mehr traurig.

Mitten in diesen Grübeleien, Ängsten und Betrachtungen fiel

mir eines Tages ein, dass der Anlass meiner Furcht möglicherweise nichts weiter als eine meiner Einbildungen sein könnte. Die Spuren rührten ja vielleicht von meinen eigenen Füßen her; ich hatte sie vielleicht hervorgebracht, als ich aus meinem Boot an Land gestiegen war.

Dieser Gedanke trug auch ein wenig dazu bei, mich aufzuheitern, und ich fing an, mich selbst zu überreden, dass das Ganze nur eine Einbildung gewesen sei und kein anderer als mein eigener Fuß die Insel betreten habe. Warum sollte ich nicht auf jenem Wege von dem Boote hergekommen sein, da ich doch auf demselben nach dem Boote hingegangen war?

Erst jetzt fing ich an, wieder Mut zu fassen und mich hinauszuwagen. Denn seit drei Tagen und Nächten hatte ich meine Wohnung keinen Augenblick verlassen, und schon begann ich, Hunger zu spüren, da ich zu Hause wenig mehr als einige Gerstenkuchen und Wasser hatte. Ich wusste auch, dass es nötig sei, meine Ziegen zu melken, welches Geschäft sonst gewöhnlich meine Abendunterhaltung bildete. Die armen Tiere empfanden die Vernachlässigung auch schon schmerzlich, und einigen war sie sogar so schädlich gewesen, dass ihre Milch fast versiegt war. So beruhigte ich mich denn mit dem Glauben, jene Fußspuren rührten wirklich nur von einem meiner eigenen Füße her und ich sei vor meinem eigenen Schatten erschrocken.

Bei meinem ersten Ausgang begab ich mich zunächst zu meinem Landsitz, um die Herde zu melken. Wer damals gesehen hätte, wie furchtsam ich vorwärts schritt, wie oft ich mich umsah, wie ich beständig auf dem Sprunge war, meinen Korb von mir zu werfen und davonzulaufen, der würde gedacht haben, ich sei von einem bösen Gewissen geplagt oder durch etwas Ungeheures erschreckt worden, und das Letztere war ja auch wirklich der Fall.

Nachdem ich jedoch zwei oder drei Tage denselben Weg gemacht hatte, ohne auf irgendetwas Außergewöhnliches zu stoßen, wurde ich ein wenig zuversichtlicher, und die Überzeugung befestigte sich in mir, die Einbildung sei in der Tat die einzige Ursache meines Entsetzens gewesen. Völlig sicher konnte ich mich trotzdem nicht eher fühlen, als bis ich aufs Neue an jener Stelle der Küste gewesen war, den Fußstapfen noch einmal angesehen und ihn mit meinem eigenen verglichen hatte. Dort angekommen aber überzeugte ich mich, dass ich unmöglich beim Anlegen meines Bootes auch nur in die Nähe des Platzes gekommen sein konnte.

Sodann zeigte sich, dass mein Fuß, als ich ihn mit der Spur verglich, bei weitem nicht so groß war. Diese beiden Beobachtungen erfüllten mich aufs Neue mit den schrecklichsten Vorstellungen und raubten mir wieder so die Fassung, dass ich zitterte wie ein Fieberkranker. Ich trat den Rückweg in dem festen Glauben an, ein Mensch oder mehrere seien an jenem Platze gelandet oder die Insel sei bewohnt und ich könne unversehens überfallen werden. Wie ich mich davor schützen sollte, konnte ich mir jedoch gar nicht vorstellen.

Was für lächerliche Vorsätze fasst man doch unter dem Eindruck der Furcht! Diese Empfindung raubt dem Menschen alle Verteidigungsmittel, die ihm die Vernunft zu seiner Rettung bieten würde.

Das Erste, was ich vornehmen wollte, war, meine Zäune niederzureißen und all mein zahmes Vieh in die Wälder zu jagen in der Besorgnis, der Feind könnte es finden und dann vielleicht, in der Hoffnung auf gleiche oder ähnliche Beute, öfter wiederkommen.

Aus demselben Grunde gedachte ich, meine beiden Kornfelder umzugraben und nicht einen Halm darauf stehen zu lassen.

Auch meine Hütte und mein Zelt beschloss ich zu zerstören, damit man durchaus keine Spur der Bewohnung der Insel fände und niemand versucht würde, den Bewohnern selbst nachzuforschen.

Mit solchen Gedanken beschäftigte ich mich während der ersten Nacht nach meiner Rückkehr, als das Entsetzen mir noch frisch in der Seele lebte und meinen Kopf mit wirren Bildern füllte.

So ist die Furcht vor einer Gefahr oft tausendmal schrecklicher als die Gefahr selbst. Wir tragen viel schwerer an der Last der Angst als an dem Übel, das uns ängstigt. Das Schlimmste aber war, dass ich in dieser Not nicht den Trost und die Ergebung festhielt, die mich sonst gestärkt hatten. Hätte ich das getan, so wäre ich wenigstens mit frischerem Mute dieser neuen Anfechtung entgegengegangen und hätte sie wahrscheinlich leichter überwunden.

Die Verstörung meiner Gedanken hielt mich die ganze Nacht wach. Erst gegen Morgen, durch die Aufregung müde gemacht und erschöpft, fiel ich in einen festen Schlaf und erwachte dann in viel ruhigerer Stimmung, als in der ich vorher gewesen war. Ich begann jetzt, vernünftig nachzudenken, und nach langer Erwägung kam ich zu dem Schluss: Diese so gar liebliche und fruchtbare Insel, die, wie ich gesehen, nicht weit vom Festlande abliege, könne nicht so öde sein, als ich bisher geglaubt habe. Zwar werde sie kaum ständige Bewohner beherbergen, aber zuweilen würden wohl Boote von der gegenüberliegenden Küste herüberkommen, die, entweder absichtlich oder auch nur durch widrige Winde gezwungen, hier landeten.

Freilich hatte ich schon fünfzehn Jahre hier zugebracht und noch nie den leisesten Schatten einer menschlichen Gestalt gesehen.

Daraus folgerte ich, dass, wenn jemals Leute hierher verschlagen sein sollten, sie sich wahrscheinlich immer bald wieder entfernt und nie daran gedacht hätten, sich hier niederzulassen.

Demnach bestünde, so sagte ich mir weiter, die einzige mir drohende Gefahr in der zufälligen Landung einzelner verirrter Bewohner des Festlandes, welche aller Wahrscheinlichkeit nach gegen ihren Willen hierher verschlagen worden seien und die darum auch ohne Aufenthalt weiterzukommen suchen und nur selten einmal über Nacht hier verweilen, sondern die nächste Flut und das Tageslicht für ihren Rückweg benutzen würden.

Also hätte ich weiter nichts zu tun, als für den Fall, dass ich die Landung solcher Wilden hier erleben sollte, für einen sicheren Schlupfwinkel zu sorgen. Jetzt bereute ich, die Höhle so groß gemacht zu haben, dass noch eine Tür da, wo meine Einfriedung an den Felsen stieß, nach außen führte. Nach reiflicher Überlegung beschloss ich, einen zweiten Wall zu errichten, in derselben Halbkreisform wie der erste, und zwar da, wo ich vor zwölf Jahren die doppelte Reihe Bäume gepflanzt hatte. Da diese ganz dicht zusammenstanden, brauchte ich nur noch einige Pfähle dazwischenzusetzen, um sie noch enger zu verbinden. So war mein neuer Wall bald fertig.

Ich hatte nun eine doppelte Mauer und die äußere war überdies mit Holzscheiten, Schiffsketten und allen erdenklichen brauchbaren Dingen ausgerüstet. Ich hatte sieben kleine Schlitze darin angebracht, ungefähr so groß, dass ich meinen Arm hindurchstecken konnte.

An der inneren Seite verstärkte ich den Wall bis auf zehn Fuß Dicke, indem ich Erde aus meinem Keller holte, sie am Fuße der Wand ausschüttete und mit den Füßen festtrat.

Durch jene Löcher steckte ich sodann die sieben vom Schiff

mitgebrachten Gewehre und legte sie wie zwei Kanonen auf Lafetten, sodass ich alle sieben Geschütze in der Zeit von zwei Minuten abfeuern konnte. Es bedurfte übrigens langer Monate, bis diese ganze Arbeit vollendet war; aber ich fühlte mich nicht eher sicher, als bis ich sie nicht ganz und gar abgeschlossen hatte.

Hierauf besteckte ich den Boden außerhalb meiner Befestigung nach allen Richtungen mit Reisern und Schößlingen von dem weidenartigen, schnell wachsenden Holze in einem solchen Ausmaße, dass ich, glaube ich, an zwanzigtausend Sprösslinge dazu verbrauchte.

Unmittelbar um meine Festung herum ließ ich jedoch einen ziemlich großen Raum frei, damit ich etwaige Feinde kommen sehen könnte und damit sie hinter den jungen Bäumen keinen Schutz fänden, wenn sie versuchen sollten, sich meiner Umfriedung zu nähern. Auf diese Weise war meine Wohnung innerhalb zweier Jahre von einem dichten Gehölz und nach fünf bis sechs

Jahren von einem gewaltig dichten und starken Walde umgeben, der völlig undurchdringlich war. Niemand hätte dahinter irgendetwas Besonderes, geschweige denn eine menschliche Wohnung vermutet. Ich hatte keinen Zugang in meiner Umzäunung gelassen, sondern betrat sie mit der Hilfe von zwei Leitern. Die eine, die ich gegen eine niedrige Stelle des Felsens gelehnt hatte, reichte bis an einen Vorsprung, auf dem Platz genug war, um eine zweite Leiter darauf anzubringen. Waren also die beiden Leitern eingezogen, so konnte kein Mensch über den Wall gelangen, ohne sich zu verletzen. Überdies hätte er dann auch erst noch die innere Umzäunung meiner Behausung zu passieren gehabt.

So hatte ich denn alle Vorkehrungen zu meiner Sicherheit, die menschliche Vorsicht ausdenken konnte, getroffen. Die Folge wird zeigen, dass sie nicht ganz unnütz gewesen waren, obgleich ich damals zu jenen Maßnahmen lediglich durch die Vorspiegelungen meiner Furcht veranlasst wurde.

Während der Beschäftigung mit diesen Arbeiten vernachlässigte ich meine andern Angelegenheiten auch nicht ganz. Besonders lag meine kleine Ziegenherde mir sehr am Herzen. Die Tiere boten mir auf alle Fälle ein sehr schätzbares Hilfsmittel und lieferten mir schon jetzt ausreichenden Lebensunterhalt. Auch ersparten sie mir den Aufwand von Pulver und Blei sowie die Anstrengung, die ich bei der Jagd auf die wilden Ziegen gehabt hatte. Ich wollte mir daher um jeden Preis diesen Vorteil wahren, um nicht genötigt zu sein, die Einzäunung aufs Neue zu beginnen.

Also suchte ich sorgfältig nach den verborgensten Plätzen auf der Insel und machte auch glücklich einen ausfindig, der so heimlich gelegen war, wie ich es nur wünschen konnte.

Ich machte mich unverzüglich an die Arbeit und hatte schon vor Ablauf eines Monats einen Zaun fertig gebracht.

Alle diese Mühe wurde veranlasst durch die Furcht, die mir die Spur eines einzigen menschlichen Fußtritts eingeflößt hatte.

Danach durchwanderte ich die ganze Insel nach einem zweiten verborgenen Platze, um noch ein anderes Depot gleicher Art anzulegen.

Diesmal geriet ich weiter zur Westspitze der Insel als je vorher, und als ich auf das Meer hinausschaute, glaubte ich, in weiter Entfernung ein Boot wahrzunehmen. In den Matrosenkisten, die ich aus dem Schiffe gerettet, hatte ich auch zwei Ferngläser gefunden, von denen ich jedoch damals gerade keines bei mir trug. Das vermeintliche Fahrzeug war so entfernt, dass ich es nicht genau erkennen konnte, obgleich ich danach schaute, bis mir die Augen tränten.

Als ich das Boot nicht mehr sah, beschloss ich, nicht mehr an die Sache zu denken, nahm mir aber vor, nie mehr ohne Fernrohr in der Tasche auszugehen.

Nachdem ich unterhalb des Hügels an das Ende der Insel gelangt war, wo ich früher noch nie gewesen, konnte ich mich davon überzeugen, dass der Anblick einer menschlichen Fußspur nicht etwas so Außerordentliches sei, als ich mir bisher eingebildet hatte.

Wäre ich nicht durch eine besondere Fügung gerade auf jene Seite der Insel, wo die Wilden nie hinzukommen pflegten, ans Land geworfen worden, so hätte ich längst wissen können, dass die Kanus vom Festlande, wenn sie sich etwas zu weit in die See hinausgewagt hatten, sehr häufig die der meinigen entgegengesetzte Seite der Insel als Hafen benutzten.

Nach ihren Seegefechten in Kanus pflegten nämlich die Sieger ihre Gefangenen an jene Küste zu bringen und sie, ihrer schrecklichen Kannibalensitte gemäß, dort zu töten und aufzuessen.

Von dem Hügel herab ans Ufer gelangt, das die Südwestspitze der Insel bildete, blieb ich plötzlich starr vor Schrecken und Entsetzen stehen. Zu meinem unbeschreiblichen Grauen fand ich dort den Boden mit Schädeln, Händen, Füßen und anderen Gliedmaßen menschlicher Leiber übersät.

Am meisten entsetzte mich eine Stelle, wo offenbar ein Feuer angezündet gewesen war, um das sich ein kreisförmiger Graben zog. Hier hatten sich augenscheinlich jene Wilden zu ihrem unmenschlichen Mahle niedergelassen.

Ich war so durch diesen Anblick verstört, dass ich eine ganze Weile gar nicht an eine Gefahr für mich selbst dachte. Meine Befürchtungen gingen unter in dem Abscheu vor solcher Entwürdigung der menschlichen Natur. Zwar hatte ich von dergleichen Scheußlichkeiten oft gehört, aber noch nie hatte ich so unmittelbare Beweise für dieselben gehabt. Ich wandte mich von den grausigen Funden ab. Mir wurde ganz übel und ich war einer Ohnmacht nahe. Meine Natur half sich jedoch. Nachdem ich mich heftig übergeben hatte, fühlte ich mich etwas besser, konnte es aber keinen Augenblick länger an diesem Orte aushalten. Ich kletterte so schnell als möglich wieder den Hügel hinan und eilte meiner Wohnung zu.

In meiner Festung beruhigte ich mich, denn ich sagte mir, dass diese Unmenschen nicht auf das Eiland kämen, um Beute zu machen, sondern nur, um Feste zu feiern. Nun beobachtete ich größere Vorsicht, nahm mich auch mit dem Schießen sehr in Acht, damit die Wilden nicht durch den Knall herbeigelockt würden.

So verging ein ganzes Jahr. Mein Boot holte ich von der Westseite weg und legte es in eine kleine Bucht an der Ostseite unter einige hohe Klippen. Dorthin konnten die Wilden wegen der Strömungen mit ihren Kähnen nicht einlaufen. Ich lebte sehr zurückgezogen und kam nur aus meiner Wohnung hervor, um meine Ziegen zu melken und nach den kleinen Herden zu sehen. Mit Schrecken dachte ich an die Zeit zurück, in der ich mit einer Schrotflinte auf der ganzen Insel herumgewandert war.

Bei meinen Arbeiten hatte ich eine Höhle entdeckt. Ihr Eingang lag unter einem großen Felsen, und ich fand ihn, als ich dort einige Baumäste für den Kohlenmeiler abhieb. Holzkohlen dienten mir jetzt zur Feuerung. Ich wagte nicht mehr, in meiner Wohnung Feuer zu machen, denn der Rauch könnte mich verraten. So war ich darauf gekommen, mir Kohlen zu brennen, wie ich es in England bei den Köhlern gesehen hatte. Ich deckte brennendes Holz mit feuchter Torferde zu, bis das Holz zu Kohle ausgeglüht war. Die Kohlen trug ich heim und hatte nun Feuer ohne Rauch.

Als ich also unter dem Felsen Holz fällte, entdeckte ich hinter einem sehr dicken Ast eine hohle Stelle. Nachdem ich den Ast weggehauen, fand ich ein ziemlich großes Loch, in dem ich aufrecht stehen konnte. Ich stellte fest, dass die Höhle nur klein war, Menschenhände hatten sie nicht gemacht. Im Hintergrund war noch ein Loch, aber es erschien so niedrig, dass ich auf Händen und Füßen hätte hineinkriechen müssen. Es zu erkunden, sparte ich mir für morgen auf. Da wollte ich ein Feuerzeug mitnehmen, das ich aus einem Musketenschloss verfertigt hatte. Auf die Zündpfanne legte ich faules Trockenholz, das die sprühenden Funken in Brand setzte.

Am nächsten Tag kam ich mit sechs großen Lichtern, die ich

selbst aus Bockstalg angefertigt hatte. In dem hinteren Höhlenausgang musste ich zehn Schritt weit vorwärts kriechen. Dann wurde die Höhle höher, so an die zwanzig Fuß. Die Wände dieser großen Höhle gaben den Schein meiner beiden Lichter wie in hunderttausend Spiegeln zurück. Auch sonst war die Höhle für meine Zwecke überaus günstig, der Boden trocken und mit feinem Sand bedeckt, keine dumpfe Luft war zu spüren und kein gefährliches oder giftiges Tier zu sehen. Die einzige Schwierigkeit bestand in dem Eingang. Aber ich hatte noch einen sicheren Zufluchtsort gefunden, und ich konnte hier auch einige kostbare Sachen, vor allem mein Pulver und mein Schießgewehr in Sicherheit bringen. Ich versäumte keine Zeit und machte mich sofort an die Arbeit.

Meinen Pulvervorrat brachte ich also in die Höhle und behielt in meiner Festung nur ein paar Pfund. Auch das Kugelblei versteckte ich in der Höhle. Ich bildete mir ein, in dieser Höhle könne mich niemand finden, und wenn mir hundert Wilde nachsetzten.

10. KAPITEL

Die Insel wird von Kannibalen besucht und ein europäisches Schiff strandet

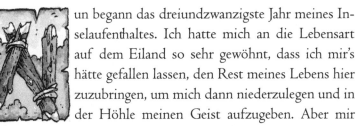

Nun begann das dreiundzwanzigste Jahr meines Inselaufenthaltes. Ich hatte mich an die Lebensart auf dem Eiland so sehr gewöhnt, dass ich mir's hätte gefallen lassen, den Rest meines Lebens hier zuzubringen, um mich dann niederzulegen und in der Höhle meinen Geist aufzugeben. Aber mir fehlte die Ruhe zu einem beschaulichen Dasein, denn ich war vor den Wilden nicht sicher. Zwar hatte ich mir einen hübschen Zeitvertreib verschafft. Mein Poll schwatzte den ganzen Tag, war so vertraut mit mir, dass ich Jahre meine rechte Freude daran hatte. Ganze sechsundzwanzig Jahre hat er es bei mir ausgehalten. Wenn die Brasilianer Recht haben, die glauben, solche Vögel brächten es bis auf hundert Jahre, dann wird mein guter Poll noch heute auf der Insel hausen.

Auch an meinem Hund hatte ich einen lustigen und lieben Kameraden, bis er an Altersschwäche starb. Von den Katzen hielt ich immer nur einige im Hause.

Der Dezember meines dreiundzwanzigsten Jahres auf der Insel war gekommen. Es war der kürzeste Tag des Jahres. Ich hatte in meinem Sommerhause geschlafen. Da erblickte ich frühmorgens, als der Tag graute, zu meiner Bestürzung am Strande helles Feuer. Es loderte am Ende der Insel, etwa zwei englische Meilen von mir entfernt. Das erschreckte mich umso mehr, als ich seit jener Fußspur nie ein Zeichen von Wilden bemerkt hatte.

Voll Furcht und Entsetzen sprang ich in mein Sommerhaus zurück und wagte mich nicht heraus. In der Nacht schlich ich mich in meine Festung zurück, stieg über die Leiter hinein und zog sie hinter mir hoch. Dann bereitete ich mich zur Gegenwehr vor. Ich lud alle sieben Musketen und legte sie vor die Schießscharten. Auch die geladenen Pistolen wurden bereitgelegt, denn ich war entschlossen, mich bis zum letzten Atemzuge zu verteidigen. In solcher Verfassung wartete ich zwei Stunden.

Dann aber siegte die Neugierde über meine Furcht. Was mochte draußen am Strande geschehen? Ich ergriff mein Fernglas und ging vorsichtig zu dem Hügel, auf dem sich mein Ausguck befand. Dort legte ich mich auf den Bauch und sah zu dem Feuer hinüber. Da erblickte ich wenigstens neun nackte Wilde, die um ein kleines Feuer hockten. Sie wollten sich sicher nicht wärmen, denn es war gehörig heiß, sondern hielten bestimmt ihr barbarisches Fest und aßen Menschenfleisch. Zwei Kanus waren auf den Strand gezogen. Vermutlich warteten die Wilden auf die Flut, um bei hohem Wasser wieder abzufahren.

Meine ängstliche Sorge wurde geringer, als ich feststellte, dass die Wilden während der Ebbe gekommen sein mussten. Ich war also während der Flutzeit vor ihnen sicher. Meine Erwartung erfüllte sich. Sobald die erste Flutwelle heranrollte, sprangen sie in die Boote, schoben sie ins Wasser und ruderten weg. Ob es Männer oder Frauen waren, konnte ich in der Entfernung nicht sehen. Auf jeden Fall waren sie splitternackt.

Sobald ich sie hatte wegfahren sehen, nahm ich zwei Gewehre über die Schulter, steckte zwei Pistolen in meinen Gürtel, hängte mir den Degen an die Seite und lief in großer Eile zu dem Hügel, von wo aus ich sie zuerst gesehen hatte. Mit der schweren Last musste ich zwei Stunden wandern. Dann sah ich, dass noch drei andere Kanus an diesem Ort gewesen waren, denn im Ganzen ruderten fünf auf der offenen See. Unten am Strande fand ich die Überreste ihrer scheußlichen Mahlzeit. Das legte sich mir auf die Seele, nachts schlief ich unruhig, hatte immerzu grässliche Träume und fuhr aus dem Schlaf auf.

Ein neues Ereignis lenkte mich jedoch ab. Es war mitten im Mai und den ganzen Tag hatte ein sehr harter Sturm gewütet, Donner und Blitz fuhren über die Insel und ich konnte nicht vor die Tür gehen. Da schrak ich auf, denn vom Meer her ertönte der Knall einer Kanone. Ich fuhr in größter Eile hoch, war im nächsten Augenblick auf meinem Ausguck und kam eben zurecht, als auf dem Meer ein zweiter Schuss aufflammte, dem nach etwa einer halben Minute der Knall folgte. Jetzt wusste ich auch, dass das Schiff sich auf der Ostseite der Insel befand. Es musste in großer Not sein, denn die Kanonenschüsse bedeuteten Notzeichen. Mein erster Gedanke war, ihnen zu helfen und ihnen durch Feuer ein Zeichen zu geben. Ich raffte eilig trockenes Holz zusammen und steckte es an. Es brannte lichterloh, obwohl der Sturm es zur Seite wehte.

Als die Flammen am höchsten aufschlugen, ertönte wieder ein Kanonenschuss, und es folgten noch mehrere, immer aus derselben Richtung. Ich unterhielt das Feuer die ganze Nacht und erwartete sehnsüchtig den Tag. Was ich nun im Fernglas erblickte, konnte ich nicht genau unterscheiden. Es musste ein Segelschiff oder ein Wrack sein. Da nahm ich mein Gewehr und wanderte zu den Klippen an der südöstlichen Seite der Insel. Von dort konnte ich das Wrack des Schiffes deutlicher sehen,

denn die Luft war inzwischen heiter und klar geworden. Es musste an den Klippen zerschellt sein.

Die See war sehr ruhig, und ich überlegte, ob ich mich mit meinem Boot nicht zu dem Wrack hinwagen solle. An Bord würde ich bestimmt vielerlei Dinge finden, die mir das Leben auf der Insel erleichtern könnten. Dieser Gedanke ließ mir keine Ruhe, bis ich mich endlich zu der Fahrt aufmachte. Ich brachte einen Vorrat von Brot, einen großen Topf mit frischem Wasser, einen Kompass, eine Flasche mit Rum und einen Korb voller getrockneter Trauben in mein Boot, nachdem ich das Regenwasser herausgeschöpft hatte. Sodann holte ich einen dicken Beutel Reis, noch einen Topf mit Frischwasser, zwei Dutzend kleiner Gerstenbrote, eine Flasche mit Ziegenmilch und einen Käse, nicht zu vergessen den Sonnenschirm.

Ich stieß ab, ruderte am Ufer entlang und kam endlich an die äußerste Spitze des Eilands im Nordosten. Ich legte in einer kleinen Bucht an, sprang aus dem Boot und beobachtete auf einem kleinen Hügel, der mir als Ausguck geeignet schien, dass der Strom der Ebbe, der ganz dicht vor der südlichen Spitze des Eilands ablief, zur Zeit der Flut an der Nordseite hinströmte. Ich brauchte also auf dem Rückweg das Eiland nur von Norden her anzusteuern, dann hatte ich nichts zu fürchten.

Ich wollte am andern Morgen mit der ersten Flut abfahren und in der Nacht in meinem Boot schlafen. So geschah es auch. Ich steuerte am Morgen stracks nach Norden und ein wenig seeeinwärts, bis ich merkte, dass mir der Oststrom zustatten kam. Er riss mich eine ziemliche Strecke fort, war aber nicht so heftig, dass er mir die Gewalt über das Boot nahm. Ich konnte die Richtung auf das Wrack halten und hatte es in weniger als zwei Stunden erreicht.

Es war ein betrüblicher Anblick. Das Schiff saß zwischen zwei Klippen fest. Das ganze Heck war von der See zerschlagen. Der Bug musste mit großer Gewalt auf die Klippen geworfen sein, denn Groß- und Vordermast waren abgebrochen und über Bord gestürzt. Nur das Bugspriet war noch unversehrt.

Ich stieg an Bord. Es war kein Leben mehr auf dem Schiff. Die Waren schienen sämtlich vom Salzwasser verdorben zu sein. Nur zwei Seekisten schleppte ich ins Boot, ohne ihren Inhalt zu untersuchen. Die Ladung war mit dem Heck und den Aufbauten verloren. Aus dem Inhalt der Seekisten konnte ich später schließen, dass sie reiche Schätze an Bord gehabt hatten. Vielleicht kam das Schiff von Buenos Aires und wollte über Brasilien hinab nach Havanna und in den mexikanischen Meerbusen.

Zuletzt fand ich noch ein kleines Fass mit Rum oder einem

anderen starken Getränk und brachte es in mein Boot hinab. In der Kajüte hingen einige Musketen und ein großes Pulverhorn. Es enthielt etwa vier Pfund Pulver. Die Musketen brauchte ich nicht, doch das Pulver war für mich von hohem Wert. Auch Feuerschaufel und Zange nahm ich mit, außerdem zwei kupferne Kessel, einen kupfernen Topf und einen eisernen Rost. Als die Flut auflief, kehrte ich mit dieser Ladung zurück. Ungefährdet gelangte ich eine Stunde nach Sonnenuntergang heim.

In der Nacht schlief ich im Boot und brachte die geborgenen Sachen nicht in meine Festung, sondern verwahrte sie in der neuen Höhle. Als ich die Ladung untersuchte, sah ich, dass das Getränk tatsächlich Rum war. In den Kisten fand ich viele Sachen, die mir sehr nützlich erschienen. In einigen Flaschen war guter und wohlschmeckender Likör. Sie konnten mit silbernen Schrauben verschlossen werden. Zwei Töpfe enthielten eingelegte Apfelsinen. Überdies entdeckte ich noch einige Hemden und anderthalb Dutzend leinene Schnupftücher sowie bunte Halstücher. In den Schiebladen der Kisten lagen ungefähr 1100 spanische Taler, dazu sechs goldene Dublonen und einige Goldklumpen, die zusammen ein Pfund wiegen mochten.

Die andere Kiste enthielt nur einige Kleider von geringem Wert. Die Ausbeute dieser Fahrt war also gering, aber die Sachen waren mir nützlich. Für all das Geld, das ich fand, hätte ich viel lieber Schuhe und Strümpfe gehabt.

Obwohl das Geld für mich keinen Wert hatte, verwahrte ich es doch in meiner Höhle und legte es zu den Speziestalern, die ich von meinem eigenen Schiff geborgen hatte. Als ich alle Sachen wohl aufgehoben hatte, fuhr ich mit meinem Boot zu seinem vorigen Hafen zurück und eilte zu meiner Festung. Dort ruhte ich mich aus und setzte mein altes Leben fort.

II. KAPITEL

*Neuer Kannibalenbesuch und Robinson
findet einen Genossen*

So lebte ich beinahe zwei Jahre. Mein unseliger Kopf aber, der mir immer wieder bewies, dass er dazu geschaffen sei, meine übrige Person unglücklich zu machen, steckte während dieser ganzen Zeit voll von Plänen und Projekten, die Insel zu verlassen. Hätte ich damals das Boot, in welchem ich aus Salee geflohen war, besessen, ich würde, glaube ich, mich in demselben auf gut Glück dem Meere anvertraut haben.

Ich überdachte außerdem die ganze Geschichte meines Lebens von der Zeit vor meiner Landung auf der Insel an durch die lange Reihe von Jahren nach meiner Ankunft dort. Indem ich die Letzteren in meiner Erinnerung durchging, verglich ich meinen glücklichen Zustand während der ersten Zeit meines Aufenthaltes mit dem Leben voll Sorge und Angst, das ich geführt, seit ich die Fußspuren im Sande bemerkt hatte.

Damals jedoch hatte mein Erfindungsgeist eine ganz andere Richtung genommen. Tag und Nacht dachte ich über nichts anderes nach, als wie ich jene Wilden in ihren blutigen Belustigungen überfallen und wenn möglich die dem Verderben geweihten Schlachtopfer retten könnte. Diese Gedanken hatten mich mehrere Wochen lang beschäftigt. Ich war so voll davon, dass ich oft von meinen Plänen träumte. Manchmal war es mir im Schlaf, als ob ich auf die Feinde Feuer gäbe. Ich dachte Tag und Nacht darüber nach, geeignete Plätze für einen solchen Hinterhalt ausfindig zu machen, und besuchte sogar häufig die Stelle, wo ich die Reste der kannibalischen Mahlzeit gefunden hatte. Seit ich mich mit solchen Rachegedanken trug und einen unbekannten Haufen von Menschen dem Untergang geweiht hatte, schwand meine Abscheu vor jenem Platze und vor den Spuren derer, die so barbarisch waren, dass sie sich untereinander aufzufressen pflegten.

Endlich machte ich auch einen Ort ausfindig, von welchem aus ich in völliger Sicherheit ihre Boote ankommen sehen und, noch ehe sie landeten, unbemerkt in ein Dickicht entfliehen konnte. Dort wusste ich einen hohlen Baum, der groß genug war, um mich vollständig zu verbergen, und von dem aus ich alle ihre blutigen Handlungen beobachten und in aller Ruhe auf sie zielen konnte. Wenn sie nahe genug beisammen waren, so musste es mir fast unmöglich sein, mein Ziel zu verfehlen und nicht wenigstens drei bis vier auf den ersten Schuss zu verwunden. Diesen Platz beschloss ich nun zum Ausgangspunkt meiner Unternehmungen zu machen.

Nachdem ich meinen Plan immer wieder durchdacht und in meiner Fantasie gewissermaßen bereits ausgeführt hatte, richtete ich meine Schritte alle Tage nach dem Gipfel des Hügels, der ungefähr drei Meilen von meiner Festung entfernt war, um zu sehen, ob ich nicht ein Boot auf dem Meer erspähen würde.

Nach einigen Monaten wurde ich dieser Anstrengung überdrüssig, da in dieser ganzen Zeit mein Wachehalten ohne irgendein Resultat geblieben war. Auch nicht das Geringste hatte sich, so weit meine Augen und Ferngläser reichten, blicken lassen, weder an der Küste noch in ihrer Nähe, noch auf dem weiten Meere.

Solange ich täglich den Weg zu dem Hügel machte, hielt auch mein Eifer für den Anschlag vor. Ich befand mich während der ganzen Zeit in einer durchaus geeigneten Stimmung zu einer so unverantwortlichen Schlächterei, wie es das Erschießen eines Haufens nackter Wilder gewesen sein würde.

Die Natur ihrer Handlung hatte ich gar nicht weiter in meinen Gedanken erwogen, ich war vielmehr einzig meiner aufgeregten Leidenschaft und dem Abscheu gefolgt, den ich bei der Erinnerung an die unnatürlichen Sitten dieser Menschen empfand.

Aber jetzt, wo ich meiner fruchtlosen Wege, die ich so lange und weithin alle Morgen gemacht hatte, müde war, änderte sich meine Ansicht. Ich fing an, mit ruhigerem und kühlerem Blute darüber nachzudenken. Welches Recht hatte ich denn, mich zum Richter und Henker dieser Menschen aufzuwerfen, welche der Himmel so lange Zeit hindurch ungestraft gelassen hatte? Was hatten diese Leute mir getan? Was berechtigte mich, mich in ihre Streitigkeiten zu mischen? So fragte ich mich oft. Das war doch sicher: Die Wilden sahen die Sache nicht als ein Verbrechen an. Sie war nicht gegen ihr besseres Wissen und Gewissen. Sie selbst hatten keine Ahnung davon, dass sie dadurch ein Unrecht begingen und gegen Gottes Gebote sündigten. Ihnen war es ebenso wenig eine Sünde, einen Kriegsgefangenen zu töten, als uns, einen Ochsen zu schlachten, und Menschenfleisch schien ihnen ebenso eine naturgemäße Speise wie uns Hammelfleisch.

Nach einigem Nachdenken kam ich zu dem Schluss, dass ich Unrecht gehabt habe, diese Leute als Mörder in unserem Sinne anzusehen. Sie waren es ebenso wenig wie die Christen, welche die in der Schlacht gemachten Gefangenen zum Tode verurteilten oder Scharen von Kriegern ohne Gnade niedermetzeln, wenn sie auch ihre Waffen von sich geworfen und sich ergeben haben. Ferner meinte ich: Hätten sie mich überfallen und wäre es zu meiner Selbstverteidigung nötig, sie zu bekriegen, so ließe sich das rechtfertigen. Aber da ich jetzt nicht in ihrer Gewalt sei und sie nicht einmal von meiner Existenz wüssten, folglich auch keinen Anschlag gegen mich zu machen vermöchten, könnte ich auch nicht zu einem Überfall berechtigt sein. Ich würde mich durch einen solchen auf eine Stufe mit jenen Spaniern gestellt haben, die in ihrer Grausamkeit in Amerika Millionen von Wilden hinmordeten, welche zwar Götzendiener und Barbaren und in ihren Sitten zum Teil blutig und roh waren – wie sie zum Beispiel ihren Götzen Menschenopfer brachten –, die aber den Spaniern gegenüber doch als ganz unschuldige Leute erschienen. Über ihre Ausrottung wird jetzt nur mit größtem Abscheu und heftiger Entrüstung von den Spaniern selbst und von allen andern christlichen Nationen Europas geurteilt als von einer Schlächterei, von einer blutigen und unnatürlichen Grausamkeit, die unverantwortlich vor Gott und Menschen ist. Hat doch seitdem der bloße Name jenes Volkes bei allen Leuten von christlichem Mitgefühl einen schrecklichen Klang und betrachtet man doch das Königreich Spanien als dadurch besonders charakterisiert, dass es von einer Menschenrasse bewohnt wird, die jenes Mitleidsgefühl entbehrt, welches allgemein für das Zeichen einer edlen Gesinnung gilt.

Diese Erwägungen brachten mich zu einer Veränderung in meinen Vorkehrungen. Nach und nach sah ich das Unrechtmäßige meiner Absichten ein und erkannte, dass ich mich nur dann mit den Wilden befassen dürfe, wenn sie mich zuerst angriffen, und dass dem möglichst vorzubeugen jetzt meine einzige Aufgabe sei.

Bei dieser Einstellung blieb ich fast ein volles Jahr. Ich war jetzt so weit entfernt davon, die Gelegenheit zu einem Überfall der unglücklichen Menschen herbeizuwünschen, dass ich während jenes ganzen Zeitraums nicht ein einziges Mal den Hügel erstieg. Ich wollte sie gar nicht zu Gesicht bekommen und überhaupt wissen, ob sie auf der Insel waren, damit sich meine Pläne gegen sie nicht erneuerten und ich nicht durch irgendeinen sich darbietenden Vorteil zu einem Angriff gegen sie herausgefordert würde.

Nun drängten sich mir aber wieder neue Betrachtungen über diese Elenden auf, und folgende Frage bewegte mich: In welchem Teile der Welt mögen diese Unglücklichen wohnen? Von wie weit her mögen sie bis zu dieser Insel gekommen sein und weshalb haben sie sich wohl so weit gewagt? Welcher Art von Fahrzeugen bedienen sie sich wohl? Und endlich: Warum sollte es für mich nicht möglich sein, auf dem gleichen Wege von hier fortzukommen, als sie hierher gelangt sind?

Daran, was ich tun würde, wenn ich in das Land der Wilden gekommen sein würde, was aus mir werden sollte, wenn ich in ihre Hände fiele, und wie ich denen zu entgehen vermöchte, wenn die Kannibalen mich verfolgten, an alles dieses dachte ich für den Augenblick nicht. Nicht einmal der Gedanke kam mir, woher ich unterwegs Nahrung bekommen sollte oder wohin ich eigentlich meinen Weg zu richten habe. Man vergesse hierbei nicht, dass diese Gedanken die Frucht meiner ungeduldigen Stimmung waren. Die Veranlassung dazu lag in der langen Reihe von Sorgen, die mich heimgesucht hatten, und in der Enttäuschung, die ich auf dem Wrack erlebt hatte, wo ich mich so nahe der Erfüllung meines sehnlichen Wunsches, mit Menschen zusammenzutreffen und von ihnen etwas Näheres über meinen

Aufenthaltsort zu erfahren, geglaubt hatte. Da ich aber keinen gescheiten Plan zu entwickeln vermochte, nahm ich mir endlich vor, nichts weiter zu tun, als mich auf die Lauer zu legen, auszukundschaften, wenn die Wilden ans Land kämen, und dann, das Übrige dem guten Glück überlassend, die Maßnahmen zu ergreifen, welche die Situation von selbst darbieten würde.

Diesen Entschluss im Kopf, stellte ich mich so oft wie möglich auf Posten, und zwar eine so lange Zeit, dass ich es allmählich herzlich müde wurde. Über anderthalb Jahre harrte ich und begab mich fast täglich während dieses Zeitraums nach der Westseite und der Südwestspitze der Insel, um nach den Kanus zu spähen, aber keines ließ sich blicken.

Das wirkte zwar sehr entmutigend auf mich, aber meine Unruhe steigerte sich dadurch nur. Statt dass früher meine Sehnsucht durch die Zeit abgestumpft worden war, verstärkte sie sich jetzt nur umso mehr, je länger es währte. Ich war früher nicht so begierig gewesen, den Anblick der Wilden zu vermeiden, als mich jetzt sehnlichst nach demselben verlangte.

Da nun wurde ich, nach mehr als anderthalb Jahren, als ich die Ausführung meines Planes schon fast aufgegeben hatte, eines Morgens früh durch den Anblick von nicht weniger als fünf Kanus, die auf meiner Inselseite am Ufer lagen, überrascht. Die dazugehörige Mannschaft war zwar nicht zu sehen, aber die große Zahl der Fahrzeuge schien alle meine Hoffnungen zunichte zu machen. Ich wusste, dass immer vier oder sechs, oft auch mehr Wilde in einem Boot zu sitzen pflegten, und sah nicht, wie ich es anfangen sollte, als einzelner Mann zwanzig bis dreißig dieser Feinde anzugreifen. So lag ich denn unruhig in meiner Festung, traf jedoch alle früher ausgesonnenen Anstalten und war gerade schlagfertig, als sich etwas Seltsames ereignete.

Nachdem ich nämlich eine gute Weile gewartet, ob sich kein Lärm vernehmen lasse, hatte ich meine Gewehre an den Fuß der Leiter gestellt und war dann mit eingezogenem Kopfe zu dem Gipfel des Hügels hinaufgeklettert, dass man mich auf keine Weise bemerken konnte. Von dort aus beobachtete ich durch mein Fernglas, dass die Anzahl der Wilden sich auf nicht weniger als dreißig Mann belief. Sie hatten ein Feuer angezündet und brieten sich Fleisch. Was es für Fleisch war, konnte ich natürlich nicht erkennen. Sie tanzten gerade in kunstvollen Verrenkungen und mit barbarischen Gesten rund um das Feuer herum.

Da bemerkte ich plötzlich durch mein Glas, wie man zwei Unglückliche aus den Booten, wo sie wohl gefesselt gelegen hatten, herbeischleppte, um sie zu töten. Den einen davon sah ich alsbald durch eine Keule getroffen niederstürzen. Zwei oder drei der Kannibalen fielen sogleich über ihn her. Unterdes stand das andere Opfer daneben und wartete, bis die Reihe an ihn komme. Mit einem Male zuckte in dem armen Teufel die Liebe zum Leben auf, und er rannte mit unglaublicher Schnelligkeit geraden Wegs nach der Gegend hin, in der meine Behausung lag.

Ich war zu Tode erschrocken, als er diese Richtung nahm, besonders da ich zu bemerken glaubte, dass ihn der ganze Haufe verfolgte.

Mein Mut stieg, als ich sah, dass nur drei Leute ihn verfolgten. Noch mehr freute ich mich bei der Beobachtung, dass er sie an Schnelligkeit weit übertraf und dass er sich retten werde, wenn er die Geschwindigkeit nur eine halbe Stunde lang durchhalten könne.

Zwischen den Wilden und meiner Festung befand sich die früher oft erwähnte Bucht, in die ich immer mein Floß gesteuert hatte. Es war klar, dass der arme Kerl diese durchschwimmen musste, wenn er nicht in die Hände der Verfolger fallen sollte. Wirklich warf sich der Flüchtling, an dem Meeresarm angekommen, ohne weiteres in das Wasser, durchschwamm die gerade durch die Flut angeschwollene Strömung in etwa dreißig Stößen und rannte dann, ans Land gelangt, mit ungemeiner Kraft und Schnelligkeit weiter. Als die drei Wilden zur Bucht kamen, schien es, dass nur zwei von ihnen schwimmen konnten, der dritte aber nicht.

Ich stieg in möglichster Eile die Leiter herunter, ergriff die am Fuß derselben stehenden zwei Gewehre, erkletterte in gleicher Hast wieder den Gipfel des Hügels, eilte von dort aus dem Meere zu und gelangte dadurch zwischen den Flüchtling und die Verfolger. Den Ersteren rief ich laut an. Er schaute sich um und war im ersten Augenblick wahrscheinlich vor mir von der gleichen Furcht ergriffen wie vor jenen. Ich gab ihm aber ein Zeichen, zu mir zu kommen, und ging unterdessen langsam den beiden andern entgegen.

Plötzlich stürzte ich mich auf den vordersten und schlug ihn mit dem Flintenkolben nieder. Ich scheute mich, einen Schuss abzugeben, damit es die Übrigen nicht hören sollten, wiewohl sie es bei der großen Entfernung schwerlich vernommen haben würden. Nachdem ich den einen Wilden zu Boden geschmettert, hielt der andere erschrocken inne. Als ich näher kam, bemerkte ich, dass er Bogen und Pfeile bei sich führte und gerade nach mir zielte. So war ich denn doch zum Schuss gezwungen, mit dem ich ihn auch sofort tötete.

Der arme Flüchtling war, obgleich er seine beiden Feinde niedergestreckt sah, doch so durch Feuer und Knall meines Gewehres entsetzt, dass er wie eine Bildsäule stand und sich nicht vom Fleck rührte.

Ich rief ihn nochmals an und winkte ihm herbeizukommen. Er machte einige Schritte vorwärts, blieb dann stehen, ging wieder einige Schritte und hielt abermals inne. Ich sah, wie er zitterte, als ob er ebenso sterben zu müssen glaubte, wie seine beiden Feinde. Auf mein Winken und meine Zeichen zur Ermutigung kam er näher und kniete alle zehn bis zwölf Schritte nieder, um seine Dankbarkeit dafür anzudeuten, dass ich ihm das Leben gerettet hatte. Ich sah ihn lächelnd und freundlich an und forderte ihn mit Winken auf, doch näher zu kommen. Endlich befand er sich dicht bei mir, kniete abermals nieder, küsste die Erde, legte den Kopf auf den Boden, ergriff meinen Fuß und stellte diesen auf seinen Kopf. Er wollte damit, wie es schien, andeuten, dass er für alle Zeit mein Diener sein werde.

Ich hob ihn auf und suchte ihn zu ermutigen, so gut ich konnte. Aber es gab jetzt noch mehr zu tun. Ich bemerkte nämlich, dass der Wilde, den ich zu Boden geschlagen, nicht tot, sondern nur betäubt war und anfing, wieder zu sich zu kommen. Ich deutete auf ihn, zum Zeichen, dass er sich wieder erhole. Der Gerettete sprach hierauf einige Worte, die ich zwar nicht verstand, über die ich mich aber dennoch sehr wunderte; denn sie waren der erste Ton einer Menschenstimme, die ich seit vielen Jahren gehört hatte. Doch war zu solchen Betrachtungen jetzt keine Zeit. Der zu Boden geschmetterte Wilde hatte sich nämlich so weit erholt, dass er sich aufrecht zu setzen vermochte. Mein Gefangener schien erschreckt, als ich aber mit meiner Flinte nach dem andern zielte, machte er mir ein Zeichen, dass er ihm meinen Säbel, der ohne Scheide an meiner Seite hing, geben sollte. Nachdem ich das getan, eilte er sofort auf seinen Feind los und schlug ihm mit einem Hieb so rasch den Kopf ab, dass es kein Scharfrichter in England rascher und besser hätte fertig bringen können.

Dann kam er zu mir zurück und legte mit vielen Gebärden, deren Bedeutung ich nicht verstand, den Kopf des Feindes vor meinen Füßen nieder. Aus seinen Gebärden aber entnahm ich, dass es ihm unbegreiflich war, wie ich aus der Ferne den zweiten Feind habe umbringen können. Ich nickte ihm zu und zeigte auf den Toten. Da ging er hin und stand wie ein Erschreckter bei dem Leichnam. Er zeigte auf die kleine Wunde, die die Kugel mitten in der Brust gemacht hatte, kehrte den Toten um, fand aber nichts. Er schüttelte den Kopf und kam mit Bogen und Pfeil des Verfolgers zu mir zurück. Ich wandte mich zum Gehen und winkte ihm, mir zu folgen. Er aber wies auf die beiden Toten und dann in die Richtung des Landungsplatzes seiner Feinde. Ich winkte ihm, er solle die Toten begraben. Da griff er eilends zu, hatte in wenigen Augenblicken mit den Händen eine Grube im losen Ufersand gegraben, und in einer Viertelstunde lagen die Erschlagenen unter der Erde. Jetzt folgte er mir willig. Ich ging nicht in meine Festung, sondern verbarg mich in der neuen Höhle. Dort gab ich dem Geretteten Brot und gedörrte Trauben sowie einen Trunk Wasser und befahl ihm, sich auf dem Reisstroh niederzulegen.

Nun konnte ich ihn in Ruhe betrachten. Er war ein feiner schlanker Bursche, vollkommen gewachsen, und konnte schön genannt werden. Er mochte fünfundzwanzig oder sechsundzwanzig Jahre alt sein. Sein Gesicht verriet nicht Grausamkeit und Trotz, sondern Männlichkeit, und er stand keinem Europäer an Anmut der Bewegung nach. Insonderheit war sein Gesicht angenehm, wenn es sich zum Lächeln verzog. Sein Haar war glatt und schwarz. Die Stirn hoch und breit, die Augen strahlten große Lebhaftigkeit und bisweilen funkelnde Schärfe aus. Ich hatte es bemerkt, als er gegen seinen Verfolger losgehen wollte. Die Haut glänzte schwarzbraun wie dunkle Ölfarbe. Das Gesicht war rund und voll, die Nase klein. Ein feiner Mund, dünne Lippen, schmale weiße Zähne, die wie Elfenbein glänzten, machten diesen Wilden zu einem wahrhaft hübschen Kerl. Bald fing ich an, mit ihm zu reden, und verlangte durch Gebärden, dass er meine Worte wiederholen solle. Seinen Namen »Freitag« begriff er sofort und konnte ihn bald nachsprechen. Ich nannte ihn so, weil es ein Freitag war, an dem ich ihn gerettet hatte. Dann lehrte ich ihn, was »Ja« und »Nein« bedeute, und er verstand es. Ferner brachte ich ihm alle Worte bei, die Nahrung bedeuten, Milch, Trinken, Brot, Kuchen. Auch das begriff er geschwind, denn die Worte waren mit Gebärden verbunden. Jetzt wuchs mein Mut. Ich gab Freitag den Säbel, denn ich wusste, dass er gut damit umzugehen vermochte, und hieß ihn auch Bogen und Pfeile mitnehmen. Dazu bekam er ein Gewehr auf die Schulter, während ich die beiden anderen trug. Wir wanderten dem Ort zu, wo die barbarischen Wilden gehaust hatten, denn ich wollte nunmehr genau wissen, was sie getrieben hatten. Beim Anblick des Furchtbaren, das sich meinen Augen bot, erstarrte mir fast das Blut in den Adern, und mein Inneres wollte sich nach außen kehren.

Nachdem wir die Spuren der Siegesmahlzeit beseitigt hatten, kehrten wir in meine Festung zurück. Nun erst konnte ich Freitag ordentlich einkleiden. Er bekam ein Paar leinene Hosen aus der Kiste des ertrunkenen Stückmeisters. Sodann nähte ich ihm ein Wams aus Ziegenleder und setzte ihm eine Mütze von Hasenfell auf, die ihm recht gut stand. Er war stolz darauf, dass er gleich seinem Herrn gekleidet war, und er gewöhnte sich bald an die Kleidung.

Zum Schlafen schlug ich ihm zwischen der äußeren und inneren Palisade ein kleines Zelt auf, vergaß aber niemals, die Leiter nachzuziehen, wenn ich abends meine innere Festung betrat. Er konnte also ohne großes Geräusch die Palisade nicht überklettern. Auch meine Gewehre nahm ich abends zu mir herein. Diese Vorsicht erwies sich aber später als überflüssig, denn kein Diener auf der ganzen Welt ist treuer und redlicher zu seinem Herrn gewesen als Freitag. Immer war er freundlich, willig und unverdrossen.

Ich habe oft mit Verwunderung meine Beobachtungen darüber angestellt, warum es Gott zulässt, dass ein so großer Teil seiner menschlichen Geschöpfe die Fähigkeiten und Anlagen ihrer Seele nicht benützt. Er hat ihnen doch dieselben Geistesgaben verliehen wie uns, dieselbe Vernunft, dieselben Neigungen, die gleichen Empfindungen des Wohlwollens und der Dankbarkeit, das gleiche Gefühl für Gutes und Schlechtes und dieselbe Empfindung für Aufrichtigkeit und Treue. Wenn es dem Schöpfer gefallen hätte, ihnen Gelegenheit zur Anwendung zu geben, so würden sie gewiss geradeso bereitwillig wie wir sein, von ihren Gaben den rechten Gebrauch zu machen. Zuweilen machte mich auch der Gedanke traurig, wie schlecht dagegen wir unsere Anlagen verwenden, obgleich wir doch durch das große Licht der Offenbarung und durch Gottes Wort aufgeklärt sind. Auch das brachte mich zum Nachdenken, warum nach Gottes Ratschluss so viel Millionen Seelen diese Erkenntnis verschlossen bleibt, die sie, wenn ich nach meinem armen Sklaven urteilen darf, besser anwenden würden als wir. Von hier aus gelangte ich zu weiteren Gedanken über das Walten der Vorsehung, und ich verirrte mich so weit, dass ich die göttliche Gerechtigkeit in der willkürlichen Anordnung der Dinge zu vermissen wagte. Doch schnitt ich diese Zweifel durch die Erwägungen ab, dass wir ja, erstens, gar nicht wissen, nach welchem Grad der Erkenntnis und nach welchem Gesetz jene gerichtet werden, und dass es außerdem, weil Gott nach seiner Natur notwendig unendlich heilig und gerecht sein muss, nicht anders sein könne, als dass jene armen Menschen, da sie zum Entferntsein von Gott verdammt sind, auch nur gerichtet werden können um der Sünden willen, die sie gegen diejenige Erkenntnis verbrochen haben, welche nach der Schrift ein Gesetz in ihnen selbst ist. Sodann aber, dass, da wir Gott gegenüber nur der Lehm in der Hand des Töpfers sind, das Gefäß nicht zu seinem Urheber sagen könne: »Warum hast du mich so geschaffen und nicht anders?«

Um jedoch auf meinen neuen Gefährten zurückzukommen, so gefiel mir derselbe außerordentlich. Ich erachtete es für meine Pflicht, ihn in allem zu unterweisen, was ihn nützlich und geschickt machen könnte. Besonders gab ich mir Mühe, ihn sprechen und mich verstehen zu lehren. Er war der aufgeweckteste Schüler, den man sich denken kann, voll Heiterkeit, von emsigem Fleiße und so voll Freude, wenn er mich zu verstehen oder sich mir verständlich zu machen vermochte, dass ich mich sehr gern mit ihm unterhielt. Mein Leben gestaltete sich jetzt so angenehm, dass ich mir oft sagte, wenn mich nur die übrigen Wilden in Ruhe ließen, wollte ich an eine Entfernung von meinem jetzigen Aufenthalte gar nicht mehr denken.

Einige Tage nach meiner Rückkehr in meine Festung nahm ich Freitag, da ich ihm die kannibalische Lust am Verzehren von Menschenfleisch abgewöhnen und zuvor den Geschmack an anderem Fleisch beibringen wollte, frühmorgens mit in den Wald. Ich beabsichtigte nämlich, eines der von mir aufgezogenen Ziegenkitze zu töten und das Fleisch zu Hause zuzubereiten. Auf dem Wege aber bemerkte ich eine Ziege, die mit zwei Jungen im Schatten lag.

Ich nahm Freitag am Arm, hieß ihn still stehen, legte mein Gewehr an und schoss damit nach einem der Zicklein, dass es sofort tot hinfiel. Der arme Bursch, der mich früher schon aus einiger Entfernung seinen Feind, den Wilden, hatte töten sehen, ohne zu wissen, wie ich es angefangen, war offenbar so erstaunt, dass ich glaubte, er würde vor Schrecken gleichfalls umsinken. Er sah gar nicht, dass ich das Tier getötet hatte, sondern er riss sein Wams auf, um zu fühlen, ob nicht er selbst verwundet sei. Jedenfalls glaubte er, ich wolle ihn töten, denn er kam herbei, kniete nieder und sagte allerlei, von dem ich nur so viel verstand, dass er damit um Schonung seines Lebens flehen wollte.

Ich machte ihm bald begreiflich, dass ich ihm nichts zuleide tun wolle, ergriff ihn bei der Hand, zeigte, indem ich ihn auslachte, auf das getötete Zicklein und winkte ihm, dasselbe zu holen. Während er noch verwundert dasselbe betrachtete, um zu wissen, wie das Tier erlegt war, lud ich aufs Neue mein Gewehr. In diesem Augenblick bemerkte ich einen habichtartigen Vogel, der in Schussweite auf einem Baume saß. Um Freitag einigermaßen begreiflich zu machen, was ich beabsichtigte, rief ich ihn wieder zu mir, zeigte auf den Vogel (es war ein Papagei) und dann wieder auf meine Flinte und auf die Erde unter dem Vogel, damit er sähe, wohin jener fallen solle. Dann gab ich Feuer und befahl ihm, dahin zu blicken, wo der getötete Papagei lag. Trotz alledem stand Freitag aufs Neue ganz erschrocken da. Er schien um so mehr erstaunt, als er nicht gesehen, dass ich etwas in das Gewehr getan hatte. Daher wähnte er, ich besäße irgendein geheimes Mittel der Vernichtung, womit man Menschen und Tiere in Nähe und Ferne töten könne. Hätte ich es zugelassen, ich glaube, er würde mich und meine Flinte angebetet haben.

Mehrere Tage hindurch wagte er nicht, das Gewehr anzurühren, aber wenn er allein war, redete er es an und schwatzte mit ihm, als ob es ihm geantwortet hätte. Später erfuhr ich von ihm, dass er es gebeten habe, ihn nicht zu töten.

Nachdem sein Erstaunen sich einigermaßen gelegt hatte, hieß ich ihn den geschossenen Vogel herbeiholen. Er zögerte etwas, denn der Papagei war anfangs noch nicht ganz tot gewesen und noch eine Strecke weit geflattert. Endlich brachte er ihn herbei, und jetzt lud ich, während er sich entfernt hatte, wiederum meine Flinte, um bei seiner Wiederkunft schussfertig zu sein. Da sich aber kein Tier für meinen Schuss zeigte, brachte ich das Kitz heim, zog ihm noch denselben Abend das Fell ab, zerlegte es, so gut es ging, und kochte, da ich jetzt ein geeignetes Gefäß besaß, darin etwas von dem Fleisch, bereitete auch davon sehr gute Bouillon. Nachdem ich selbst davon gegessen hatte, gab ich meinem Wilden auch von dem Fleisch zu essen, und es schien ihm sehr gut zu schmecken. Was ihn am meisten befremdete, war, dass er es mich mit Salz essen sah. Er gab mir zu verstehen, dass Salz nicht gut schmeckte, steckte ein wenig davon in den Mund, schien dabei Ekel zu empfinden, spuckte es wieder aus und spülte sich danach den Mund mit frischem Wasser. Hierauf nahm ich meinerseits etwas Fleisch ohne Salz in den Mund und stellte mich gleichfalls, als ob ich es wieder ausspeien müsste, gerade weil es nicht gesalzen sei. Aber das half nichts. Lange Zeit wollte er sich nicht dazu verstehen, Fleisch oder Fleischbrühe mit Salz zu genießen, und auch später nahm er immer nur ganz wenig von diesem Gewürz dazu.

Den nächsten Tag gab ich Freitag dann ein gebratenes Stück Fleisch von dem Zicklein zu essen. Ich hatte es gebraten, wie ich es öfters Leute in England hatte tun sehen. Nachdem ich nämlich zwei Astgabeln zu beiden Seiten des Feuers in den Boden gesteckt hatte, legte ich einen dritten Stock darüber, band an diesen das Fleisch mit einer Schnur fest und ließ es sich dann fortwährend drehen. Freitag staunte dies alles mit offenem Munde an. Als er von dem Fleisch genossen hatte, drückte er auf die verschiedenste Weise sehr deutlich aus, wie gut es ihm schmeckte, versicherte auch endlich, er wolle nie mehr Menschenfleisch essen, was ich mit Vergnügen hörte.

Am folgenden Tage hieß ich ihn Korn dreschen und reinigen. Das begriff er sofort, denn er sah, dass es zum Brotbacken dienen sollte. Er lernte das Backen und alle andere Arbeit so gut verrichten wie ich selber.

Da ich nun für zwei Mäuler zu sorgen hatte, musste ich mehr Trauben sammeln und trocknen. Auch das Kornfeld war zu vergrößern. Ich steckte ein größeres Stück ab und beim Einzäunen half mir Freitag freudig und willig.

Dieses Jahr war das vergnügteste und schönste von allen, die ich auf der Insel zugebracht hatte. Freitag fing an zu sprechen, wusste die Namen von fast allen Dingen, die ich täglich gebrauchte. Jeden Botengang führte er willig und sicher aus. Und es war mir eine rechte Freude, mit ihm zu reden, denn ich hatte fünfundzwanzig Jahre lang notgedrungen schweigen müssen.

Sein unverfälschtes und ehrliches Gemüt wurde mir täglich mehr offenbar. Ich gewann ihn lieb wie einen Sohn und Freund. Als sein Sprechen vollkommener wurde, versuchte ich zu erkunden, ob ihn Heimweh nach seiner Heimat und nach seinem Volke plage.

Ich fragte ihn: »Wie konntest du denn in Gefangenschaft geraten?«

Da antwortete er: »Die Gegner waren zahlreicher als wir, sie fingen auch nur mich und drei andere. In einer andern Schlacht hat mein Volk gesiegt und machte dort etliche tausend Gefangene.«

»Warum hat denn dein Volk dich nicht befreit?«

»Sie hatten keine Kanus und konnten dem Feinde nicht folgen«, erklärte er.

»Was macht denn dein Volk mit den vielen Gefangenen?«, fragte ich weiter. »Werden sie alle weggeführt oder fresst ihr sie auch auf?«

»Oh ja!«, erwiderte er eifrig, »mein Volk frisst auch Menschen.«

»Kommen sie auch hierher?«, wollte ich wissen.

»Oh ja«, bestätigte er, »sie kommen auch hierher, aber sie feiern auch anderswo Feste.«

»Bist du denn auch schon mit ihnen hier gewesen?«

»Ja«, wies er nach der nordwestlichen Seite der Insel. »Ich war dort auch dabei.«

Mein guter und ehrlicher Freitag war also auch unter den Wilden gewesen, die an der gegenüberliegenden Seite ihre scheußlichen Feste gefeiert hatten. Ihre Spuren hatten mich erschreckt. Als ich ihn bald danach auf diese Seite der Insel führte, erkannte er den Platz augenblicklich wieder.

Ich hatte ihn deswegen an die andere Inselseite geführt, weil ich über das Land, das ich für das Festland hielt, Näheres wissen wollte. Ich fragte ihn, wie weit es nach dem festen Lande sei und ob auf der Fahrt auch Kanus untergingen. Er schüttelte heftig den Kopf und beteuerte, die Fahrt habe keine Gefahr und es seien niemals Kanus verloren gegangen. Nur sei draußen in der See ein Strom und morgens wehe der Wind anders als nachmittags.

Ich hielt das für die Wirkung von Ebbe und Flut, habe aber später erfahren, dass die Strömung des mächtigen Flusses Orinoko die Ursache ist. An dessen Mündung lag, wie ich später erfahren sollte, meine Insel, und das Land, das ich im Westen und Nordwesten erblickte, war die Insel St. Trinidad. Von den Namen der Völker wusste er nur, dass es Kariben seien.

Diese Unterhaltungen machten mir besonderes Vergnügen, und ich hatte von dieser Zeit an die Hoffnung, dass mir doch einmal die Flucht aus dieser Gegend gelinge und dieser arme Wilde mir dabei helfen würde.

12. KAPITEL

Robinson baut ein neues Boot und entreißt den Kannibalen einen Spanier und Freitags Vater

 achdem Freitag und ich besser bekannt geworden waren und er mich in allem gut zu verstehen vermochte, erzählte ich ihm meine eigene Geschichte von der Zeit an, als ich auf dieser Insel gelandet war. Ich sagte ihm auch, wie ich hier mein Leben gefristet habe. Auch das Geheimnis von Pulver und Blei und ihre Anwendung offenbarte ich ihm. An einem Gürtel durfte er ein Messer und einen Hirschfänger tragen und auch ein Beil dazustecken.

Als ich Freitag eines Tages von meinem gestrandeten Schiff erzählte und auch das Boot beschrieb, das ans Ufer geschwemmt war und das ich nicht hatte bewegen können, wurde er aufmerksam. Er betrachtete genau die Trümmer des Bootes, die ich ihm zeigte, und erzählte dann, dass ein solches Boot zu seinem Volk gekommen wäre. Er kauderwelschte viele Worte durcheinander, aber endlich verstand ich doch, dass ein europäisches Schiff an der Küste seines Landes gestrandet und ein Boot ans Ufer getrieben worden sei. Sie hätten die weißen Menschen vor dem Ertrinken gerettet. So erfuhr ich, dass das ganze Boot voll weißer Menschen gewesen sei. Siebzehn zählte er an den Fingern auf und fügte hinzu, sie wohnten noch bei seinem Volk.

Ich glaubte, es wären die Leute, die zu dem jüngst gestrandeten Schiff gehörten, das ich mit meinem Kanu besucht hatte. Auf weiteres Befragen sagte Freitag, die Weißen seien schon vier Jahre lang da. Man ließe sie allein wohnen und gäbe ihnen Nahrung. Auf meine Frage, warum man die Fremden nicht aufgefressen habe, erwiderte er, man habe Frieden mit ihnen gemacht. Auch töte man nur Menschen, die man in der Schlacht gefangen habe.

Als wir einstmals an einem klaren Morgen auf dem Hügel an der Ostseite der Insel standen, von wo aus ich zum ersten Mal das Festland erblickt hatte, sah Freitag lange und scharf hinüber, fing an, zu hüpfen und zu tanzen, zog mich herbei und rief: »Oh Freude, große Freude! Dort sehe ich meine Heimat, dort wohnt mein Volk.« Er war so glücklich, dass seine Augen funkelten, und man konnte ihm ein großes Verlangen nach seiner Heimat ansehen.

Als wir später wieder auf dem Hügel standen, diesmal bei trübem Wetter, und wir das feste Land nicht sehen konnten, fragte ich ihn gerade heraus, ob er sich in seine Heimat und zu seinem Volk zurückwünsche.

Das bejahte er mit großem Eifer.

»Wie würdest du denn dort leben? Würdest du wieder Menschenfresser werden?«

Da machte er ein sehr bekümmertes Gesicht, schüttelte den Kopf und sprach: »Nein, nein! Freitag will ihnen zeigen, wie sie gute Menschen werden, Brot vom Korn, Fleisch vom Vieh essen, Milch trinken, aber keine Menschen auffressen.« Er beteuerte, sie würden gern von ihm lernen. Sie hätten auch von den weißen Menschen, die im Boot gekommen seien, manche Sitte angenommen.

Als ich dann wissen wollte, ob man mich auffressen würde, wenn ich zu ihnen käme, verneinte er das und versicherte, sie würden mich willkommen heißen, denn er werde ihnen erzählen, dass ich seine Feinde getötet und ihm das Leben gerettet habe. Sie würden mich darum lieben. Zu den weißen Schiffbrüchigen seien sie auch freundlich gewesen.

Ich ging mit dem Gedanken um, mit Freitag zusammen die Überfahrt zu wagen.

Die siebzehn Weißen, die dort drüben in fast der gleichen Lage wie ich unter den Wilden saßen, gingen mir nicht aus dem Kopf. Wenn ich zu ihnen gelangen konnte, musste es möglich sein, gemeinsam mit ihnen das Festland zu erreichen und ein Schiff zu finden.

Ohne Aufschub ging ich los, um einen geeigneten Baum zu suchen, aus dem ich ein größeres Kanu zurechthauen könnte. Nun waren zwar Bäume genug da, aber mein Baum musste in der Nähe des Wassers stehen. Endlich fand Freitag einen mächtigen Stamm in der Nähe des Strandes. Ich weiß heute noch nicht, welcher Art der Baum war.

Wir fällten ihn und Freitag wollte ihn mit Feuer aushöhlen. Ich zeigte ihm, wie viel leichter wir ihn mit unseren Werkzeugen aushauen könnten. Er lernte die Werkzeuge leicht gebrauchen, sodass wir in etwa einem Monat unsere Arbeit beenden konnten. Die äußere Form des Bootes hieben wir mit den Äxten zurecht. Dann aber kostete es uns wohl vierzehn Tage, bis wir das schwere Schiff zu Wasser brachten. Wir mussten es Zoll für Zoll auf großen Walzen bewegen.

Nicht wenig überraschte es mich zu sehen, wie geschickt und rasch Freitag das große Fahrzeug im Wasser zu bewegen und zu lenken verstand.

Auf meine Frage, ob wir wohl darin die Überfahrt wagen dürften, sagte er: »Ja, wir können wagen recht gut, wenn auch weht großer Wind.«

Mein weiterer Plan ging nun darauf, einen Mastbaum und ein Segel anzufertigen und das Boot mit Anker und Tau zu versehen.

Ein Mast war leicht genug zu bekommen. Ich wählte mir eine schlanke, junge Zeder, die sich in der Nähe befand, aus, denn an solchen Bäumen war auf der Insel Überfluss.

Freitag übernahm die Arbeit, sie zu fällen, und ich belehrte ihn, in welche Form er sie zurechthauen müsse.

Die Sorge für das Segel musste ich selbst übernehmen. Ich wusste, dass ich alte Segel oder wenigstens Segelstücke in Menge hatte. Da sie aber jetzt bereits sechsundzwanzig Jahre unbenützt gelegen und ich sie nicht sehr sorgsam aufbewahrt hatte, weil mir nie der Gedanke gekommen war, sie je gebrauchen zu können, glaubte ich, sie seien sämtlich verrottet. Mit den meisten war dies auch der Fall. Ich fand jedoch zwei noch leidlich aussehende Stücke, machte mich an die Arbeit und brachte mit großer Mühe und durch sehr langsame und plumpe Näherei (denn ich hatte ja keine Nadeln) endlich ein dreieckiges, ziemlich schiefes Ding zustande.

Die letzte Arbeit, nämlich die Anfertigung des Mastes und der Segel, nahm noch fast zwei weitere Monate in Anspruch. Ich vervollständigte mein Werk, indem ich noch ein kleines Fock- und ein Besansegel hinzufügte, für den Fall, dass wir gegen den Wind kreuzen müssten. Vor allem aber brachte ich ein Steuerruder am Heck des Schiffes an. Nachdem dies alles fertig war, musste ich zuletzt noch Freitag in der Führung des Bootes unterweisen. Denn obgleich er sehr gut mit einem Kanu umzugehen verstand, hatte er keine Ahnung vom Segeln und Steuern.

Er staunte nicht wenig, als er mich das Boot mit dem Steuer lenken und das Segel sich blähen sah, und stand ganz verdutzt und überrascht dabei.

Durch ein wenig Übung machte ich ihn jedoch mit allen diesen Dingen vertraut, und er wurde bald ein ganz geschickter Matrose, nur dass er den Gebrauch des Kompasses nicht verstand. Weil der Himmel in diesem Klima selten bewölkt und das Wetter nicht oft trübe ist, war der Gebrauch jenes Hilfsmittels freilich auch nur selten nötig.

Man konnte sich des Nachts immer nach den Sternen richten, und bei Tag sah man ja stets die Küste, ausgenommen während der Regenzeit, in welcher aber auch niemand Lust haben konnte, sich auf das Meer zu wagen.

Ich hatte jetzt das siebenundzwanzigste Jahr meiner Gefangenschaft angetreten. Unter dieser Bezeichnung darf ich freilich die letzten drei Jahre, in denen ich ein menschliches Wesen zur Gesellschaft gehabt hatte, eigentlich nicht mit einschließen, denn während dieser Zeit war meine ganze Lebensweise völlig anders gewesen als vorher.

Während der langen Zeit, die Freitag jetzt bei mir weilte, hatte ich, nachdem er mich völlig verstehen gelernt, auch nicht unterlassen, bei ihm den Grund einer religiösen Kenntnis zu legen.

Als ich ihn einst fragte, wer ihn geschaffen habe, missverstand mich der arme Kerl gänzlich und glaubte, ich hätte gefragt, wer sein Vater sei. Nun griff ich die Sache anders an und fragte, wer die See, das Land, auf dem wir gingen, die Hügel und Wälder geschaffen habe.

Er antwortete: das habe der alte Benamuckee getan, der über alles Lebende herrsche. Von dieser Schöpfergestalt aber vermochte er mir weiter nichts zu sagen, als dass dieselbe sehr alt, wie er sich ausdrückte, viel älter als Wasser und Land, Mond und Sterne sei.

Darauf fragte ich, warum dieser alte Mann, wenn er alle diese Dinge geschaffen habe, nicht auch von allen angebetet werde.

Mit sehr ernster Miene und unschuldigem Blick entgegnete er: »Alle Dinge zu ihm sagen ›O‹.«

Ich fragte ferner, wohin die Menschen, die in seinem Lande stürben, kämen.

Er antwortete: »Sie alle kommen zu Benamuckee.«

Auf meine Frage, ob die von ihnen Aufgefressenen auch dahin kämen, antwortete er mit »ja«.

An diesem Punkte anknüpfend, begann ich nun, ihn in der Erkenntnis des wahrhaftigen Gottes zu unterweisen. Er horchte mit großer Aufmerksamkeit und Freude auf meine Verkündigung, dass Jesus Christus gekommen sei, uns selig zu machen. Ich belehrte ihn, wie man zu Gott beten müsse und dass er uns auch im Himmel erhöre.

Der arme Wilde trieb mich jedoch durch seine natürlichen, unschuldigen Fragen so in die Enge, dass ich ihm oft kaum zu antworten wusste.

Ich hatte ihm viel von Gottes Allmacht und seinem tiefen Widerwillen gegen die Sünde erzählt, und wie derjenige, der uns alle geschaffen habe, uns und die ganze Welt auch in einem Augenblick wieder zerstören könne, und dies alles hatte Freitag mit großer Aufmerksamkeit und vollem Verständnis in sich aufgenommen.

Hierauf sprach ich davon, dass der Teufel Gottes Feind im Menschenherzen sei, dass er seine ganze Bosheit und Geschicklichkeit anwende, um die guten Absichten der Vorsehung zu kreuzen und das Reich Christi auf Erden zu vernichten.

»Aber«, entgegnete Freitag, »wenn Gott sein so viel mächtiger als der Teufel, warum nicht er ihn totmachen, dass er nicht schaden kann mehr?«

Diese Frage verdutzte mich ungemein. Anfangs stellte ich mich, als ob ich Freitag nicht verstanden hätte, und fragte ihn, was er eigentlich gesagt habe. Aber er war zu neugierig auf eine Antwort, um sich seiner Frage nicht noch zu erinnern, und wiederholte sie in demselben gebrochenen Englisch. Inzwischen betete ich inbrünstig zu Gott, dass er mir die Kraft verleihen möge, diesen armen Wilden zu unterrichten.

Gott weiß, dass mehr guter Wille als Verstand in meiner Lehrmethode zum Vorschein kam. Ich muss eingestehen – und ein Gleiches werden wohl alle, die in ähnliche Lage geraten, von sich zu bekennen haben –, dass ich erst durch das Lehren viele Dinge, die ich bisher entweder selbst nicht gewusst oder wenigstens nicht genügend durchdacht hatte, lernte. Ich forsche jetzt mit mehr Eifer nach dem Wesen der Dinge als je zuvor, und so gab mir dieser arme Wilde, auch abgesehen von allen sonstigen Vorteilen, die ich durch ihn hatte, schon in dieser Hinsicht Anlass zur Dankbarkeit.

Ich feierte also den Jahrestag meiner Landung mit demselben Dankgefühl gegen Gott wie die früheren, ja, die Empfindung der Dankbarkeit war jetzt in mir noch um vieles höher als ehedem, da mir ja so viel neue Zeugnisse der göttlichen Fürsorge für mich zuteil geworden waren und ich sogar große Hoffnung auf wirkliche und baldige Erlösung gefasst hatte.

Denn es hatte sich jetzt in mir der unerschütterliche Glaube festgesetzt, dass meine Befreiung nahe sei und dass ich kein Jahr mehr an diesem Ort verbringen werde. Trotzdem aber versäumte ich mein Hauswesen deshalb keineswegs.

Während der Regenzeit war ich natürlich gezwungen, mich mehr in meiner Wohnung aufzuhalten. Unser Fahrzeug hatten wir so sicher als möglich in jener Bucht geborgen, die mir früher zum Landungsplatz für meine Flöße gedient hatte. Ich ließ das Boot bei der Flut auf das Land treiben und befahl Freitag, ein kleines Dock zu graben, das groß genug war, um es zu fassen, und tief genug, dass es darin in Wasser schwimmen konnte. Dann zog ich während der Ebbe am Eingang des Docks einen festen Damm, um das Wasser abzuhalten, und so lag das Boot auch zur Flutzeit außerhalb der See. Um den Regen abzuhalten, legten wir eine Menge Zweige darüber, bis es so dicht wie ein Haus gedeckt war. Hierauf warteten wir ruhig auf den November und Dezember, für welche Zeit ich die Ausführung unseres Planes beschlossen hatte.

Sobald die gute Jahreszeit wiedergekehrt war, setzten wir täglich die Vorbereitungen zur Reise fort, und vor allem legte ich eine Anzahl Lebensmittel als Proviant für die Fahrt zurück. Es war meine Absicht, nach ein oder zwei Wochen das Dock zu öffnen und das Boot auslaufen zu lassen.

Eines Morgens war ich gerade wieder mit diesen Vorkehrungen beschäftigt und hatte Freitag an den Strand geschickt, um eine Schildkröte zu suchen – denn eine solche verschafften wir uns jede Woche, um sowohl die Eier als auch das Fleisch zu verspeisen. Da auf einmal kehrte mein Gefährte, nachdem er sich noch nicht lange entfernt hatte, im Laufschritt zurück und kletterte so schnell über meine äußere Palisadenwand, als berührten seine Füße kaum die Erde. Noch ehe ich ein Wort sprechen konnte, rief er mir zu: »Oh Herr, oh Herr, oh weh, oh weh!«

Ich fragte: »Was gibt es denn?«

»Oh dort, dort«, erwiderte er, »eins, zwei, drei Kanus.«

Ich schloss daraus, dass es sechs waren, brachte aber durch erneuerte Fragen heraus, dass es nur drei seien. »Ruhig Blut, Freitag«, sagte ich und ermutigte ihn, so gut ich's vermochte.

Der arme Bursche aber verharrte in seinem Entsetzen, denn er hatte sich fest in den Kopf gesetzt, die Wilden seien nur gekommen, um ihn zu suchen, zu schlachten und aufzufressen. Er zitterte so, dass ich nicht wusste, was ich mit ihm anfangen sollte.

Ich suchte ihn durch die Bemerkung zu trösten, dass ich ja in gleicher Gefahr wie er sei und dass sie mich gerade so fressen würden wie ihn, dass wir uns aber mutig unsrer Haut wehren wollten. »Bist du dazu willens, Freitag?«, fragte ich ihn.

»Ich sie schieße«, antwortete er, »aber dann kommen große Menge.«

»Das tut nichts«, erwiderte ich, »unsere Flinten werden diejenigen, welche wir nicht töten, erschrecken.« Hierauf fragte ich, ob er, wenn ich ihm beistehen wolle, auch mich verteidigen und alles tun werde, was ich ihn heiße.

Er antwortete: »Ich sterben, wenn du gebietest es, Herr!«

Darauf befahl ich ihm, die zwei Vogelflinten, die wir gewöhnlich bei uns trugen, mit grobem Schrot zu laden. Ich selbst lud vier Musketen, jede mit fünf großen und zwei kleinen Kugeln, und jede meiner zwei Pistolen mit zwei Kugeln. An meine Seite hing ich, wie gewöhnlich, meinen großen Säbel ohne Scheide und Freitag erhielt noch sein Beil zur Ausrüstung.

Nachdem wir uns so bewaffnet hatten, ergriff ich mein Fernglas und ging den Hügel hinauf, um zu sehen, ob ich von dort aus eine Beobachtung machen könnte. Da sah ich denn bald, dass sich nicht weniger als neunundzwanzig Wilde, drei Gefangene und drei Kanus eingefunden hatten. Ein Triumphfest über diese drei armen Geschöpfe schien der einzige Zweck des Besuches zu sein. Die Wilden waren diesmal nicht an jener Stelle, von der aus Freitag die Flucht ergriffen hatte, sondern näher an meiner Bucht gelandet, wo die Küste niedrig war und von wo aus sich ein dichtes Gehölz fast bis unmittelbar an die See erstreckte. Der Schauder vor der Absicht, in welcher die Eingeborenen gekommen waren, erfüllte mich mit solcher Entrüstung, dass ich zu Freitag herabstieg und ihm ankündigte, ich sei entschlossen, die Wilden zu überfallen und sie sämtlich zu töten. Nachdem ich meinen Gefährten gefragt, ob er mir dabei Hilfe leisten wolle, versicherte er, der jetzt wieder einigermaßen zu sich gekommen war, mit heiterer Miene, er würde sofort in den Tod gehen, wenn ich es gebiete.

In dieser kriegerischen Stimmung teilte ich nun die geladenen Waffen mit meinem Gefährten. Freitag erhielt eine Pistole und drei Flinten, die er über die Schulter nehmen sollte. Ich nahm gleichfalls eine Pistole und die andern drei Gewehre und so gerüstet zogen wir aus. Freitag wurde angewiesen, sich dicht hinter mir zu halten, keine Bewegung zu machen und nicht eher zu schießen, bis ich es ihm befahl, auch kein Wort laut werden zu lassen. Hierauf begaben wir uns in einem Umweg zu der rechten Seite der Insel, um innerhalb des Gehölzes die Bucht zu überschreiten und auf Schussweite zu den Kannibalen heranzukommen, ehe sie uns entdeckten. Ich fragte mich immer wieder, woher ich den Anlass oder gar die Verpflichtung habe, meine Hände in Blut zu tauchen und Menschen anzugreifen, die mir nie etwas zuleide getan hätten und vielleicht gar nicht daran dächten, mir Böses zu tun.

Diese Gedanken machten mir während des ganzen Weges so viel zu schaffen, dass ich endlich beschloss, mich vorläufig nur in die Nähe der Wilden zu begeben und ihr barbarisches Fest zu beobachten und dann zu handeln, wie Gott es mir eingeben würde. Wenn sich nichts ereignete, das mir einen entschiedeneren Grund, als ich ihn jetzt hatte, lieferte, wollte ich nichts mit ihnen zu tun haben.

Ich schickte Freitag zu einem großen Baum. Er solle erkunden, ob man von dort die schlimmen Gäste gut sehen könne. Er lief und kam sofort zurück: sie säßen alle ums Feuer herum und verzehrten das Fleisch eines Gefangenen. Der andere aber liege auf dem Sand, ein Stück von ihnen weg, und sie würden ihn bestimmt auch gleich totschlagen. Der Gefangene sei aber keiner von seinem Volk, sondern einer von den Weißen, die mit dem Boot gekommen seien.

Mir grauste, als ich das hörte, trat zu dem Baum hin, schaute durchs Fernglas und erkannte den Weißen ganz deutlich. Hände und Füße waren mit Schilf oder Binsen gebunden.

Vor dem Waldrand stand eine Baumgruppe, die von dichtem Gesträuch umgeben war. Ich schätzte, dass wir durch einen kleinen Umweg ungesehen dorthin gelangen könnten und dann den Wilden fünfzig Schritt näher seien. Von dort hatten wir nur halbe Schussweite.

Als ich die Baumgruppe erreichte, hatte ich sie auf vierzig Schritt vor mir. Da saßen nun diese Barbaren, neunzehn an der Zahl, auf der Erde dicht beisammen. Eben schickte sich einer von ihnen an, den Weißen zu töten. Als dieser Wilde sich bückte, um die Bande an den Füßen zu lösen, befahl ich Freitag, genau nach meinem Befehle zu handeln. Ich legte eine Muskete und eine Vogelflinte auf die Erde und Freitag tat das Gleiche. Mit der andern Muskete legte ich auf die Wilden an und Freitag folgte meinem Beispiel. Als ich sah, dass er fertig zum Schuss war, hieß ich Feuer geben.

Er hatte besser gezielt als ich, denn auf seiner Seite zählten wir nachher zwei Tote und drei Verwundete, während ich nur einen getötet und zwei verletzt hatte.

Die Wilden sprangen entsetzt auf, wussten aber nicht, was geschehen war und wohin sie flüchten sollten. Freitag schaute auf mich. Ich legte das Gewehr weg und nahm die Vogelflinte. Freitag folgte meinem Beispiel. Er sah mich den Hahn spannen und zielen und machte alles nach. Ich blickte zu ihm hin und er gab den Blick zurück. Da befahl ich Feuer und mehrere wurden von dem groben Schrot verwundet. Wir traten aus dem Busch heraus.

Sobald die Wilden uns gewahrten, schrien ich und Freitag sie aus Leibeskräften an. Dann liefen wir an ihnen vorbei und suchten, das arme Schlachtopfer zu erreichen. Die beiden Henker, die bei ihm standen, waren auf unsern Schuss zum Strand gelaufen und in ein Kanu gesprungen. Drei von den Übrigen liefen auch zu den Booten. Ich winkte Freitag, auf sie zu schießen. Er rannte hinter ihnen her und gab auf dreißig Schritt Feuer.

Sie stürzten sämtlich in den Booten nieder. Zwei aber richteten sich wieder auf. Unterdessen zog ich mein Messer und durchschnitt die Bande des armen Gefangenen, half ihm auf und fragte ihn auf Portugiesisch, wer er sei.

Er erwiderte lateinisch, dass er Christ wäre, doch war er so schwach, dass er schwankte und kaum sprechen konnte. Ich reichte ihm meine Flasche. Auf meine Frage, was für ein Landsmann er sei, antwortete er: »Ein Spanier.«

Ich erwiderte: »Herr, jetzt ist nicht Zeit zu reden, sondern zu kämpfen. Nehmt Eure Kraft zusammen, hier sind Pistole und Säbel.« Er nahm die Waffen und stürzte sich auf seine Mörder. Zwei oder drei schlug er nieder. Der Knall unserer Gewehre hatte sie so verängstigt, dass sie die Gegenwehr vergaßen und nicht

fähig waren zu fliehen. Auch von den Wilden, die in die Boote geflüchtet waren, hatten nur drei Verwundungen davongetragen, die andern hatte der Schreck umgeworfen. Ich hielt mein Gewehr schussfertig in der Hand und ließ Freitag die abgeschossenen Gewehre holen. Er lief eilends und ich überreichte ihm mein Gewehr. Die übrigen Gewehre lud ich geschwind.

Währenddessen entspann sich ein fürchterlicher Kampf zwischen dem Spanier und einem der Eingeborenen. Der Wilde kämpfte mit seinem hölzernen Schwert. Nachdem sie geraume Zeit gefochten hatten, wobei der Spanier seinem Gegner zwei große Wunden am Kopf beibrachte, griff ihn der Wilde, warf ihn nieder und wand ihm den Säbel aus der Hand. Der Spanier ließ den Säbel fahren, riss die Pistole aus dem Gürtel und erschoss den Wilden. Freitag verfolgte die Flüchtigen mit dem Beil und schlug drei nieder. Einem andern gelang es, das Meer zu erreichen und zu dem Kanu hinüberzuschwimmen. So konnten drei entrinnen. Auf die Flüchtigen, die mit allen Kräften ruderten, gab Freitag noch mehrere Schüsse ab, schien aber nicht getroffen zu haben.

Mir machten die Flüchtigen Sorge. Sie konnten ihre Landsleute benachrichtigen, und sie würden zu hunderten kommen und Rache nehmen. Darum sprang ich in eins der Boote und gebot Freitag, mir zu folgen. Da sahen wir zu unserer Überraschung, dass in dem Boot ein Mensch lag, der offenbar auch zum Schlachten bestimmt gewesen war. Er war gleich dem andern Opfer an Händen und Füßen gebunden, schien aber so schwach, dass er sich nicht im Boot hatte aufrichten können.

Ich durchschnitt seine Bande und versuchte, ihm aufzuhelfen. Er vermochte sich nicht aufrecht zu halten und die Stimme versagte ihm. Aus seinem Munde drang jammervolles Stöhnen, denn er glaubte wohl, nun würde er getötet werden. Freitag war herzugetreten, und ich forderte ihn auf, mit dem Unglücklichen zu reden und ihm seine Freiheit anzukündigen. Gleichzeitig gab ich ihm meine Flasche, damit er den Ärmsten labe. Der Trunk und die frohe Kunde belebten den Gefangenen und er konnte aufrecht sitzen. Freitag aber benahm sich recht merkwürdig. Er starrte den Gefangenen an, schoss dann auf ihn zu, umarmte, küsste ihn und drückte ihn an sich, schrie, lachte, rief mir viele Worte zu, hüpfte wie ein Unsinniger umher, tanzte und sang. Er schlug sich selber aufs Gesicht und aufs Haupt, benahm sich also wie ein wahnwitziger Mensch. Erst als er sich etwas beruhigt hatte, vermochte er, mir zu sagen, der Befreite sei sein Vater!

Es ist mir unmöglich, die Rührung zu beschreiben, die ich über das Entzücken und die kindliche Liebe meines guten Freitag empfand. Er lief zum Boot, hielt seinen Vater umschlungen, sprang wieder auf und tanzte umher, legte dann seinen Kopf lange Zeit an die Brust des Vaters, machte sich im nächsten Augenblick über Füße oder Hände des Befreiten her, um die Striemen zu reiben, die die Bande gemacht hatten. Ich gab ihm Rum aus der Flasche, damit er damit die Schwellungen einriebe.

Dieses frohe Ereignis rettete die drei flüchtigen Wilden. Als wir uns ihrer entsannen, waren sie so weit weg, dass wir sie nicht hätten einholen können. Da aber die ganze Nacht hindurch ein scharfer Nordost stürmte, der ihnen entgegen stand, durften wir annehmen, dass sie ihre Küste niemals erreicht haben.

Ich fand es endlich an der Zeit, Freitag von seinem Vater wegzurufen, und gab ihm Brot, damit er ihm zu essen gebe. Auch einen Schluck Branntwein musste er ihm reichen. Als er zuletzt dem Vater von meinen getrockneten Trauben anbot, sprang Freitag aus dem Boot heraus und rannte weg, als ob er toll wäre. Er war der schnellste Läufer, den ich mein Lebtag gesehen habe. Im Augenblick war er entschwunden. Nach einer Viertelstunde rannte er wieder herzu, aber er lief ruhiger, denn er trug etwas in der Hand. Jetzt erst erfuhr ich, dass er in einem irdenen Krug frisches Wasser hatte holen wollen. Auch einige Brotlaibe hatte er mitgebracht. Das Brot gab er mir, das Wasser aber hatte er für den Vater geholt. Er hatte besser als ich gesehen, dass der alte Mann von Durst geplagt war.

Auch der Spanier wurde von Freitag versorgt. Er hatte sich kraftlos im Gras unter dem Schatten eines Baumes niedergelassen. Während er das Brot aß, das ihm Freitag gab, erholte er sich, und ich reichte ihm eine Hand voll Trauben. Er sah mich freundlich an und bewies mir mit allerlei Gesten seine Dankbarkeit. Ich musste anerkennen, dass er sich im Kampf mit ritterlicher Tapferkeit geschlagen hatte. Mehrfach versuchte er, sich aufzurichten, aber die Knöchel waren dick geschwollen, und er stöhnte vor Schmerzen. Ich befahl Freitag, auch ihm die geschwollenen Gelenke mit Rum einzureiben.

Während Freitag mit dem Spanier beschäftigt war, wandte er alle Augenblicke den Kopf, um nach seinem Vater zu sehen.

Endlich konnte er den Spanier auf den Rücken nehmen und ins Boot tragen. Er setzte ihn hinter den Vater und brachte beide gegen den auffrischenden Wind glücklich in unseren Hafen. Er ließ sie im Boot sitzen und rannte zurück, um auch die andern Boote zu holen.

Währenddessen versuchte ich, die beiden Geretteten in meine Behausung zu führen. Doch es wollte mir nicht gelingen. Als Freitag mit einem der Boote zurückkam, suchte er, mir zu helfen, aber die Armen konnten nicht gehen. Da ließ ich sie am Strand niedersitzen, machte geschwind eine Tragbahre, und wir schafften sie hinein. Es war aber unmöglich, die Geschwächten über die Palisade zu bringen. Da richtete ich außen in zwei Stunden ein Zelt auf, überdeckte es mit Segeln und Baumzweigen und machte zwei Betten aus Reisstroh und Ober- und Unterdecken zurecht. Darauf wurden sie gebettet und sanken bald in tiefen Schlaf.

13. KAPITEL

Robinson rüstet eine Fahrt, um die schiffbrüchigen Spanier zu retten

eine Insel war jetzt auf einmal bevölkert, und ich vergnügte mich von da an mit dem Gedanken, dass meine Lage der eines Königs sehr ähnlich sei. War doch das ganze Land mein Eigentum und hatte ich doch ein unbestreitbares Herrschaftsrecht an demselben! Meine Mitbewohner hatten sich mir unterworfen, ich war ihr Herr und Gesetzgeber. Sie dankten mir im wahrsten Sinn des Wortes ihr Leben und waren bereit, es, wenn's Not täte, auch für mich dahinzugeben. Merkwürdig schien mir, dass von meinen drei Untertanen jeder sich zu einer andern Religion bekannte. Freitag war Protestant, sein Vater ein Heide und Kannibale und der Spanier ein Katholik.

Sobald meine geretteten Gefangenen unter ihrem Obdach einen Ruheplatz gefunden hatten, bereitete ich eine Mahlzeit für sie. Ich befahl Freitag, eine halb ausgewachsene Ziege aus meiner Herde zu schlachten, teilte die Keule in Stücke, ließ sie durch Freitag kochen und bereitete aus Fleisch und Brühe, in die ich auch etwas Gerste und Reis tat, ein wirklich gutes Essen. Hierauf brachte ich alles in das neue Zelt, schlug meinen Gästen einen Tisch auf, setzte mich selbst daran, aß mein Essen mit ihnen und suchte, sie nach besten Kräften aufzuheitern und zu beruhigen. Freitag diente mir dabei als Dolmetscher, nicht nur seinem Vater, sondern auch dem Spanier gegenüber, denn dieser verstand die Sprache der Wilden ziemlich gut.

Nach dem Essen befahl ich Freitag, in einem Boot die zurückgelassenen Gewehre zu holen und die Toten zu begraben. Auch die Überreste des grässlichen Siegesmahles möge er verscharren. Wie ich mich später überzeugte, hat er meinen Befehl genau und pünktlich erfüllt. Ich konnte auch nicht eine Spur der wilden Ereignisse erkennen, als ich einige Tage später am Strande entlangging.

Als Freitag zurückkehrte, ließ ich ihn seinen Vater befragen, wie er über die Flucht der Wilden denke, und ob er glaube, dass deren Stammesgenossen zu einem Rachezuge ausziehen würden.

Der Alte schüttelte den Kopf und meinte, die Flüchtlinge würden kaum ihre Heimat erreicht haben. Der Sturm habe in jener Nacht schlimm gewütet, sodass sie ertrunken sein müssten oder an fremde Küsten verschlagen. Trotzdem verlor ich eine Zeit lang nicht die Furcht, dass die Wilden zurückkehren könnten. Ich hielt meine ganze Armee ständig unter Waffen und hatte selbst die Augen offen. Bei unserer Kämpferzahl und Ausrüstung hätten wir es jetzt mit hundert Wilden aufnehmen können. Als aber in den nächsten Wochen kein Kanu sich zeigte, ergriff ich aufs Neue den Gedanken einer Reise nach dem festen Lande.

Freitags Vater versicherte mir, wir würden bei seinem Volk gut aufgenommen werden und man würde uns Liebe und Freundschaft entgegenbringen. Aber eine Unterhaltung mit dem Spanier ließ mich meinen Plan eine Weile zurückstellen.

Der Spanier erzählte, außer ihm seien noch sechzehn Landsleute nach dem Schiffbruch zu den Wilden verschlagen worden.

Sie litten dort unter großem Mangel und wären von den Wilden ganz und gar abhängig. Ihr spanisches Schiff habe vom Rio de la Plata nach Havanna segeln wollen. Seine Ladung aus Häuten und Silber sollte in Havanna gegen europäische Waren eingetauscht werden. Unterwegs hätten sie fünf portugiesische Matrosen eines gescheiterten Schiffes aufgenommen. Fünf ihrer eigenen Leute seien beim Untergang des Schiffes ertrunken. Die anderen hätten unter unsäglichen Mühen und Gefahren und halb tot vor Hunger die karibische Küste erreicht.

Ich wollte von ihm wissen, wie seine Genossen meinen Vorschlag zur Flucht aufnehmen würden, ob ich von ihnen etwas zu befürchten habe. Ich sagte ihm ganz offen heraus, dass die Spanier bei den Engländern in sehr schlechtem Rufe ständen. Dankbarkeit sei unter den Menschen keine beständige Tugend.

Er antwortete mir redlich und freimütig, der Zustand seiner Gefährten sei so erbärmlich und sie wären so niedergedrückt, dass sie einen Menschen, der sie befreie, nicht schlecht behandeln könnten. Er wollte gern mit Freitags Vater hinüberfahren, mit ihnen reden und mir die Antwort zurückbringen. Er gedächte, sie einen feierlichen Eid schwören zu lassen, dass sie sich unter meinen Befehl stellten.

Diese Versicherung beruhigte mich. Trotzdem beschlossen wir, die Fahrt noch ein halbes Jahr aufzuschieben. Dazu bewogen uns folgende Überlegungen:

Freitags Vater und der Spanier waren nunmehr vier Wochen bei mir. In dieser Zeit hatten sie Einblick in meine Lebensart gewonnen. Sie wussten also, dass meine Vorräte nur knapp für vier Mäuler reichten. Womit sollte ich aber seine vierzehn noch lebenden Landsleute ernähren? Und womit sollten wir unsere Schiffe, wenn wir zu einer Fahrt in See stechen könnten, ausrüsten? Es galt also vorerst, mehr Nahrungsmittel zu schaffen, sollten die Spanier nicht von einer Not in die andere geraten und wir selbst Mangel leiden müssen.

Wir machten uns also an die Arbeit, mit unseren Spaten neues Land umzugraben. Als in Monatsfrist die Saatzeit kam, hatten wir so viel Land vorbereitet, dass wir zweiundzwanzig Scheffel Gerste und sechzehn Krüge Reis säen konnten. Mehr Saatkorn konnten wir nicht entbehren. Wir ließen uns nicht einmal Gerste genug für die nächsten sechs Monate, die wir auf unsere Ernte warten mussten.

Ich selbst nahm mich der Ziegenherde an und suchte, die Zahl der Tiere durch Zucht und Jagd zu vermehren.

Als dann die Herbstzeit kam, ließ ich eine übergroße Menge Trauben abschneiden und an der Sonne trocknen. Sie dienten uns später als gesunde und nahrhafte Speise.

Nachdem wir die Getreideernte eingebracht, warfen wir uns aufs Korbflechten, denn in den Körben musste der Erntesegen verwahrt werden. Der Spanier erwies sich in diesem Handwerk als sehr geschickt. In kurzer Zeit hatten wir genügend Vorratskörbe geflochten und konnten jetzt an die Reise denken.

Ich gab dem Spanier einen schriftlichen Befehl mit, keinen Mann herüberzuholen, der nicht in seiner und des alten Mannes Gegenwart einen Eid abgelegt habe, mich als Haupt und Gebieter anzuerkennen und mir gehorsam und treu zu sein.

Wir suchten das beste Boot heraus, mit dem die Wilden auf die Insel gekommen waren, und beluden es mit Nahrung für ungefähr eine Woche und mit frischem Wasser. Beim Abschied wünschte ich beiden eine glückliche Reise und ließ sie getrost abfahren. Es war im Oktober, als die Überfahrt angetreten wurde.

14. KAPITEL

Robinson besiegt die Meuterer

achdem ich bereits eine ganze Woche auf die Rückkehr meiner Boten gewartet hatte, ereignete sich ein seltsamer Zufall. Eines Morgens in der Frühe lag ich in meiner Festung noch in festem Schlaf. Da weckte mich der überlaute Ruf Freitags: »Oh Herr, sie sind da, sie sind da!« Ich sprang auf, zog meine Kleider an, dachte an keine Gefahr und eilte ohne Waffen durch das Wäldchen, das ich zu meinem Schutz angepflanzt hatte. Allein wie erschrak ich, als ich etwa eineinhalb Meilen entfernt ein Langboot vor der frischen Brise das Ufer anseglen sah. Sogleich stellte ich fest: Das Boot kam aus anderer Richtung als von der karibischen Küste. Es musste vom südlichen Ende meines Eilands ausgefahren sein. Freitag eilte bereits zum Strande. Ich rief ihn zurück und hieß ihn sich verborgen halten. Das seien unsere Freunde nicht, erklärte ich, es seien Fremde, und man könne nicht wissen, ob es Freunde oder Feinde seien.

Ich holte mein Fernglas, bestieg meinen Ausguck, um die Ankommenden zu erkunden. Mich durchfuhr ein neuer Schreck, denn anderthalb Meilen vom Ufer ankerte ein großes Schiff! Ich erkannte es sofort als englisches und das Boot war eine englische Schaluppe. Nun hätte mich doch die Freude überwältigen müssen, als endlich ein Schiff in der Sicht der Insel lag, denn jetzt winkte die Rettung, die ich siebenundzwanzig Jahre hindurch ersehnt hatte. Dazu waren es meine eigenen Landsleute. Aber eine innere Stimme warnte mich. Was hatte ein englisches Schiff an diesem Orte der Welt zu tun, der ganz außerhalb der Schifffahrtsstraße lag?

Nach Schiffbruch sah das Fahrzeug nicht aus, es musste in einer besonderen Absicht hierher gekommen sein, und mein Schutzgeist warnte, sie könne nicht gut sein. Ich wollte lieber bleiben, wo ich war, als Seeräubern und Mördern in die Hände fallen.

Das Boot näherte sich dem Ufer, und mir schien, als ob der Steuermann des Bootes nach einem Landungsplatz auspähe. Sie kamen aber nicht weit genug herauf, verfehlten also meinen Hafen, in dem ich mit den Flößen gelandet war. Sie liefen mit der Flut eine Viertelmeile südlich auf das flache Ufer auf. Das war mein Glück, denn in meinem Hafen wären sie vor meiner Tür an Land gekommen, hätten mich aus meiner Festung leicht vertreiben und aller meiner Habe berauben können. Als die Ankommenden ausstiegen, sah ich, dass die meisten Engländer waren. Aber auch einige Holländer schienen unter ihnen zu sein.

Im Ganzen waren es elf, und drei von ihnen trugen keine Waffen, schienen gar gebunden zu sein. Die ersten vier oder fünf sprangen aus dem Boot auf den Strand und holten die drei Unbewaffneten als Gefangene heraus. An deren Gebärden konnte man erkennen, dass sie äußerst verzweifelt waren und herzlich baten und flehten. Insbesondere der erste hob bisweilen flehend die Hände. Ich überlegte, wie die drei Männer zu retten seien. Wären jetzt nur der Spanier und der alte Wilde hier gewesen! Dann stellte ich fest, dass die Bösewichter keine Schusswaffen trugen. Nun aber ließen sie zu meiner Überraschung die Ge-

fangenen stehen und zerstreuten sich am Strand, als ob sie die Insel besichtigen wollten. Die Gefangenen setzten sich im Schatten eines Baumes nieder. Sie schienen völlig verzweifelt, sprachen wenig miteinander und blickten betrübt vor sich hin.

Ich befahl Freitag, den ich zu einem guten Schützen ausgebildet hatte, sich mit einem Gewehr zu versehen. Ich selber ergriff zwei Flinten und gab ihm drei Musketen zu tragen. So sahen wir gewiss recht grimmig und furchterregend aus. Ich hatte meinen ziegenledernen Rock an, die hohe Fellmütze auf dem Kopf, einen blanken Säbel an der Seite, zwei Pistolen im Gürtel und auf jeder Achsel ein Feuerrohr. Vor der Dunkelheit hatte ich nichts unternehmen wollen. Als ich aber zur Zeit der größten Hitze, nachmittags gegen zwei Uhr, sah, dass sich die Bösewichter in die Wälder verlaufen und wohl zum Schlaf niedergelegt hatten, kam mir der Gedanke, den drei Gefangenen, denen in ihrer Angst und Verzweiflung kein Schlaf kommen wollte, zu helfen. Sie saßen immer noch im Schatten des großen Baumes etwa eine halbe Viertelstunde von mir und sie waren unbewacht. Ich ging auf sie zu und Freitag folgte mir in einiger Entfernung. Sie hatten auf ihre Umgebung nicht Acht gehabt und fuhren entsetzt auf, als sie uns in diesem fürchterlichen

Aufzug erblickten, aber sie sagten kein Wort. Ich fragte sie auf Spanisch, wer sie seien. Als sie nicht antworteten, setzte ich auf englisch hinzu: »Ihr Herren, fürchtet euch nicht, ich nahe als Freund.«

Da stand einer von ihnen auf, zog seinen Hut vor mir und antwortete: »Dann müsst Ihr vom Himmel herabgesandt sein, denn Menschen können uns nicht helfen.«

»Alle Hilfe kommt von Gott«, versetzte ich. »Aber ich bitte, mir zu sagen, wie euch geholfen werden kann. Denn ihr befindet euch in großer Not. Ich habe beobachtet, wie ihr die Bösewichter um Gnade gebeten habt und fürchtete schon, dass der Kerl mit dem Säbel euch niedergeschlagen hätte.«

Dem guten Mann liefen die Tränen über die Backen, und er antwortete mir: »Seid Ihr ein Mensch oder ein Engel?«

Ich musste lachen und erwiderte: »Ein Engel wäre wohl in einem andern Aufzuge erschienen. Nein, ich bin ein Mensch und bin bereit, euch beizuspringen. Zwar habe ich nur einen Knecht, aber Gewehre und Schießbedarf genug. Sagt es, wie wir euch helfen können.«

Auch die andern waren aufgestanden und herzugetreten. Der erste erzählte: »Unsere Geschichte ist bald gesagt. Ich war der Kapitän jenes Schiffes, auf dem eine Meuterei ausgebrochen ist. Die Meuterer haben uns, den Steuermann, einen mitreisenden Fahrgast und mich, auf diese Insel verschleppt.« Er wies auf die beiden Begleiter, die vor mir die Hüte zogen. »Wir haben diese Insel für unbewohnt gehalten und wissen nicht, was wir von Euch denken sollen.«

Ich dachte, von mir könne ich ihnen später erzählen, und wollte von ihnen wissen, wo ihre Feinde geblieben seien. Der Kapitän wies auf ein dichtes Gebüsch: »Dort liegen sie, und ich fürchte, sie haben uns gehört, dann werden sie uns ermorden.«

Ich fragte sie, ob die Männer Schusswaffen besäßen, und erfuhr, dass sie zwei Gewehre mitgenommen und eins im Boot gelassen hätten.

»Wohlan«, versetzte ich, »für das Übrige lasst mich sorgen. Sollen wir sie erschießen oder wollen wir sie gefangen nehmen?«

Der Kapitän gab zur Antwort, es seien zwei erzverwegene Buben darunter, die zu begnadigen nicht ratsam sei. Wären diese beiden beiseite geschafft, so würden die andern zum Gehorsam zurückkehren.

Ich bat ihn, mir die Bösewichter zu bezeichnen. Er entgegnete aber, dass dies in dieser Entfernung nicht möglich sei. Daraufhin riet ich, dass wir uns wegschleichen und Rat halten möchten. Also traten sie mit mir zurück, bis wir im Gehölz untertauchen konnten. Als Erstes fragte ich sie, ob sie mir, falls ich sie rette, zwei Wünsche erfüllen würden.

Der Kapitän fiel mir in die Rede und sagte, wenn es gelänge, das Schiff zurückzuerobern, werde er sich gern meinem Willen und Befehl unterordnen. Das versprachen auch die beiden andern.

»Gut«, antwortete ich, »ich verlange zweierlei: erstens, dass mir auf dieser Insel bedingungslos gehorcht wird, mir und den Meinigen kein Schaden zugefügt, und die Waffen, die ich jedem in die Hand gebe, auf Befehl wieder abgeliefert werden. Zweitens wünsche ich, dass ich mit eurem Schiff unentgeltlich nach England fahren kann, falls uns die Wiedereroberung gelingt.«

Der Kapitän erwies sich als ein verständiger und aufrechter Mann. Auf meine Bedingungen ging er bereitwilligst ein und fügte hinzu, dass er mir sein Leben danke und sich mir immer und überall erkenntlich zeigen werde.

Nun überreichte ich jedem eine Muskete und wies auf die Pulver- und Kugelvorräte, die ich Freitag zu tragen gegeben hatte. Dann schlug ich ihnen vor, auf die Meuterer Feuer zu geben. Sie aber erwiderten, dass sie ungern töteten. Nur zwei der Burschen seien unverbesserliche Schurken. Wenn wir sie entwischen ließen, würden sie sofort zum Schiff fahren, mit der ganzen Mannschaft zurückkommen und uns bekriegen.

»Wohlan denn«, versetzte ich, »mein Plan ist durch die Not gerechtfertigt. Anders können wir unser Leben nicht retten.«

Während dieses Gespräches bemerkten wir, dass etliche der Meuterer erwachten und zwei von ihnen aufgestanden waren. Ich fragte den Kapitän, ob diese beiden die Rädelsführer bei der Meuterei gewesen seien. Er verneinte es, und ich sagte: »Dann wollen wir sie laufen lassen. Die Übrigen aber dürfen nicht entwischen, sonst haben wir alle den Schaden.«

Jetzt endlich entschloss sich der Kapitän, das dargebotene Gewehr anzunehmen und die Pistole in den Leibriemen zu stecken. Auch seine beiden Kameraden griffen zu ihren Waffen und folgten dem Kapitän, der auf die Meuterer zuschritt. Diese mochten das Klirren des Eisens gehört haben, einer von ihnen wandte sich um und rief die anderen an. Aber es war zu spät für sie, denn die beiden Begleiter des Kapitäns gaben sofort Feuer. Der eine der Meuterer blieb auf der Stelle tot, der zweite wurde schwer verwundet. Er stürzte nieder, vermochte, sich aber aufzurichten, und schrie nach seinen Genossen um Hilfe. Der Schiffskapitän trat zu ihm hin, rief ihn an, sein Hilferuf komme zu spät, und schlug ihn mit dem Kolben nieder. Nun waren noch drei der Meuterer übrig, aber von ihnen blutete der eine ebenfalls. Ich lief schnell hinzu, und sie sahen ein, dass Widerstand nutzlos war. Da baten sie um Gnade. Der Kapitän erwiderte, er wolle ihnen das Leben schenken, wenn sie ihre Meuterei bereuten und eidlich gelobten, ihm bei der Wiedereroberung des Schiffes und bei der Rückfahrt nach Jamaika, woher sie gekommen, getreulich zu dienen. Sie gaben die verlangte Versicherung, er glaubte ihnen und schenkte ihnen das Leben. Ich hatte gegen die Begnadigung nichts einzuwenden, verlangte jedoch, dass beide an Händen und Füßen gebunden blieben, solange sie auf der Insel verweilten.

Freitag und den Steuermann schickte ich nach dem Boot, damit sie sich des Fahrzeugs zu bemächtigten und Segel und Riemen wegnähmen. Gleichzeitig kamen drei der umherstreifenden Matrosen herbeigelaufen. Das Schießen hatte sie wohl hergerufen. Als sie sich fünf Bewaffneten gegenübersahen, erkannten sie, dass ihre Lage aussichtslos sei. Sie legten die Waffen nieder und ergaben sich. Auch sie wurden gebunden und damit war unser Sieg vollkommen. Nun führte ich den Kapitän und seine beiden Kameraden in meine Festung, erquickte sie mit Essen und Trinken und zeigte ihnen alles, was ich während meines Inselaufenthalts geschaffen hatte. Sie standen voll staunender Verwunderung. Der Kapitän bewunderte besonders meine Festungsanlage, die von keiner Seite her einzusehen war. Die Bäume wachsen auf der Insel viel schneller als in Europa, sodass meine Festung buchstäblich zugewachsen war. Ich bat die Herren, sich nicht zu lange bei der Besichtigung meines Schlosses und meiner Residenz aufzuhalten. Wir müssten an die Eroberung des Schiffes denken. Der Kapitän stimmte mir zu, gestand aber ein, dass ihm trotz allen Nachsinnens noch kein Plan eingefallen sei, der Aussicht auf Erfolg böte. Noch seien sechsundzwanzig Köpfe an Bord, und da sie durch ihre Meuterei das Leben verwirkt hätten, würden sie sich bis zum letzten Blutstropfen verzweifelt schlagen. Im Kampf könnten sie ihr Leben vielleicht retten, in England oder in einer seiner Kolonien sei ihnen der Galgen gewiss. Wir dürften also mit unserer schwachen Mannschaft das Schiff nicht angreifen.

Ich fand die Rede des Kapitäns sehr vernünftig. Wir mussten einen besonderen Plan ersinnen. Vielleicht konnten wir den Teil der Besatzung, der an Bord verblieben war, ebenso übertölpeln wie die Gelandeten. Auf jeden Fall mussten wir versuchen, ihnen das Landen zu verwehren. Zweifellos würde die Schiffsbesatzung versuchen zu erkunden, wo ihre Kameraden steckten und wo ihre Schaluppe geblieben sei. Sie würden sich dann bestimmt mit Gewehren bewaffnen und uns überlegen sein. Der Kapitän musste mir zustimmen.

Ich schlug außerdem vor, das Boot, welches auf dem Sande lag, seeuntüchtig zu machen. Wir begaben uns sofort an Bord desselben und nahmen die Waffen und was sich sonst an Gegenständen darin befand heraus. Zu den Letzteren gehörte eine Flasche Branntwein, eine zweite mit Rum, etwas Schiffszwieback, ein Pulverhorn und ein großer, fünf bis sechs Pfund schwerer Zuckerhut, in Segeltuch eingewickelt. Alles dies war mir sehr willkommen, besonders aber der Branntwein und Zucker, was ich seit vielen Jahren entbehrt hatte.

Als diese Dinge ans Land gebracht waren (die Ruder, den Mast, das Segel und das Steuerruder hatten wir bereits vorher weggeschafft), schlugen wir ein großes Loch in den Boden des Fahrzeugs, sodass es keinesfalls weggebracht werden konnte, wenn auch die Meuterer in noch so großer Anzahl kommen sollten. Auf die Wiedergewinnung des Schiffes rechnete ich jetzt kaum noch; dagegen hoffte ich, das Boot würde sich leicht wieder so weit herstellen lassen, dass wir damit nach den Inseln gelangen und unterwegs die Spanier, die ich nicht vergessen hatte, aufnehmen könnten.

Während wir noch über unseren Plan berieten und mit großer Anstrengung das Boot so weit an den Strand gezogen hatten, dass es die Flut nicht sollte mitführen können, und nachdem das Loch in demselben so groß gemacht war, dass das Leck nicht so leicht gestopft werden konnte, hörten wir plötzlich von dem Schiff einen Schuss und bemerkten, dass das Boot durch allerlei Signale zurückgerufen werden sollte. Wiederholtes Feuern und Signalisieren blieben jedoch ohne Antwort.

Jetzt sah ich mithilfe meines Fernglases, dass die Mannschaft ein anderes Boot aussetzte und es durch einige Leute nach der Insel hinrudern ließ. Als sie näher kamen, erkannten wir, dass sich nicht weniger als zehn Mann an Bord befanden, welche sämtlich Feuerwaffen bei sich führten. Da das Schiff fast zwei Meilen vom Lande entfernt war, hatten wir Zeit genug, unsre Beobachtungen zu machen und sogar die Gesichter der Männer im Boot zu erkennen. Denn da die Wellen sie etwas östlich von der Stelle, wo das früher gelandete Boot lag, abgetrieben hatten und sie daher eine Strecke die Küste entlangsteuerten, um an demselben Punkte, wie jenes, ans Land zu kommen, konnten wir die Mannschaft genau beobachten.

Der Kapitän kannte sämtliche Leute im Boot. Drei von ihnen, sagte er, seien sehr wackere Leute, die nach seiner Überzeugung nur durch Gewalt und Furcht von den Übrigen in die Verschwörung gezogen worden seien. »Der Bootsmann aber«, setzte er hinzu, »welcher das Kommando zu haben scheint, und alle Übrigen, außer jenen dreien, gehören zu den Schlimmsten der ganzen Besatzung und werden ohne Zweifel in ihrer Verzweiflung alles wagen.«

Ich lächelte hierüber und erwiderte: Menschen in unserer Lage sollten über die Furcht hinaus sein. Dies wäre ein Kampf auf Tod oder Leben, es gelte Leben und Freiheit. Ich fragte ihn, was er denn von meinem Dasein auf der Insel halte, ob er glaube, dass meine Befreiung kein lohnender Siegespreis sei. Nach seiner Meinung dürften nur drei dieser Leute geschont werden. Die andern hätten den Tod verdient. Wir hätten also das Recht, ihnen mit den Waffen entgegenzutreten. Dieser Grund schien ihm einzuleuchten.

Zwei von den Meuterern hatte ich durch Freitag und den dritten der Erretteten nach meiner Höhle gesandt. Dort sollten sie gebunden liegen, aber es war ihnen ausreichende Nahrung und baldige Freiheit versprochen worden, wenn sie sich ruhig verhielten. Sie versprachen, ihre Gefangenschaft geduldig zu ertragen, und zeigten sich dankbar für die gute Behandlung, die man ihnen dadurch widerfahren lasse, dass man ihnen Lebensmittel und Licht gewährt habe. Freitag hatte ihnen nämlich einige von unsern selbst verfertigten Kerzen zurückgelassen, und sie dann im Glauben gelassen, dass er als Schildwache vor dem Eingang der Grotte zurückbleibe. Die anderen Gefangenen hatten es noch besser. Zwei von ihnen waren an den Armen gefesselt, denn der Kapitän traute ihnen nicht. Die andern aber wurden auf seine Fürsprache in meinen Dienst aufgenommen, nachdem sie einen feierlichen Eid abgelegt hatten, bei uns zu leben und zu sterben. Also waren wir mit ihnen und den ehrlichen Männern unserer sieben, sämtlich wohl bewaffnet, und ich zweifelte nicht, dass wir es mit den zehn aufnehmen könnten, die in dem zweiten Boot herangerudert kamen. Auch durften wir darauf rechnen, dass die drei Verführten unter ihnen nicht gegen uns kämpfen würden.

Sobald dieses Boot an der Anlegestelle des ersten Bootes anlangte, ließen sie das Fahrzeug auf den Strand laufen. Das war mir recht, denn ich hatte Sorge gehabt, sie möchten es vom Ufer ab vor Anker legen und bewachen lassen. Dann hätten wir uns seiner nicht bemächtigen können.

Als die Meuterer auf den Strand sprangen, liefen sie sofort zu dem ersten Boot hin. Sie schienen sehr bestürzt, als sie es geplündert und leck fanden. Nachdem sie eine Weile darüber geredet, wandten sie sich um und schrien laut nach dem Land zu.

Es kam aber keine Antwort. Dann traten sie zu einem Kreis zusammen und gaben aus ihren Gewehren eine Salve ab, die vielfach aus den Wäldern zurückhallte.

Allein auch jetzt kam keine Antwort. Die beiden Gebundenen in der Höhle konnten es nicht hören und die andern durften nicht mucksen.

Nun standen die Gelandeten und man sah ihnen ihre Bestürzung an. Sie mussten annehmen, ihre Leute seien sämtlich ermordet worden. Da stießen sie ihr Boot ins Wasser und stiegen wieder ein.

Darüber erschrak der Kapitän heftig und war außer sich, denn er meinte, nun würden sie an Bord gehen, ihre Kameraden im Stich lassen und mit dem Schiff davonfahren. Aber wir sahen sie plötzlich wenden und nach dem Ufer zurückrudern. Als sie anlegten, blieben drei Männer im Boot, die andern sprangen an Land und gingen landeinwärts. Offenbar wollten sie ihre Kameraden suchen.

Nun standen wir einer neuen Lage gegenüber und wussten nicht, wie wir uns verhalten sollten. Folgten wir den sieben Suchenden, so konnten die andern mit dem Boot davonfahren, aufs Schiff gehen und in See stechen. Dann waren alle unsere

Hoffnungen zunichte. Wir konnten nichts anderes tun, als Geduld üben und warten, welche Gelegenheit zum Eingreifen sich ergebe.

Die Suchenden tauchten im Busch unter, und die drei im Boot fuhren eine ziemliche Strecke vom Ufer ab und warfen den Anker aus. Wir sahen den Suchtrupp auf waldfreiem Gelände dem Innern der Insel zustreben. Sie bestiegen meinen Ausguck und schrien von dort lange Zeit ins Land hinaus. Als sie des Schreiens müde wurden, kamen sie herab und schlenderten zum Strande hinab. Es wird ihnen auf der Insel gegraut haben, und sie waren entschlossen, ihre Kameraden aufzugeben und die Reise mit dem Schiff allein fortzusetzen.

In diesem Augenblick fiel mir eine neue List ein: Ich schickte Freitag und den Steuermann nach Westen in das Innere der Insel und befahl ihnen, sie sollten von einer Höhe aus laut zum Strand hinrufen und sich gebärden, als ob sie die vermissten Kameraden wären. Wenn sich dann die Bootsbesatzung auf die Suche begäbe, so möchten sie ihr ausweichen und sie durch neue Rufe ins Innere der Insel locken. Sie selbst aber könnten von Norden her wieder zu uns stoßen.

Dieses Verfahren hatte augenblicklich die gewünschte Wirkung. Als die täuschenden Rufe meiner Leute begannen, wollten die Meuterer eben ihr Boot besteigen. Flugs hielten sie inne, gaben lauthals Antwort und liefen am Strand entlang nach Süden dem Geschrei nach. Sie kamen an die kleine Bachmündung und winkten ihr Boot herbei, sie über die Bucht zu setzen.

Das entsprach durchaus meiner Absicht, denn in der Bucht konnte ich das Boot am besten überfallen. Ich beobachtete, dass sie nur zwei Mann im Boot ließen und das Fahrzeug an einen Baumstumpf anbanden.

Wir schlichen uns an das Boot heran. Der eine von der Wache saß im Boot, der andere lag am Strande und schien zu schlafen. Als er uns hörte, versuchte er, sich aufzurichten, wurde aber von dem Kapitän mit dem Kolben niedergeschlagen.

Dem Mann im Boot rief der Kapitän zu, er solle sich ergeben oder sein Testament machen. Ein Blick auf die Gewehrmündung überzeugte ihn, dass er verloren war. Er hob die Hände und wir sprangen in das Boot. Der Gefangene gehörte nicht zu den Rädelsführern und bot sich dem Kapitän zur Hilfe an. Er hat sich dann brav und redlich mit uns geschlagen.

Unterdessen waren das Geschrei unserer Leute und die Rufe der Bootsbesatzung von Zeit zu Zeit zu uns gedrungen. Nach einer Weile stürmten die Unseren aus dem Busch heraus, fast atemlos und herzlich müde. Sie erzählten, die Bootsleute könnten im Finstern aus dem Inselinnern nicht herausfinden.

Es währte etliche Stunden, bis wir sie müde, erschöpft und verdrossen zu dem Strand gehen sahen.

Als sie zu ihrem Boot kamen, standen sie einen Augenblick stumm und stießen dann Rufe des Schreckens aus, denn es saß bei der Ebbe auf dem Sande fest und die Wache war verschwunden. Sie schrien durcheinander, rangen die Hände und liefen hin und her. Aus ihren Rufen vernahmen wir, dass sie glaubten, sie wären auf eine verzauberte Insel geraten. Entweder lebten hier Eingeborene, die ihre Kameraden ermordet hätten und ihr Boot auf den Strand gezogen, oder sie hätten es mit Teufeln und Gespenstern zu tun, die auch sie durch die Luft entführen und zerreißen würden. Sie wandten sich nochmals der Insel zu, schrien laut und riefen zwei Kameraden lange Zeit mit Namen. Immer noch liefen sie verzweifelt umher und ich konnte meine Leute kaum bändigen.

Mir war es aber darum zu tun, möglichst wenig Blut zu vergießen und auch meine eigenen Leute nicht zu gefährden. Ich wartete darauf, dass sie sich trennen sollten, rückte aber schon weiter vor. Freitag und der Kapitän mussten sich nahe heranschleichen. Zufällig kam ihnen der Bootsmann, der Hauptträdelsführer der Meuterei, mit einigen Matrosen entgegen. Der Anblick erregte den Kapitän so sehr, dass er Feuer gab. Freitag schoss auch. Der Bootsmann blieb auf der Stelle tot, der nächste Mann bekam einen Bauchschuss und stürzte ebenfalls, starb aber erst einige Stunden hernach.

Ein dritter rannte zurück.

Im nächsten Augenblick war ich mit meinen Leuten bei dem Kapitän. Der Gegner konnte unsere Anzahl nicht übersehen. Ich ließ die Empörer durch den übergetretenen Matrosen mit Namen anrufen, sie sollten sich ergeben. Insbesondere rief er seinen Freund Thomas Smith an.

Dieser erkannte ihn an der Stimme und antwortete sofort: »Was ist mit dir, Robin?«

»Um Gottes Willen«, bekam er zur Antwort, »legt die Waffen nieder und ergebt euch, oder ihr seid alle des Todes.«

»Wem sollen wir uns ergeben?«, fragte Smith zurück und bekam zur Antwort: »Hier steht unser Kapitän mit fünfzig Mann. Der Bootsmann wurde erschossen, William Freye ist verwundet und gefangen. Ergebt euch oder der Kapitän lässt Feuer geben.«

»Haben wir auf Pardon zu hoffen?«, wollte Smith wissen.

»Ich will hingehen und ihn fragen«, erwiderte Robin. Er sagte es dem Kapitän, und dieser rief zu den Meuterern hinüber: »Thomas Smith, du kennst meine Stimme. Legt die Waffen nieder und ergebt euch, dann soll euch das Leben geschenkt sein, nur Atkins ist ausgeschlossen.«

»Um Gottes Barmherzigkeit, Herr Kapitän«, schrie Atkins dazwischen, »Pardon. Pardon! Was habe ich denn verbrochen? Die anderen sind ebenso arg gewesen wie ich.«

Das war nun gelogen, denn Atkins hatte zuerst Hand an den Kapitän gelegt, ihn gebunden und beschimpft.

Der Kapitän antwortete ihm, er solle sich ergeben und die Gnade des Statthalters anrufen. Damit war ich zum Statthalter ernannt worden und wurde in der Folge auch von den anderen als solcher geachtet.

Nunmehr legten die Meuterer die Gewehre hin, und ich schickte den übergetretenen Matrosen hin, die Gefangenen sämtlich zu fesseln. Dann rückte ich mit meiner Armee von fünfzig Mann, die doch nur aus acht Köpfen bestand, heran. Wir führten die Meuterer weg und brachten auch das Boot in unsere Bucht.

Ich selbst aber als Statthalter ließ mich aus Gründen der Staatsklugheit bei den Meuterern nicht sehen.

Während wir uns mit dem Boot beschäftigten, um es fahrbereit zu machen, redete der Kapitän mit den Meuterern. Er warf ihnen ihr gottloses Beginnen vor, das sie in Elend und Jammer gebracht habe und vielleicht gar mit dem Galgen bestraft werde. Sie zeigten sich alle reumütig und flehten um ihr Leben.

Der Kapitän erwiderte, sie seien nicht seine Gefangenen, sondern unterständen dem Statthalter der Insel. Sie befänden sich nicht auf einem wüsten, unbewohnten Eiland, die Insel sei besiedelt und der Statthalter ein Engländer. Er könne sie nach Belieben alle aufknüpfen lassen. Verzichte er darauf, so würden sie nach England gesandt und den Gerichten übergeben. Atkins aber würde hier gehängt werden und solle sich zum Tode bereiten.

Obwohl das alles seine eigene Erfindung war, hatte es die gewünschte Wirkung. Atkins flehte den Kapitän auf den Knien an, für ihn bei dem Statthalter ein gutes Wort einzulegen. Die Übrigen baten gleichfalls um Erbarmen, man möge sie doch nicht nach England senden.

Ich hatte die Unterhaltung angehört, und mir fiel ein, man werde diese Burschen zur Eroberung des Schiffes gebrauchen können. Ich trat zurück und befahl einem meiner Leute, den Kapitän zu mir zu rufen.

Der Bursche lief und sprach: »Herr Kapitän, der Herr Statthalter will Ihn sprechen.«

»Gut«, versetzte der Kapitän und wandte sich von den Gefangenen ab, »sage Sr. Exzellenz, ich würde im Augenblick kommen.« Nun glaubten die Meuterer vollends, der Statthalter stehe mit fünfzig Mann in der Nähe. Ich erläuterte dem Kapitän meinen Plan, das Schiff durch die Meuterer erobern zu lassen.

Er gefiel ihm so gut, dass wir beschlossen, den Überfall gleich am Morgen ins Werk zu setzen. Allein wir wollten vorsichtig sein und Atkins und ein paar der schlimmsten Bösewichter gefesselt in die Höhle legen.

Freitag, der Steuermann und der Fahrgast wurden beauftragt, sie dorthin zu führen. Die anderen Männer aber ließ ich in meine Sommerwohnung bringen, die umzäunt war, und sie waren an den Händen gebunden. Der Ort schien also für sie sicher zu sein.

Am Morgen schickte ich den Kapitän zu ihnen. Er solle erkunden, ob sie bei der Eroberung des Schiffes zu helfen bereit seien. Er hielt ihnen noch einmal ihr Unrecht vor und betonte, dass sie den Galgen verdient hätten. Kämen sie nach England, so würden sie alle aufgehängt werden. Wenn sie aber bei der Wiedereroberung des Schiffes hülfen, so werde ihnen der Statthalter Gnade gewähren.

Es ist leicht einzusehen, dass die Leute geschwind auf diese Bedingungen eingingen. Sie fielen vor dem Kapitän nieder und versprachen, ihm bis zum letzten Blutstropfen treu zu sein.

Der Kapitän erwiderte, dass er dem Statthalter ihr Anerbieten vortragen wolle. Er brachte mir Nachricht, und versicherte, dass er glaube, man könne sich auf die Kerle verlassen.

Um aber sicher zu sein, ließ ich ihn zurückgehen und die fünf zuverlässigsten Leute auswählen. Er müsse ihnen sagen, die beiden andern würden zu den übrigen Gefangenen gefesselt in den Kerker gebracht und als Geiseln behandelt. Seien die Kämpfer auch nur im Geringsten untreu, so sollten die fünf Geiseln am Strand aufgehängt werden.

Die Leute mussten nach all diesen Reden und Ereignissen glauben, der Herr Statthalter sei zornig auf sie. Sie stimmten natürlich zu, und der Kapitän hörte, wie sie sich gegenseitig ermahnten, den Statthalter zufrieden zu stellen.

Unsere Streitmacht bestand nunmehr aus folgenden Kämpfern: Kapitän, Steuermann und Fahrgast. Dazu kamen die zwei Gefangenen, die man schon im Anfang bewaffnet hatte. Dann rechneten wir die beiden Gefangenen dazu, die später freigegeben worden waren, und jetzt die letzten fünf. Das waren insgesamt zwölf Mann. Ich fragte den Kapitän, ob er sich getraue, mit dieser Mannschaft das Unternehmen zu wagen. Er nickte. Freitag und ich durften nicht mitfahren, da wir zur Bewachung der Gefangenen zurückbleiben mussten. Der Kapitän sagte den beiden Geiseln, ich sei von dem Statthalter beauftragt, sie zu bewachen. Wir brachten sie nicht in die Höhle, hielten sie aber an den Händen gebunden. Ich drohte ihnen, sie sofort einsperren zu lassen, wenn sie sich auch nur einen Schritt entfernten. Dabei sprach ich bald von dem Statthalter, bald vom Gefängnis, zuletzt von der Besatzung.

Der Kapitän ließ beide Boote fertig machen. Das Leck in dem ersten Boot war leicht zu verstopfen. Zu seinem Befehlshaber ernannte er den Steuermann, dem vier Leute zugeteilt wurden. Er selbst und der Fahrgast mit fünf Matrosen bemannten das zweite Boot.

Sie stießen ab und gelangten schon um Mitternacht zu dem vor Anker liegenden Schiff. Sobald sie in Rufweite angekommen waren, ließ er Robin die Leute an Bord anrufen und ihnen verkünden, sie hätten ihre Kameraden und das Boot wieder gefunden, aber es sei viel Zeit darauf gegangen. Mit solchem und ähnlichem Geschwätz hielt er die Schiffsmannschaft hin, bis unsre Leute neben dem Schiffe beigelegt hatten. Sobald der Kapitän und der Steuermann den Fuß an Deck setzten, schlugen sie auch sofort den zweiten Steuermann und den Schiffszimmermann mit ihren Gewehrkolben nieder, und ihre Mannschaft half ihnen getreulich. Sie nahmen auf dem Hauptdeck die übrige Mannschaft gefangen und verschlossen die Schiffsluken. Das zweite Boot enterte vorn am Bug, die Leute bemächtigten sich der Back und der Luke über der Kombüse und nahmen in dieser drei Mann gefangen. Damit war das obere Schiff in der Gewalt der Angreifer, und der Kapitän befahl dem Steuermann, in die Kajüte einzubrechen, worin sich der Rebellenkapitän verschanzt hatte. Er hatte geschlafen, war aber durch den Kampflärm wach geworden, hatte durch einen Schiffsjungen Gewehre holen lassen und sich mit dem Jungen eingeschlossen. Als der Steuermann die Tür mit einem Hebeisen aufbrach, schossen der Rebellenkapitän und der Schiffsjunge auf die Angreifer.

Die Kugeln zerschmetterten dem Steuermann einen Arm und zwei andere wurden verwundet. Der Steuermann schrie auf, stürmte aber doch hinein und feuerte seine Pistole auf den Rebellenkapitän ab. Er war auf der Stelle tot. Da ergaben sich die letzten Aufrührer, und der Kapitän war froh, dass niemand der Seinen getötet worden war.

Nun befahl der Kapitän, dass sieben Kanonenschüsse als verabredetes Signal gelöst würden. Man kann sich ausmalen, mit welcher Freude und Erleichterung ich diese Salve vernahm. Ich hatte die ganze Nacht bis morgens zwei Uhr am Strand gewartet. Als mir klar war, dass das Schiff in unserer Gewalt war, überwältigte mich die Müdigkeit, obwohl ich wusste, dass jetzt meine Befreiung nahe war. Ich habe nie so fest und ruhig geschlafen wie in den nachfolgenden Stunden.

Der Knall eines Kanonenschusses weckte mich. Ich schrak auf, denn der Schlag kam ganz aus der Nähe.

Gleichzeitig schrie jemand: »Statthalter Robinson Crusoe!« Das war die Stimme des Kapitäns.

Als ich den Gipfel des Hügels erstiegen hatte, fand ich ihn dort stehen. Er deutete zu dem Schiff und sagte, indem er mich in die Arme schloss: »Mein teurer Freund und Erretter, dort liegt Euer Fahrzeug, denn es gehört Euch ebenso wie mir nebst allem, was es enthält.«

Ich richtete die Augen nach dem Schiff und sah es etwa eine halbe Meile vom Land vor Anker liegen. Nachdem nämlich unsere Leute sich seiner bemächtigt hatten, waren die Anker gelichtet worden, und da das Wetter ruhig war, hatten sie das Fahrzeug gerade gegenüber der Mündung des kleinen Baches festgelegt. Weil sich gerade die Flut erhoben, hatte der Kapitän in dem Langboot bis dicht an die Stelle gelangen können, wo ich einst mit meinen Flößen gelandet war, und so hatte er unmittelbar vor meiner Tür aussteigen können.

Ich war vor Überraschung einer Ohnmacht nahe; denn ich sah jetzt alles, was zu meiner Rettung nötig war, sozusagen wie mit Händen zu greifen vor mir und ein großes Schiff, bereit, mich zu tragen, wohin ich Lust hatte. Eine ganze Weile war ich nicht imstande, ein Wort zu sprechen. Ich hielt mich, um nicht umzusinken, am Kapitän fest, der seine Arme um mich geschlungen hatte. Als er meine Verwirrung gewahrte, zog er sogleich eine Flasche aus seiner Tasche und ließ mich einen das Herz stärkenden Trunk nehmen, den er zu diesem Zwecke mitgenommen hatte. Darauf setzte ich mich auf die Erde und kam allmählich wieder zu mir selbst, vermochte jedoch, noch lange Zeit kein Wort über die Lippen zu bringen. Inzwischen war der gute Kapitän in einer ebenso großen Aufregung als ich, wenn auch nicht infolge der Überraschung. Er überhäufte mich mit tausend Ausdrücken des Mitgefühls, um mich wieder zum Bewusstsein zu bringen, aber die Freude strömte so gewaltig in meiner Brust, dass sie alle meine Sinne mit sich fortriss. Endlich brach ich in Tränen aus und dann erst gewann ich die Sprache wieder. Jetzt schloss ich meinerseits meinen Erretter in die

Arme und wir jubelten vereint. »Ich sehe Euch«, so sagte ich zu ihm, »als meinen vom Himmel gesendeten Erretter an und die ganze Begebenheit erscheint mir als eine Kette von Wundern. Solche Ereignisse legen uns Zeugnis ab dafür, dass die verborgene Hand einer Vorsehung die Welt lenkt, und sie beweisen aufs Sicherste, dass die Augen einer unbegrenzten Macht in den entlegensten Winkel der Welt dringen und dass diese Macht dem Unglücklichen Hilfe bringen kann, wenn sie will.«

Ich unterließ auch nicht, gegen den Himmel mein Herz in Dankbarkeit zu erheben, und wer hätte hier auch unterlassen können, dem zu danken, der nicht nur auf wunderbare Weise in solcher Einöde und trostloser Lage für mich Sorge getragen und mich schließlich erlöst hatte!

Als wir uns eine Weile hindurch unterhalten, teilte mir der Kapitän mit, er habe von dem, was das Schiff an Ladung geborgen und was von den Räubern, die es eine Weile im Besitz gehabt hätten, übrig gelassen sei, mir einige kleine Erfrischungen mitgebracht. Dann rief er den Leuten im Boote zu, sie sollten die Sachen für den Statthalter ans Land bringen. Das war aber eine so große Ladung, als ob ich nicht die Absicht hätte, mit den Leuten mich einzuschiffen, sondern als wenn ich auf der Insel bleiben und jene allein ziehen lassen wolle. Da kam zuerst ein Flaschenkorb mit ausgezeichneten Spirituosen zum Vorschein, darunter sechs große Flaschen Madeira, deren jede zwei Liter enthielt; ferner zwei Pfund vorzüglicher Tabak, zwölf große Stücke Ochsenpökelfleisch und sechs Stücke Schweinefleisch, ein Sack voll Erbsen und ungefähr ein Zentner Schiffszwiebäcke. Eine Kiste mit Zucker war auch dabei, eine andere mit Mehl, ein Sack voll Zitronen, zwei Flaschen Limonensaft und eine Menge anderer Dinge.

Sodann aber, und das war mir tausendmal mehr wert als das Übrige, hatte der Kapitän mir noch mitgebracht: sechs reine neue Hemden, sechs sehr gute Halstücher, zwei Paar Handschuhe, ein Paar Schuhe, einen Hut, ein Paar Strümpfe und einen sehr guten, vollständigen Anzug, der dem Kapitän selbst gehörte und nur wenig getragen war. Kurz, mein Freund kleidete mich vom Kopf bis zu Füßen. Jedermann kann sich denken, wie angenehm mir ein solches Geschenk in dieser Lage sein musste, und dennoch vermag sich niemand vorzustellen, wie unbehaglich und linkisch ich mich anfangs fühlte, als ich diese Kleider angelegt hatte.

Nach unsrer gegenseitigen Beglückwünschung und nachdem jene guten Dinge alle in meine kleine Behausung gebracht waren, hielten wir Rat darüber, was mit unsern Gefangenen zu tun sei. Es war nämlich gründlich zu bedenken, ob wir sie mit uns nehmen sollten oder nicht. Besonders galt das für die beiden, die unverbesserlich und widerspenstig im höchsten Grade waren. Der Kapitän versicherte, er kenne sie als solche Schurken, dass keine Wohltat sie zur Treue veranlassen würde. Wenn wir sie mitnehmen wollten, so könne es nur so geschehen, dass sie, wie es Verbrechern zieme, in Ketten gelegt und der ersten besten Kolonie, wo wir ans Land gingen, ausgeliefert würden. Mit Rücksicht auf die Befürchtungen meines Freundes sagte ich ihm zu, ich wolle es übernehmen, die beiden in Rede stehenden Leute dahin zu bringen, dass sie selbst darum bitten sollten, auf der Insel zurückbleiben zu dürfen.

»Das wäre mir sehr willkommen«, entgegnete der Kapitän.

»Gut«, erwiderte ich, »so will ich sie holen lassen und statt Euer mit ihnen reden.«

Hierauf schickte ich Freitag und die beiden Geiseln, welche, nachdem ihre Kameraden sich treu bewährt hatten, gleichfalls von den Fesseln befreit waren, zur Höhle und ließ sie die fünf Gefangenen in ihren Banden zu meinem Landhaus bringen. Bald darauf trat ich in meinem neuen Anzug dort ein, und zwar jetzt wieder in meiner Würde als Statthalter.

Als wir alle versammelt waren und der Kapitän sich gleichfalls eingefunden hatte, ließ ich die Gefangenen vorführen und hielt eine Ansprache an sie. Ich bemerkte darin, dass mir ihre schurkenhafte Handlungsweise vollständig bekannt sei. Ich wisse, dass sie mit dem Schiff entflohen und noch auf andern Raub ausgegangen seien, dass aber die Vorsehung sie in ihrer eigenen Schlinge gefangen und sie selbst in die von ihnen für andere bereitete Grube habe fallen lassen. Auf meine Anordnung, sagte ich, sei das Schiff wieder erobert und liege jetzt auf der Reede; sie würden demnächst ihren Anführer an der großen Rah baumeln sehen, auf dass er den gerechten Lohn für seine Schurkerei empfange.

Hierauf fragte ich, was sie dagegen vorzubringen hätten, dass ich sie nicht gleichfalls als ertappte Seeräuber bestrafe, wozu mich meine amtliche Stellung unzweifelhaft berechtigte.

Einer von ihnen antwortete im Namen der Übrigen, sie hätten darauf nichts weiter zu erwidern, als dass ihnen bei ihrer Gefangennahme Schonung ihres Lebens versprochen worden sei und dass sie mich um Gnade anflehten.

Darauf antwortete ich: »Ich weiß in der Tat nicht, was für eine Art von Gnade ich euch erzeigen könnte; denn was mich selbst angeht, so habe ich beschlossen, die Insel mit allen meinen Leuten zu verlassen und mich mit dem Kapitän nach England einzuschiffen. Der Letztere kann euch nicht mitnehmen; außer als Gefangene in Ketten, damit euch für eure Meuterei und die Desertion mit dem Schiffe der Prozess gemacht wird.

Das aber führt, wie ihr selbst wissen werdet, zum Galgen. Deshalb weiß ich nichts Besseres für euch, als dass ihr euch entschließt, hier auf der Insel euer Glück zu machen. Ist das der Fall, so bin ich nicht abgeneigt, da ich Macht habe, über die Insel zu verfügen, euch das Leben zu schenken, wenn ihr glaubt, dasselbe hier fristen zu können.«

Die Gefangenen schienen zutiefst dankbar dafür zu sein und versicherten mir, sie wollten es weit lieber riskieren, hier zu bleiben als in England gehenkt zu werden. Daher ließ ich es hierbei sein Bewenden haben.

Der Kapitän jedoch schien Schwierigkeiten zu machen, als ob er die Gefangenen nicht hier lassen dürfe. Das ärgerte mich ein wenig, und ich sagte ihm, die Leute seien meine Gefangenen und wenn ich ihnen einmal Gnade zugesagt hätte, so stünde ich auch für mein Wort ein. Wenn er es nicht zufrieden sei, so würde ich sie in Freiheit setzen, wie ich sie gefunden hätte, dann möge er sie sich wieder einfangen, wenn es ihm gelänge.

Sodann ließ ich die dankerfüllten Gefangenen losbinden, befahl ihnen, sich in die Wälder zurückzuziehen und die Stelle wieder aufzusuchen, woher sie vor kurzem gekommen seien, ich versprach ihnen, einige Feuerwaffen und Munition zurückzulassen und ihnen Anweisung zu geben, wie sie ein ganz bequemes Leben führen könnten.

Hierauf bereitete ich mich vor, an Bord zu gehen. Die folgende Nacht jedoch wollte ich noch auf der Insel bleiben und forderte daher den Kapitän auf, sich auf das Schiff zu begeben, dort alles in Ordnung zu bringen, am nächsten Morgen das Boot für mich an das Land zu schicken und den erschossenen Anführer an die Rah aufzuhängen, dass ihn die Leute auf der Insel sehen könnten.

Nachdem der Kapitän sich entfernt hatte, hieß ich die freigegebenen Gefangenen zu mir kommen und begann ein ernsthaftes und eindringliches Gespräch mit ihnen über ihre Zukunft. »Ihr habt«, sagte ich, »das Richtige gewählt, hätte euch der Kapitän mitgenommen, so würdet ihr sicherlich in England aufgehängt worden sein. Seht dort den Meuter-Kapitän an der Schiffsrah baumeln. Das gleiche Los hätte euch erwartet.«

Sie erklärten alle, dass sie gern zurückblieben. Hierauf erzählte ich ihnen von meiner Ankunft und meinen Erlebnissen auf der Insel, zeigte ihnen meine Festungswerke, erklärte ihnen, wie ich mein Brot bereitet, mein Getreide gesät, meine Trauben behandelt hatte, kurz, ich wies sie auf alles hin, was zu ihrer Behaglichkeit dienen konnte. Auch von den sechzehn Spaniern, deren Ankunft zu erwarten sei, erzählte ich ihnen, ließ einen Brief an dieselben zurück und nahm den Verbannten das Versprechen ab, mit denselben alle meine Vorräte zu teilen.

Dann gab ich ihnen meine Gewehre, fünf Musketen und drei Vogelflinten. Ferner erhielten sie drei Säbel und anderthalb Fass Pulver, denn so viel besaß ich noch, da ich nach den ersten Jahren nur wenig mehr gebraucht hatte. Auch beschrieb ich ihnen, wie ich die Ziegen behandelt, sie gemästet und gemolken und wie ich Butter und Käse bereitet hatte. Ich versprach, den Kapitän zu bereden, dass er ihnen noch weitere zwei Pulverfässchen zurücklasse sowie einige Sämereien, die mir sehr gefehlt hätten. Auch den Beutel mit Erbsen, den der Kapitän für mich mitgebracht hatte, gab ich ihnen und ermahnte, sie, Sorge zu tragen, dass dieselben eingelegt würden und gehörigen Ertrag lieferten.

Nachdem dies alles besorgt war, begab ich mich am nächsten Tage an Bord. Wir bereiteten uns vor, sofort unter Segel zu gehen, lichteten jedoch noch nicht an demselben Abend die Anker. Am nächsten Morgen früh kamen zwei von den Zurückgelassenen an das Schiff herangeschwommen, erhoben ein großes Klagegeschrei und baten um Gottes Willen, an Bord genommen zu werden, wenn der Kapitän sie auch aufhängen lassen würde, denn sonst würden die drei andern sie ermorden.

Der Kapitän erwiderte, er könne nichts ohne meine Zustimmung tun. Nachdem ich dann noch einige Schwierigkeiten gemacht und ihnen das feierliche Versprechen der Besserung abgenommen, wurden sie an Bord gelassen und tüchtig durchgepeitscht. Sie zeigten sich später als ordentliche Gesellen.

Einige Zeit darauf schickten wir zur Flutzeit das Boot an Land und ließen den Zurückgebliebenen die versprochenen Gegenstände überbringen, zu denen der Kapitän auf meine Veranlassung noch ihre Koffer und Kleidungsstücke gefügt hatte. Sie nahmen alles dankbar entgegen, und ich ließ ihnen sagen, wenn ich ein Schiff fände, das hier anlegen wolle, so könnten sie selbst entscheiden, ob sie zurückkommen wollten oder nicht.

Beim Abschied von der Insel nahm ich als Erinnerungszeichen mit mir an Bord: die große Ziegenfellmütze, die ich mir selbst gemacht hatte, meinen Sonnenschirm und einen meiner Papageien. Auch das früher erwähnte Geld vergaß ich nicht. Es hatte so lange nutzlos dagelegen, dass es ganz schwarz war und erst, nachdem es gerieben worden, wieder als Silber gelten konnte. Ferner tat ich auch das in dem Wrack des spanischen Schiffes gefundene Gold zu meinen Habseligkeiten.

15. KAPITEL

Robinson kehrt nach England zurück und verkauft seine Pflanzung in Brasilien

Die letzte Nacht auf der Insel habe ich traumlos geschlafen. Als ich am Morgen erwachte und meine Lage überdachte, erschien mir mein Inselaufenthalt wie ein schöner Traum, und ich meinte, dass ich hier ein gutes und zufriedenes Leben geführt habe. Während ich in das Boot stieg, das der Kapitän gesandt hatte, war es mir, als ob die Insel mich festhalten wolle. Darum sprang ich eilig in das Fahrzeug und sah mich nicht mehr um.

So verließ ich denn, wie ich aus dem Schiffskalender ersah, am 19. Dezember des Jahres 1684 das Eiland, nachdem ich achtundzwanzig Jahre, zwei Monate und neunzehn Tage darauf zugebracht hatte. Meine Befreiung aus dieser zweiten Gefangenschaft fand an demselben Monatstage statt wie meine Flucht in dem Langboot von den Mauren zu Salee. Nach langer Fahrt und nach fünfunddreißigjähriger Abwesenheit betrat ich am 11. Juni des Jahres 1685 wiederum die englische Erde.

Ich war in meinem Vaterland aller Welt so fremd geworden, als ob ich nie mit jemandem dort bekannt gewesen wäre. Meine treue Hauswirtin und Wohltäterin, der ich mein Geld anvertraut hatte, lebte noch, war aber in große Schwierigkeiten geraten und befand sich, zum zweiten Mal Witwe geworden, in sehr dürftigen Umständen. Ich beruhigte sie in Bezug auf das, was sie mir schuldete, versicherte, dass ich sie darum nicht in Sorgen setzen wolle, erleichterte vielmehr zum Dank für ihre alte Liebe und Treue ihre Lage so gut, als meine geringen Mittel es damals gestatteten. Es war zwar nur wenig, was ich für sie tun konnte, doch sagte ich ihr zu, dass ich ihre frühere Freundlichkeit nicht vergessen werde. Das habe ich denn, wie später erzählt werden soll, auch gehalten, sobald ich in die Lage kam, sie unterstützen zu können.

Bald darauf begab ich mich in die Grafschaft York. Mein Vater und meine Mutter waren gestorben und von meiner ganzen Familie lebte niemand mehr als zwei meiner Schwestern und zwei Kinder von einem meiner Brüder. Da man mich schon seit langer Zeit für tot gehalten, war ich auch bei der Erbschaft des väterlichen Nachlasses übergangen worden. So hatte ich denn so gut wie nichts zu meinem Lebensunterhalt, denn das wenige Geld, was ich bei mir führte, konnte nicht hinreichen, mir eine Existenz zu gründen.

Jetzt aber erfuhr ich einen unerwarteten Beweis von Dankbarkeit. Der Schiffskapitän, den ich nebst seinem Schiff und dessen Ladung so glücklich gerettet, hatte dem Schiffseigentümer einen getreuen Bericht von der Art, wie ich ihn und sein Fahrzeug gerettet hatte, abgestattet. Dieser nebst einigen andern beteiligten Kaufleuten forderten mich hierauf zu einer Zusammenkunft auf, sprachen mir auf höfliche Weise ihren Dank aus und machten mir ein Geschenk von beinahe zweihundert Pfund Sterling.

Als ich nach reiflicher Überlegung einsah, wie wenig auch dieses Geld zur Sicherung meiner Existenz ausreichen könne, beschloss ich, nach Lissabon zu reisen, um zu versuchen, ob ich dort nicht eine Auskunft über den Zustand meiner Plantage in Brasilien erhalten und erfahren könne, wie es mit meinem Nachbarn stehe, der mich ohne Zweifel viele Jahre für tot gehalten hatte.

Ich begab mich auf ein Schiff und kam im folgenden April mit meinem ehrlichen Freitag, der mir bei allen Reisen und Geschäften treulich beigestanden hatte, daselbst an. Zu meiner großen Freude fand ich dort den Schiffskapitän, der mich einstmals, als ich den Seeräubern von Salee entronnen war, in sein Schiff aufgenommen hatte. Er war ein alter Mann geworden, hatte das Seeleben aufgegeben und seinem Sohne das Schiff übertragen. Er selbst hatte bisher noch Handel nach Brasilien getrieben.

Der Alte kannte mich nicht mehr, und auch ich hatte Mühe, ihn wiederzuerkennen. Als wir aber unsere Namen nannten, war unsere Freude groß. Wir erzählten uns unsere Erlebnisse seit jener Begegnung westlich der afrikanischen Küste und ich fragte auch nach meinem Nachbarn.

Der Kapitän antwortete mir, dass er neun Jahre nicht in Brasilien gewesen sei, aber in jener Zeit den Nachbarn noch am Leben und gesund angetroffen habe. Er glaubte also, dass ich von meiner Pflanzung gute Botschaft hören werde, die Rechnung über die Einkünfte meiner Pflanzung sei damals, als das Gerücht ging, ich habe Schiffbruch erlitten und sei ertrunken, dem königlichen Rentmeister übergeben worden. Dieser habe, da man mich für tot hielt, ein Drittel dem König von Portugal und zwei Drittel dem Kloster St. Augustin für die Armen und zur Bekehrung der Indianer zum katholischen Glauben zugeteilt. Käme ich oder ein anderer Erbe wieder zum Vorschein und spräche das Erbe an, so würde es herausgegeben werden, bis auf die jährlich ausgegebenen Posten. Der Kapitän versicherte mir, dass der königliche Landrentmeister und der Hofmeister des Klosters das Erbe mit großer Sorgfalt verwaltet und darüber jährlich Rechnung abgelegt hätten.

Ich fragte ihn, ob er wisse, wie stark sich die Pflanzung vermehrt hätte und ob es die Kosten lohne, sich danach umzusehen. Vielleicht könne ich selbst hinfahren. Der Kapitän erwiderte, im Einzelnen könne er keine Auskunft geben, aber er wisse, dass mein Nachbar überaus reich geworden sei. Zurückerlangen könne ich meine Pflanzung ohne Schwierigkeiten, denn mein Nachbar werde für mich zeugen. Ich könne sicher sein, dass mir eine große Summe baren Geldes zustehe.

Als ich fragte, ob mein Testament ausgeführt worden sei, versetzte er, er habe es einschreiben lassen, da keine Nachricht von meinem Tode zu erlangen gewesen sei. Er versprach mir, über das Testament genau Rechnung abzulegen. Nach einigen Tagen brachte mir der ehrliche Alte ein Verzeichnis des Einkommens aus den ersten sechs Jahren meiner Pflanzung. Es war von meinem Nachbarn und den Mitaufsehern unterzeichnet. Darin war angeführt, was an Tabak in Rollen, an Zucker in Kisten, an Rum und Melasse geerntet worden war. Die Ernte hatte sich mit jedem Jahr stark erhöht. Anfangs hatten die Unkosten den größten Teil der Ernte aufgezehrt. Trotzdem konnte mir der alte Kapitän eine Schuld an mich von vierhundertsiebzig Moidores in Gold, dazu sechzig Kisten Zucker und fünfzehn doppelte Rollen Tabak, belegen. Die Waren waren allerdings bei einem Schiffbruch zugrunde gegangen, den er elf Jahre nach meiner Abfahrt aus Brasilien auf seinem Rückweg nach Lissabon erlitten hatte. Aber er sei verpflichtet, sie mir zu ersetzen.

Nun fing der gute Mann an, über sein Unglück zu klagen. Er sei in Not gewesen und habe zum Ersatz seines Schadens und zum Kauf eines Anteils an einem anderen Schiff mein Geld angreifen müssen. »Doch, mein alter lieber Freund«, fuhr er fort, »Ihr sollt deswegen keinen Verlust haben. Sobald mein Sohn zurückkommt, wird Euer Guthaben voll ausbezahlt werden.«

Er langte einen alten Beutel hervor, zählte mir hundertsechzig Moidores in Gold hin und zeigte mir eine Schrift, worin er mich am Schiff seines Sohnes zum Miteigentümer erklärte, und legte Geld und Quittung in meine Hand.

Mir ging die Ehrlichkeit und Liebe des alten Freundes sehr zu Herzen. Ich dachte daran, was er für mich getan hatte, als er mich aus dem Meer auffischte, und wie großmütig er mir in meiner Not begegnet war. Ich konnte meine Rührung kaum verbergen und fragte ihn, ob er das Geld auch entbehren könne. Ich las es seinem Gesicht ab, dass er große Sorgen hatte. Daher nahm ich kurz entschlossen von dem Geld hundert Stück Moidores, erbat Feder und Tinte und schrieb, dass ich ihm diese hundert wieder erstatten würde, falls es mir gelinge, in den Besitz meines Landgutes zu kommen.

Der Kapitän bot mir an, mir zu einem schriftlichen Anspruch auf mein Landgut zu verhelfen.

Ich antwortete, dass meine Absicht gewesen sei, dorthin zu fahren. Er schüttelte den Kopf und erwiderte, das sei unnötig, denn ich könne auch in Lissabon mein Recht finden.

Er ließ meinen Namen in ein öffentliches Register eintragen und fügte sein eidliches Zeugnis hinzu, dass ich noch am Leben und Besitzer jener Pflanzung sei. Diese Urkunde ließ er mich durch einen Notar an einen Kaufmann in Brasilien senden. Er selbst aber bot mir Herberge an, bis Nachricht zurückkäme.

Ehe sieben Monate verstrichen, erhielt ich ein großes Paket von den Söhnen meiner ehemaligen Geschäftspartner. Das waren die Kaufleute, in deren Auftrag ich damals die Unglücksfahrt nach der guineischen Küste übernommen hatte. Dieses Paket enthielt die gesamte Abrechnung seit jener Zeit, aber ich will die Leser dieser Geschichte mit den Zahlen nicht beschweren. Die Endrechnung stand so da: Ich war in einem Augenblick Herr von mehr als fünftausend Pfund Sterling und dazu Eigentümer eines Herrengutes in Brasilien, das mir jährlich tausend Pfund einbringen konnte. Über diesen Reichtum wusste ich mich kaum zu fassen.

Meine erste Tat war, den braven alten Schiffskapitän, meinen redlichen Wohltäter, zu bedenken. Ich ließ ihm seine Schuld nach und gab ihm die hundert Moidores zurück. Ferner stellte ich eine Vollmacht aus, die ihn zum Verwalter meiner Einkünfte aus meiner Pflanzung einsetzte. Von den Einnahmen sollte er jährlich hundert Goldstücke für sich behalten. So vergalt ich meinem alten Freunde, was er an mir getan hatte.

Meine nächste Sorge war, was ich mit dem mir vom Himmel bescherten Segen anfangen solle. Während meines Insellebens hatte ich das von mir auf den Schiffen gefundene Geld in der Höhle versteckt. Jetzt blieb mir kein anderer Weg, als nach England zu reisen und mein Geld mitzunehmen. Ich dachte auch an meine Wohltäterin in London, die mein Gut aufbewahrt hatte und jetzt in so dürftigen Umständen lebte. Ich ließ ihr durch einen Kaufmann in Lissabon einen Wechsel von hundert Pfund Sterling aushändigen. Zu gleicher Zeit ließ ich jeder meiner Schwestern hundert Pfund überschreiben, zumal die eine verheiratet gewesen und Witwe geworden war. Meinem Nachbarn in Brasilien schrieb ich, wie ich meine Angelegenheiten geordnet habe. Ich sei gesonnen, hinüberzukommen und dort zu bleiben. Nunmehr gedachte ich, meinen Weg nach England zu nehmen. Da ich von der Seefahrt genug hatte, überlegte ich, ob ich nicht zu Lande dorthin gelangen könne. Ich meinte, eine solche Landreise könne viel lustiger sein. Als ich das meinem alten Freunde, dem Schiffskapitän sagte, brachte er mir einen jungen Engländer, den Sohn eines Lissaboner Kaufmanns, der Lust hatte, mit mir zu reisen.

Wir fanden noch zwei englische Kaufleute und zuletzt noch ein paar Portugiesen, die aber nur bis Paris zu reisen hatten. Wir waren also zu sechsen und hatten fünf Diener. Ich nahm zu meinem treuen Freitag noch einen Matrosen als Knecht an, weil Freitag hier zu fremd war, um zu allen Diensten aufwarten zu können. So reisten wir von Lissabon ab, alle wohlberitten und bewaffnet. Man tat mir die Ehre an, mich zum Hauptmann zu ernennen, zumal ich der Älteste war und die Reise geplant hatte.

Als wir in Madrid anlangten, waren wir gesonnen, eine Zeit lang zu bleiben, um den spanischen Hof und andere Sehenswürdigkeiten in Augenschein zu nehmen. Es war schon Ausgang des Sommers, wir mussten eilen, um nicht in den Winter zu kommen. Daher verließen wir Madrid Mitte Oktober.

Als wir an den Grenzen von Navarra anlangten, machte man uns in verschiedenen Städten Bange, auf der französischen Seite des Gebirges sei so viel Schnee gefallen, dass einige Reisende zur Rückkehr nach Pamplona gezwungen worden seien; bei unserer Ankunft in Pamplona fanden wir es wirklich so. Es herrschte eine klirrende Kälte, die uns, die wir an tropische Wärme gewöhnt waren, besonders unerträglich schien. Der Schnee lag an einigen Orten so hoch, dass die Pferde bis an den Bauch einsanken.

Der arme Freitag erschrak gehörig, als er die Berge völlig mit Schnee bedeckt sah und die Kälte fühlte, denn so etwas hatte er in seinem ganzen Leben noch nicht gesehen oder empfunden. Zum Überfluss schneite es, während wir in Pamplona waren, ohne Unterlass und mit größter Heftigkeit und Dauer. Wie die Leute sagten, war der Winter diesmal ungewöhnlich früh eingetreten.

Wir ließen einen Führer holen. Er erbot sich, uns einen Weg übers Gebirge zu führen, auf dem keine Gefahr durch den Schnee zu fürchten wäre. Aber wir müssten genügend bewaffnet sein, um uns vor den Raubtieren zu schützen. Besonders die Wölfe seien im Gebirge gefährlich und der Hunger triebe sie manchmal in die Ebene hinunter.

So brachen wir am fünfzehnten November mit einer großen Reisegesellschaft von Pamplona auf. Unser Führer machte manche Umwege und führte uns so, dass wir den Gipfel des Gebirges überschreiten konnten, ohne vom Schnee behindert zu werden.

Beim Verlassen des Gebirges zeigte uns der Führer die heiteren und fruchtbaren Landschaften Languedoc und Gascognien. Sie grünten und blühten uns entgegen, obgleich sie noch weit von uns entfernt waren und wir noch manchen harten Weg vor uns hatten.

Nun aber fing es an, Tag und Nacht so heftig zu schneien, dass wir nicht weiterreiten konnten. Unsere Herzen füllten sich mit Sorge; allein der Führer sprach uns Trost zu, dieser Nachwinter werde nicht lange dauern und wir kämen bald tiefer hinab. Wir verließen uns auf ihn und ritten weiter.

Da, einige Stunden vor der Nacht, als er vorausgeritten und uns aus den Augen gekommen war, brachen plötzlich aus dem

Hohlweg, der in einem dichten Wald endigte, drei ungeheure Wölfe hervor, denen ein Bär folgte. Zwei von den Wölfen stürzten sich auf den Führer, und wäre er nur ein wenig entfernter von uns gewesen, würde er unfehlbar zerrissen worden sein, ehe wir ihm hätten zu Hilfe kommen können. Der eine Wolf stürzte sich auf das Pferd, während der andere den Mann mit solcher Heftigkeit anfiel, dass dieser nicht Zeit, aber auch nicht Geistesgegenwart genug hatte, seine Pistole hervorzuziehen. Vielmehr schrie er nur aus Leibeskräften nach uns um Hilfe.

Ich befahl Freitag, der mir zunächst ritt, nachzusehen, was es gäbe.

Sobald jener den Führer erblickte, schrie er ebenso laut als Letzterer: »Ach Herr, ach Herr!« Aber tapfer wie er war, ritt er sofort zu dem armen Menschen hin und schoss dem Wolf, der diesen angefallen hatte, eine Pistole vor den Kopf. Es war ein Glück für den Führer, dass gerade Freitag ihm zu Hilfe kam, der sich nicht vor ihnen fürchtete. Er trat dicht heran und schoss aus der Nähe, während jeder andere von uns aus einer größeren Entfernung gefeuert und dann vielleicht entweder den Wolf verfehlt oder den Mann selbst der Gefahr ausgesetzt haben würde.

Das Ereignis war übrigens so schlimm, dass es auch einen Tapferern wie mich erschreckte. Wir entsetzten uns sämtlich, als auf den Knall von Freitags Pistole sich von beiden Seiten ein schauerliches Geheul der Wölfe erhob. Das Echo der Berge verdoppelte den Laut so, dass er uns den Eindruck machte, als ob wir von einer großen Menge solcher Bestien umgeben seien. Indessen hatte, nachdem Freitag den Wolf erlegt, der andere das Pferd sogleich losgelassen und die Flucht ergriffen. Da er glücklicherweise den Kopf des Pferdes angefallen, wo ihm das Zaumzeug zwischen die Zähne gekommen war, hatte er noch nicht viel Schaden getan. Der Mann jedoch war verletzt. Das ausgehungerte Tier hatte ihn zweimal gebissen, zuerst in den Arm und dann etwas oberhalb des Knies, und er war eben im Begriff gewesen, vom Pferde zu stürzen, als Freitag dazu kam und den Wolf erschoss.

Man kann sich leicht vorstellen, dass wir alle bei dem Schuss von Freitags Pistole unsern Zug beschleunigten und so rasch, als die sehr mangelhafte Beschaffenheit des Weges es gestattete, zur Stelle ritten, um zu sehen, was vorgefallen sei. Sobald wir aus den Bäumen, die uns vorher an der freien Aussicht gehindert hatten, heraustraten, übersahen wir im Augenblick, wie die Sachen standen, und dass Freitag den armen Führer schon befreit hatte. Doch erkannten wir nicht sogleich, was für ein Tier getötet war.

Niemals aber ist wohl ein Kampf so kühn und in so überraschender Weise ausgefochten worden als der, welcher nun zwischen Freitag und dem Bären erfolgte. Obgleich wir anfangs für Freitag fürchteten und sehr erschrocken waren, so bot dieses Gefecht doch für uns alle das unterhaltendste Schauspiel, welches man sich nur denken kann. Der Bär ist ein schweres, plumpes Geschöpf und kann nicht so springen wie der Wolf, der schlank und leicht gebaut ist. Für gewöhnlich fällt er Menschen nicht an, wenn ihn nicht der Hunger dazu treibt, wie es damals der Fall war, als der Boden über und über mit Schnee bedeckt war.

Als wir hinzukamen, hatte Freitag bereits unsern Führer gerettet und war eben beschäftigt, ihm vom Pferde zu helfen. Der arme Mensch schien mehr entsetzt als schwer verwundet zu sein. Plötzlich sahen wir den Bären aus dem Walde treten, ein ungeheures Tier, bei weitem der größte, den ich je gesehen habe. Alle erschraken, nur Freitag zeigte Beherztheit. Er bat durch Rufe und Winke, ja nicht zu schießen, sondern die Bestie ihm zu überlassen. Er wandte sich um, zeigte auf eine große Eiche und winkte uns, ihm nachzureiten. Mit wenigen Schritten war er am Baum, erkletterte eilends den rauen Stamm, ließ aber sein Gewehr einige Schritt entfernt auf dem Boden liegen. Der Bär rannte ihm nach, beschnüffelte die Flinte und klomm dann schnell und leicht wie eine Katze den Stamm hinauf, dem Verwegenen nach. Als der Bär oben war, ritten wir näher heran. Freitag schien vor dem Bären auf den dünnen Teil eines Baumastes zu flüchten, der Bär ihm nach. Sobald das Tier weiter hinauskam, schrie Freitag: »Ihr Herren, jetzt will ich den Bären tanzen lehren!« Er fing an, auf dem Ast zu schaukeln. Der Bär taumelte, klammerte sich aber fest und blickte sich um, wie er entweichen könne. Nun mussten wir wirklich lachen. Freitag schaukelte stärker, dem Bären wurde es ungemütlich, er strebte zurück, konnte jedoch nicht.

Freitag schrie den Bären an: »Warum kommst du nicht näher? Komm doch näher her!« Er stellte das Schaukeln einige Augenblicke ein und der Bär rückte ihm näher auf den Leib. Freitag schaukelte wieder, da strebte der Bär zurück. So ging das Spiel eine ganze Zeit. Ich glaubte, es wäre höchste Zeit, den Bären durch den Kopf zu schießen. Als aber Freitag unsere Gewehre gerichtet sah, schrie er: »Nicht schießen!« und schaukelte so stark, dass der Bär sich nur mit Mühe auf dem Zweige halten konnte. Er klammerte sich mit seinen breiten Pfoten und Klauen fest an, und wir mussten über seine Verlegenheit laut lachen. Als Freitag merkte, dass der Bär nicht weiter zu ihm hinkonnte, wenn er nicht abstürzen wollte, rief er ihm zu: »Kommst du nicht zu mir, so will ich zu dir.« Er rückte so weit auf das äußerste Ende des Zweiges, dass sich dieser abwärts bog und er auf die Erde abrutschen konnte. Er sprang flugs auf die Füße, eilte zu seinem Gewehr und war im nächsten Augenblick am Baumstamm. Der Bär war unterdessen auf dem schwankenden Ast rückwärts gekrochen, war am Stamm angelangt und kletterte rücklings daran herunter. Freitag stand wartend mit dem Gewehr. Ehe der Bär den Boden erreichte, setzte ihm der Verwegene die Mündung an das Ohr und gab Feuer. Wie ein Sack fiel das gewaltige Tier zurück und rollte dem übermütigen Schützen vor die Füße.

Nun kehrte sich der leichtsinnige Kerl um und sagte lachend, so erlege man die Bären in seiner Heimat. Als ich ihm zurief, man habe doch kein Schießgewehr, erwiderte er: »Aber große lange Pfeile!«

Von der weiteren Reise durch Frankreich weiß ich nichts Bemerkenswertes zu melden, was nicht andere Reisende bereits geschickter berichtet hätten. Ich ritt mit Freitag von Toulouse nach Paris, hielt mich aber nicht lange auf und erreichte über Calais am 14. Januar glücklich Dover. Nun hatte meine Reise ein Ende. Da meine Wechsel bar ausbezahlt wurden, fand ich mich bald im Besitze meines ganzen Kapitals. Das Geld glaubte ich nirgends besser aufgehoben als bei meiner guten Witwe.

Ich selbst hatte zwar vorgehabt, über Lissabon nach Brasilien zu reisen. Nach langem Überlegen aber beschloss ich, lieber daheim zu bleiben und eine Gelegenheit zu erspähen, meine Pflanzung zu verkaufen. Ich schrieb meinem alten Bekannten in Lissabon und bekam zur Antwort, dass er mich leicht beraten könne. In Brasilien lebten die Nachkommen meiner Bevollmächtigten als Kaufleute. Sie kennten den Wert meiner Besitzungen, seien reich, und er glaube zu wissen, dass sie zum Ankauf gern bereit seien. Auf diese Weise hoffe er einen um fünftausend Piaster höheren Preis zu erreichen. Ich war gern einverstanden und gab dem Kapitän den Auftrag, das Angebot zu machen.

Als das Schiff nach acht Monaten zurückgekehrt war, meldete mir mein alter Freund, dass die beiden Kaufleute das Angebot angenommen und die Kaufsumme von 33000 Piaster zur Auszahlung in Lissabon angewiesen hätten. Nun unterzeichnete ich den Kaufvertrag und schickte ihn nach Lissabon, worauf mir der Kapitän die Kaufsumme in Wechseln überwies. Von der Kaufsumme wurde ein Restbetrag zurückgestellt, der als Rentenkapital für die hundert Moidores, die der alte Kapitän jährlich erhalten sollte, diente.

So war ich also ein reicher Mann geworden und hatte keine Ursache, mich in neue Fährlichkeiten zu begeben. Ich war jedoch ein umherschweifendes Leben gewohnt, hatte keine Familie, wenig Verwandte, und meine neue Bekanntschaft war gering. Darum konnte ich das Land Brasilien und meine Insel nicht aus dem Kopf bringen. Insonderheit lag mir sehr am Herzen, meine Insel wiederzusehen und zu hören, ob die Spanier dort hingekommen seien, und was ihnen mit den zurückgelassenen englischen Taugenichtsen begegnet wäre. Meine getreue Freundin, die Witwe, riet mir sehr ernst ab. Sie vermochte mich sieben Jahre zu halten. Ich nahm meine beiden Neffen, die Söhne meines Bruders, zu mir. Den Ältesten erzog ich seinem Stande gemäß und sorgte für seine Zukunft. Den anderen tat ich zu einem Schiffskapitän, und weil er nach fünf Jahren Lehrzeit ein wackerer und beherzter Seemann wurde, gab ich ihm ein gutes Schiff unter die Füße und schickte ihn aufs Meer. Aber eben dieser junge Bursche verleitete mich, so alt ich war, später zu neuen Abenteuern. Vorerst dachte ich daran nicht. Ich ließ mich häuslich nieder, verheiratete mich, und meine liebe Frau schenkte mir drei Kinder, zwei Söhne und eine Tochter.

So hatte meine Lebensgeschichte einen gewissen Abschluss erreicht. Wenn ich sie überdachte, sah ich, dass ich bald Trauriges, bald Fröhliches erlebt hatte, dass mir viel Unglück, aber auch viel Glück widerfahren war. Seltsame Abenteuer waren mir begegnet, die unter hunderttausend Menschen nicht einer erlebt hat. Mein Leben hatte mit törichten Streichen begonnen, aber es war über alles Erwarten glücklich ausgegangen.

Es gibt ein bekanntes Sprichwort, das besagt, was einer mit auf die Welt bringe, das hinge ihm an bis ins Grab. Nie hat sich dies Wort mehr bewahrheitet als in meiner Lebensgeschichte. Man sollte denken, all die tausenderlei Unglücksfälle, die ich in fünfunddreißig Jahren erlebte, hätten meine angeborene Neigung zum Wandern und Herumschwärmen gedämpft. Wie konnte ich im Alter von einundsechzig Jahren noch Lust bekommen, dieser Leidenschaft nachzugeben und Leben und Vermögen weiteren Gefahren auszusetzen. Junge Leute ziehen aus, um in der weiten Welt ihr Glück zu suchen. Aber mein Glück lag zu Hause, bei meiner Frau und meinen Kindern.

All das sagte ich mir täglich und konnte doch dem starken Verlangen, abermals in die Welt hinauszuziehen, nicht widerstehen. Vor allem das Verlangen, die neuen Pflanzungen auf meinem Eiland und die Pflanzer dort zu sehen, wollte mir nicht aus dem Kopfe heraus. Ich träumte die Nächte davon und schleppte mich am Tage damit herum. Sogar im Schlaf redete ich davon.

Keine Fröhlichkeit, kein angenehmer Zeitvertreib war mir mehr gegönnt. Meine Frau sah diesen Zustand mit Sorge. Als ich einmal in der Nacht wieder mit den Gebilden meiner Einbildungskraft Gespräche führte, sagte sie zu mir, meine Leidenschaft müsse von Gott kommen. Sie wisse wohl, dass mich nur die Rücksicht auf sie und die Kinder hindere, meinem inneren Drang nachzugeben. Wenn sie einmal tot sei, würde ich sofort meiner Sehnsucht nachgeben. Ich merkte wohl, dass sie meine innersten Neigungen erkunden wollte und fragte sie offen heraus, ob sie mich gern reisen ließe.

Sie antwortete unter Tränen mit Nein; wenn ich hinausziehen wolle, dann möge ich sie mitnehmen. Diese Unterhaltung brachte mich zur Besinnung. Ich sah die Pflicht, die mir Frau und Kindern gegenüber auferlegt war, und ging gegen meine innersten Wünsche an. Auch überlegte ich, ob mich nicht eine nützliche Beschäftigung von meiner Leidenschaft abzubringen vermöge. Darum kaufte ich in der Grafschaft Bedford ein kleines Landgut, um dort zu wohnen und es zu bewirtschaften. Es hatte ein schönes und bequemes Haus. Das Gelände war fruchtbar und ließ sich verbessern. Da der Besitz im Inland lag, hatte ich mit Schiffern, Seefahrern und anderen Gesellen keinen Umgang. Ich bezog also meinen Hof, richtete die Haushaltung ein, kaufte Pflüge, Eggen, Wagen, Karren, Pferde, Kühe, Schafe, griff das Werk ernstlich an und wurde in einem halben Jahr ein rechter Landjunker. In meinem Kopfe hatten keine anderen Gedanken Platz als die Anordnungen für das Gesinde, den Anbau und die Umzäunung des Feldes, und ich fühlte mich so wohl in diesem Zustande, dass mir kein Wunsch nach der Ferne etwas anhaben konnte. Ich sagte mir, jetzt säße ich so recht im Mittelstande, wovon mir mein Vater so ernst gesprochen hatte.

Aus diesem glückseligen Leben warf mich ein einziger Schlag des Schicksals hinaus: Meine liebe Ehegattin, meine treue Ratgeberin, starb. Ich war ein verlassener Mann geworden und die Welt kam mir plötzlich ganz wunderlich vor. Ich wusste nicht, was ich tun oder lassen sollte. Die Welt um mich her arbeitete und ich war ihr fremd geworden. Das Leben auf meiner Insel stand unverhofft lebendig vor mir. Dort hatte ich in meinem Königreich nicht mehr Korn wachsen lassen, als ich nötig hatte, nicht mehr Ziegen aufgezogen, als ich brauchen konnte, und mein Geld war in der Kiste schimmelig geworden. Meine Gedanken liefen mir fort und rannten sporstreichs in meine alten, fernen, auswärtigen Unternehmungen hinein. Der angenehme Zeitvertreib in der Bewirtschaftung meines Hofes verlor allen Reiz, hatte nichts Anziehendes mehr. Ich mochte nichts mehr davon sehen und gedachte, das Gut zu verkaufen und wieder nach London zurückzukehren.

Etliche Monate später fand ich einen Käufer und saß nun wieder in der großen Stadt. Aber meine Unruhe verließ mich nicht und meine Grillen plagten mich ärger als zuvor.

16. KAPITEL

Robinson will seine Insel besuchen und erlebt neue Abenteuer

s war im Anfang des Jahres 1693, als mein Neffe, den ich als Seemann hatte ausbilden lassen und dem ich zu einem Schiff verholfen hatte, von seiner ersten Reise, die ihn bis Bilbao führte, zurückkehrte. Er machte mir seine Aufwartung und erzählte, dass einige Kaufleute seiner Bekanntschaft ihm den Vorschlag gemacht hätten, für sie eine Seereise nach Ostasien und China zu unternehmen. Mein Neffe kannte meine brennenden Wünsche und sprach zu mir: »Herr Oheim, wenn Ihr Lust habt, mit mir in See zu gehen, so verspreche ich, Euch auf Eurem alten Eiland auszusetzen, zumal wir doch an Brasilien vorbeifahren müssen.« Ich erschrak, aber er redete mir zu und meinte, dass es mir Freude bereiten werde, meine alte Siedlung zu sehen, wo ich glückseliger gewesen sei als irgendein König auf der ganzen Welt. Ich wehrte mich nicht, und wir waren uns bald einig, dass ich mit ihm fahren wolle, wenn er sich mit den Kaufleuten über die Reise zu einigen vermöge. Als ich ihn aber fragte, ob er mich von meinem Eiland wieder abholen könne, antwortete er, seine Auftraggeber würden ihm nicht erlauben, mit einem beladenen Schiff den gleichen Weg zurückzusegeln, da dieser Kurs eine um einen Monat längere Fahrzeit

beanspruche. Wir fanden aber einen anderen Ausweg und kamen überein, dass wir ein Boot ins Schiff nehmen wollten, das, zerlegt, leicht verstaut werden konnte und mithilfe einiger Zimmerleute in wenigen Tagen zusammenzusetzen war. Damit würde ich einen Hafen in Brasilien oder auf den englischen Inseln leicht erreichen können.

Meine Kinder gedachte ich bei meiner alten Freundin, der Witwe, unterzubringen. Wie war sie erschrocken, als ich ihr von meinen Plänen erzählte. Aber sie half mir trotzdem in allem, was zur Förderung meiner Reise notwendig war. Sie übernahm mein gesamtes Hauswesen und die Erziehung meiner Kinder. Ich wusste, dass keine leibliche Mutter die Kinder besser erziehen würde als sie. In meinem Testament sorgte ich für sie, und als ich sie nach meiner Rückkehr noch am Leben traf, konnte ich ihr meinen Dank auch dann noch beweisen. Mein Vermögen legte ich bei zuverlässigen Leuten an, sodass meine Kinder nie in Not geraten konnten.

Im Januar 1695 war mein Neffe segelfertig. Am Achten dieses Monats ging ich mit meinem Diener Freitag an Bord. Außer dem zerlegten Boot nahm ich vielerlei Notwendiges für meine Siedlung mit. Auch etliche Handwerker hatte ich angeworben, die auf der Insel für mich arbeiten würden und als Siedler zu bleiben gedachten. Zwei Zimmerleute, ein Schmied, ein Fassbinder waren mir vor allem wichtig. Der Fassbinder war ein gar kunstfertiger Geselle, der Räder und Handmühlen zum Kornmahlen anzufertigen wusste und außerdem als guter Drechsler und geschickter Töpfer galt. Darum nannten wir ihn nur unsern Meister Allerlei. Sodann bot sich ein Schneider an, der mit meinem Neffen nach Ostindien gehen wollte, sich aber später bereit erklärte, auf meinem Eiland zu bleiben.

Meine Ladung bestand aus einem großen Vorrat an Leinwand und einigen leichten Stoffen zur Kleidung für die Spanier. Ich hatte den Bedarf auf sieben Jahre berechnet. Alle Stoffe für die Kleider, für Handschuhe, Hüte, Schuhe und Strümpfe kosteten über zweihundert Pfund Sterling. Für Unter- und Oberbetten, Haus- und Küchengeräte, allerlei Eisenwerk an Nägeln, Werkzeug, Hohleisen, Haken, Türangeln und viele andere nötige Dinge gab ich weitere hundert Pfund aus. Ferner kaufte ich hundert Gewehre, Musketen, Flinten, nebst einigen Pistolen und vergaß nicht, eine beträchtliche Menge Schrot und Bleikugeln hinzuzufügen. Auch zwei kleine Kanonen erwarb ich und schiffte sie ein. Um die Insel für alle Notfälle auszurüsten, erhandelte ich hundert Fass Pulver und vergaß nicht die Handwaffen, Degen und Dolche. Wir hatten also in kurzer Zeit vielerlei Geräte beisammen. Ich ließ meinen Neffen außer den Kanonen auch ein paar kleinere Halbdeckkanonen mitnehmen. Sie sollten auf dem Eiland in eine Schanze gelegt werden und die Insel gegen jeden Überfall sichern.

Gegenwinde und schlechtes Wetter hinderten uns zuerst am Auslaufen. Dann verschlugen uns Gegenwinde nordwärts, wir mussten einen Hafen in Irland anlaufen und zweiundzwanzig Tage stillliegen. Dieser Zwischenfall wandte sich zum Guten, denn wir konnten daselbst Lebensmittel in Überfluss und sehr billig kaufen. Darum brauchten wir unsere Ladung nicht anzugreifen, konnten sie vielmehr auf bequeme Weise vermehren.

Am 5. Februar stachen wir von Irland aus in See und hatten etliche Tage frischen und guten Wind. Es mag am Zwanzigsten dieses Monats gewesen sein, als der Steuermann, der Wache hatte, abends spät zu uns in die Kajüte stürzte und meldete, er hätte einen Feuerblitz gesehen und auch den Schuss gehört. Wäh-

rend er noch sprach, riss ein Schiffsjunge die Tür auf und rief, der Bootsmann hätte einen zweiten Schuss vernommen. Wir eilten aufs Deck, sahen aber eine Weile nichts, bis vor uns ein riesiges Feuer aufflammte, das eine große Helligkeit verbreitete. Nach einer halben Stunde Segelns konnten wir deutlich unterscheiden, dass mitten auf dem Meer ein großes Schiff in Brand stand. Da ließ ich sofort fünf Kanonen nacheinander abfeuern. Die Schiffbrüchigen sollten wissen, dass Hilfe in der Nähe sei, denn von unserem Schiffe konnten sie in der Dunkelheit nichts sehen. Als wir in die Nähe des brennenden Schiffes kamen, flog es zu unserem Entsetzen plötzlich mit gewaltigem Krach in die Luft. Die Reste versanken in wenigen Minuten, und tiefe Dunkelheit breitete sich vor unseren Augen aus, wo kurz vorher das grelle Feuer geblendet hatte. Ich machte mir große Sorgen, die Schiffsleute müssten entweder beim Auffliegen des Schiffes getötet sein oder in ihren Booten auf dem dunklen Meer treiben. Darum ließ ich an allen Teilen unseres Schiffes Laternen aufhängen und die ganze Nacht hindurch Kanonen abfeuern. Im Morgendämmern entdeckten wir in unseren Ferngläsern ein Rettungsboot. Es ist unmöglich zu beschreiben, wie die Leute ihre Freude über die unverhoffte Rettung zum Ausdruck brachten: Einige weinten und schrien, andere liefen auf dem Schiff umher, stampften mit den Füßen oder rangen die Hände. Etliche lachten und jauchzten. Manche aber standen stumm da und vermochten nicht ein Wort herauszubringen. Einige wenige knieten, bekreuzten sich und dankten Gott.

Auf dem Schiff befanden sich als Fahrgäste ein junger Bursche samt seiner Mutter und ihrer Magd. Die Mutter war so schwach, dass er ihr kaum etwas Essen einzuflößen vermochte. Aber es war zu spät. In der Nacht gab sie ihren Geist auf.

Der Junge war siebzehn Jahre alt, ein hübscher, sittsamer und gescheiter Bursch. Er hatte erst wenige Monate vorher auf Barbados seinen Vater verloren und musste jetzt auf so entsetzliche Art auch seine Mutter missen. Als wir dem jungen Menschen vorstellten, wie weit er sich von seiner Heimat und seinen Freunden entferne, wenn er mit uns führe, entgegnete er nur, es gelte ihm gleich viel, wo er hinkäme, sodass ich einwilligte, sie mit auf meine Insel zu nehmen.

17. KAPITEL

Was in Robinsons Abwesenheit auf der Insel geschehen ist

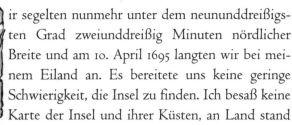

ir segelten nunmehr unter dem neununddreißigsten Grad zweiunddreißig Minuten nördlicher Breite und am 10. April 1695 langten wir bei meinem Eiland an. Es bereitete uns keine geringe Schwierigkeit, die Insel zu finden. Ich besaß keine Karte der Insel und ihrer Küsten, an Land stand kein Zeichen, sodass wir an der Insel vorbeifuhren, ohne sie zu erkennen. Nach langem Hin- und Hersegeln trafen wir endlich auf die Südseite meines Eilands und ich erkannte sie sofort wieder. Wir legten das Schiff vor die kleine Bucht, an der meine alte Wohnung lag. Sobald ich die vertraute Gegend vor mir sah, rief ich Freitag und fragte ihn, ob er wisse, wo wir seien. Er sah sich verwundert um, riss die Augen groß auf und schrie: »Oh, ja!«, wies auf unsere alte Wohnstatt und sprang umher wie ein Unsinniger. Hätte ich ihn nicht am Rock festgehalten, er wäre ins Meer gesprungen, um unsere Insel zu erreichen.

»Nun, Freitag«, redete ich ihm gut zu, »meinst du wohl, wir werden deinen alten Vater hier noch treffen?« Der gute Kerl stand eine ganze Weile stumm wie ein Stock. Dann blickte er betrübt vor sich hin und zwei dicke Tränen rannen ihm über die Backen. Als ich ihn verwundert ansah, schüttelte er bedauernd den Kopf: »Nein, ach nein, ich werde ihn nimmer sehen. Mein Vater ist schon lange tot, er war ein alter Mann.« Ich suchte, ihn abzulenken, und meinte: »Und wen werden wir sonst noch sehen?« Er aber hatte seine Augen wandern lassen und sah wohl besser als ich; denn er zeigte auf unsern Ausguck oberhalb der alten Wohnung. Obgleich wir eine Stunde davon entfernt lagen, schrie er überlaut, er sehe dort viele Menschen. Daraufhin ließ ich sofort die englische Flagge setzen und drei Kanonenschüsse lösen. Das sollte ankündigen, dass wir Freunde seien. Nach kurzer Zeit antwortete man uns von der Insel mit einem Rauchfeuer. Sofort ließ ich ein Boot zu Wasser, zog am Flaggstock die weiße Friedensflagge auf und fuhr mit Freitag und dem jungen Priester nach dem Ufer. Zur Vorsicht nahmen wir sechzehn wohlbewaffnete Burschen ins Boot, denn wir wussten nicht, ob wir unbekannte Gäste auf der Insel antreffen würden. Später erwies sich, dass die Waffen überflüssig waren. Da Flutzeit war, konnten wir geradewegs in die Bucht hineinrudern. Der erste Mann, auf den mein Auge traf, war der Spanier, dem ich das Leben gerettet hatte. Ich kannte ihn sofort wieder. Obwohl ich befohlen hatte, niemand solle vor mir das Land betreten, gab es bei Freitag kein Halten. Der treue Kerl hatte am Strande seinen Vater erblickt, und wenn ich ihn nicht als Ersten hätte ans Ufer springen lassen, er hätte sich unfehlbar ins Meer gestürzt. Kaum hatte er den Strand erreicht, als er seinem Vater entgegenflog, ihn umarmte, küsste und dann fest in die Arme nahm. Er ließ sich mit ihm unter einem Baum nieder, gab aber sein närrisches Benehmen nicht auf. Er sprang wieder auf, blickte scharf zu seinem Vater nieder, als ob er ein Götterbild vor sich habe, kniete dann vor ihm, strich ihm über die Füße, stand wieder auf und setzte sich endlich zu ihm, um mit ihm zu reden.

Ich hatte mich an den Spanier gewandt. Im gleichen Augenblick aber kamen andere seiner Landsleute hinzu, die eine weiße Fahne schwenkten. Niemand von ihnen schien mich zu kennen, alle hielten mich für einen Fremden, der wohl zufällig die Insel gefunden habe.

»Mein Herr«, sprach ich den ersten Spanier an, »kennt ihr mich nicht?«

Da half ihm meine Stimme, er trat auf mich zu, um mich zu umarmen. Er entschuldigte sich, dass er mein Gesicht nicht wieder erkannt habe, das ihm einst als das eines Engels vom Himmel erschienen sei. Darauf lud er mich ein, in meine alte Wohnung zu kommen. Er habe sie nur wenig verbessert.

Allein als wir vom Strande hinaufschritten, konnte ich den Zugang zu meiner Festung nicht finden. Sie hatten neue Bäume gepflanzt, die in den zehn Jahren meiner Abwesenheit so ineinander gewachsen waren, dass dem Ort durchaus nicht beizukommen war, außer durch gewundene Gänge und unwegsame Pfade. Ich fragte den Spanier, was sie zu all diesen Befestigungen veranlasst habe, und bekam die ernste Antwort, ich würde sie selbst für notwendig halten, wenn ich erführe, was in all der Zeit auf der Insel geschehen sei.

Jetzt gestand mir auch mein Spanier, dass ihm sein Lebtag nichts so schwer vorgekommen sei, als bei seiner Rückkehr nach der Insel zu erfahren, dass ich das Eiland verlassen habe. Bei den Wilden hätten sie sich besser befunden als bei den drei englischen Barbaren. »Wären wir nicht stärker gewesen als sie«, meinte er, »so würden wir schon lange im Fegefeuer sitzen.« Er bat mich, ihm nicht zu zürnen, wenn er berichte, dass sie genötigt gewesen seien, die Engländer zu entwaffnen und zu Knechten zu machen. Ich beeilte mich, ihm Recht zu geben. Mir sei es herzlich leid gewesen, die drei Taugenichtse im Besitz der Insel zurücklassen zu müssen. Es seien halsstarrige und liederliche Gesellen gewesen. Darum müsse ich es loben, wenn man sie gezähmt und zu nützlicher Arbeit gezwungen habe.

Unterdessen hatten sich außer meinem Spanier noch elf der Inselbewohner zusammengefunden. Sie blickten mich alle wie einen Fremden an. Mein Spanier winkte sie heran, stellte mich vor und sagte ihnen, dass sie sämtlich ihr Leben mir zu danken hätten. Nun traten sie heran, nicht als ob sie Matrosen oder gemeine Leute seien, sondern mit dem Benehmen von Edelleuten, und mich behandelten sie, als ob ich ein Monarch oder großer Kaiser wäre. Mit Ernst und großer Höflichkeit begrüßten sie mich, wie es so die Gewohnheit eines echten Spaniers ist.

Die Geschichte von der Rückkehr der Spanier auf die Insel und von ihren Kämpfen mit den englischen Matrosen und sodann mit den Wilden ist aber so merkwürdig und mit so mancherlei Zufällen verbunden, dass ich nicht umhin kann, sie im Zusammenhang zu erzählen.

Der Leser wird sich erinnern, unter welchen Umständen ich die Insel vor zehn Jahren verlassen hatte. Als ich Freitags Vater und den Spanier, dessen Leben ich vor den Wilden rettete, in dem großen Boot aussandte, um die Spanier herüberzuholen, wusste ich nicht, dass meine eigene Befreiung so dicht bevorstand. Ich konnte nicht vorhersehen, dass ein englisches Schiff anlegen und mich abholen würde. Die Spanier mussten also ungeheuer bestürzt gewesen sein, als sie bei ihrer Rückkunft sahen, dass ich nicht nur die Insel verlassen, sondern auch drei Fremde zum Eigentümer des Eilandes gemacht hatte. Und das waren dazu drei der unverschämtesten, unbändigsten und zänkischsten Lumpenhunde, die die Welt je gesehen. Das einzige Gute, das diese Schelme taten, bestand darin, dass sie den Spaniern bei ihrer Landung meinen Brief übergaben. Sie händigten ihnen auch den langen Zettel aus, auf dem ich meine besonderen Erfahrungen über die Aufzucht von Ziegen, vom Brotbacken, vom Dörren der Trauben, von der Töpferei usw. aufgeschrieben hatte. Da zwei der Spanier Englisch verstanden, kamen sie anfangs gut mit den drei Verbannten aus. Die drei gingen den Spaniern in allen Stücken zur Hand, räumten ihnen Haus und Keller ein, verhielten sich wie rechte Nachbarn, und mein Spanier, der von allen der Vornehmste war, wurde auch von ihnen als der Oberste auf der Insel anerkannt. Aber dann taten sie nichts anderes als herumstreifen, Papageien schießen, Schildkröten fangen, und wenn sie abends nach Hause kamen, setzten sie sich mit den Spaniern zu Tisch. Die Spanier hätten sich damit abgefunden, wenn man sie sonst nicht behindert hätte. Aber die Faulpelze machten es wie die Hunde am Futtertrog, wollten nur essen und immer wieder essen, gönnten den anderen nichts, und an Arbeiten dachten sie überhaupt nicht. Anfangs gab es nur geringen Ärger, dann aber fielen böse Worte, und endlich brach ein richtiger Krieg aus, weil die Engländer sich allzu trotzig und wider alle Vernunft aufgeführt hatten.

Eines Tags kamen die drei Nichtsnutzigen zu ihnen, gaben ihnen trotzige Worte und erklärten, die Insel gehöre ihnen, der Statthalter habe sie ihnen zu Eigen gegeben. Wenn die Spanier Häuser bauten und Pflanzungen anlegten, müssten sie Grundzins zahlen. Die fleißigen Pflanzer hielten die großsprecherischen Reden für Possen. Sie sagten ihnen, mehr im Spaß als im Ernst, wenn sie Herren des Landes seien, so müssten sie auch einen hübschen großen Pachtbrief ausstellen.

Über diesen Spaß fing einer von den dreien an zu fluchen und zu toben, sie sollten bald sehen, dass sie keine Scherze machten. Er sprang auf, griff nach dem Kochfeuer, riss einen Brand heraus und steckte eine Hütte an. Sie wäre in wenigen Minuten zu Asche verbrannt, wenn nicht einer der Pflanzer den Wüterich weggestoßen und das Feuer ausgeschlagen hätte. Darüber brach ein heftiger Streit aus, und die Spanier jagten die Hitzköpfe davon und ließen sie auch nicht wieder in die Festung.

Nach etwa fünf Tagen kehrten die drei Landstreicher zurück. Sie waren völlig abgemattet und schier verhungert. Sie traten mit demütigen Gebärden herzu und baten, sie wieder aufzunehmen. Die Spanier begegneten ihnen höflich, erwiderten aber, sie hätten sich so grob aufgeführt, dass man ohne gemeinsamen Beschluss in nichts einwilligen könne. Sie sollten sich gedulden.

Nach einer halbstündigen Beratung wurden die Herumtreiber hereingerufen. Die Spanier hielten ihnen zornig ihre Verbrechen vor. Sie konnten nichts leugnen und waren zuletzt recht kleinlaut. Darauf gingen sie auf alle Bedingungen ein und baten nur, dass man ihnen genug zu essen gäbe. Ehe es zu neuen Unzuträglichkeiten kam, traten Ereignisse ein, die die ganze Insel in Gefahr brachten und die Empörer zwang, allen Streit beiseite zu legen und an der Abwehr mitzuhelfen.

In der Nacht lag der Statthalter voll Unruhe auf seinem Lager und konnte durchaus nicht einschlafen. Er fühlte sich vollkommen gesund, aber ängstliche Gedanken quälten ihn. Die Unruhe wollte nicht weichen, sodass er endlich aufstand, sich anzog und ins Freie ging. Sein Aufstehen und Umherwandern aber hatte die andern wach gemacht. Sie riefen ihn an und fragten, was ihm wäre. Darauf erzählte er von seiner Unruhe, und einer meinte: »Solche Ahnungen darf man nicht leicht nehmen. Es ist etwas Böses im Anzuge.« Sie stiegen zum Ausguck hinauf.

Aber wie erschraken sie, als sie um das Wäldchen herumbogen: Am Strande leuchteten ihnen Feuer entgegen und sie hörten Lärm wie von einer großen Menschenmenge. Sofort rannten einige zurück und alarmierten das ganze Haus. Binnen kurzem standen alle und starrten zu den Feuern hinüber. Es waren im Ganzen drei Feuer, jedes von dem anderen weit entfernt. Und an den Feuern lagerten zahlreiche Menschen, die man als Wilde erkennen konnte. Die Spanier gerieten in große Bestürzung, denn die Wilden schwärmten überall am Strande umher. Wie leicht konnten sie zu ihrer Ziegenherde hinfinden, sie wegnehmen und sie damit aller Nahrung berauben. Vielleicht fanden sie gar zu ihrer Festung hin. Als Erstes kamen sie überein, ihre Ziegenherde fortzutreiben und sie in das große Tal zu führen.

Die Spanier wussten es sich anfangs nicht zu deuten, warum die Haufen der Wilden so weit voneinander entfernt lagen. Etliche Feuer glühten über eine Stunde weit, während die ersten ganz in der Nähe lohten. Später stellte sich heraus, dass die Gruppen zu zwei verschiedenen Völkern gehörten. Nachdem man über die Lage eine ganze Zeit lang beratschlagt und zu

keinem Entschluss gekommen war, erbot sich Freitags Vater, auf Kundschaft auszugehen. Er wolle sich unter die Wilden mischen und zu erfahren suchen, woher sie kämen und welches ihre Absichten seien. Der Alte zog sich splitternackt aus und lief fort. Nach einigen Stunden, in denen sich das nächtliche Bild des Strandes nicht geändert hatte, tauchte er aus der Dunkelheit wieder auf. Er erzählte, er sei unerkannt bei allen Feuern gewesen. Die Wilden beständen aus den Angehörigen zweier Völker, die gegeneinander Krieg führten. Sie hätten in ihrem Lande eine große Schlacht geschlagen und wären mit ihren Gefangenen durch bloßen Zufall auf der gleichen Insel gelandet, um hier ihre kannibalischen Siegesfeste zu feiern. Durch das Zusammentreffen sei ihnen die Freude arg versalzen worden. Es herrsche zwischen ihnen große Erbitterung und bei Tagesanbruch würden sie sich nochmals in die Haare geraten. Auf die Frage, ob die Kannibalen wüssten, dass die Insel bewohnt sei, versicherte der Alte, dass er von einer solchen Kenntnis nichts bemerkt habe. Das aufkommende Tageslicht zeigte die Streitenden in wildem Durcheinander. Freitags Vater erschöpfte seine ganze

Rednergabe, die Spanier und die Engländer zu bewegen, sich still beisammenzuhalten und sich nirgends sehen zu lassen. Dann würden die Wilden sich gegenseitig totschlagen und die Überlebenden wären bald von der Insel verschwunden. Die vorwitzige Neugierde der Engländer aber war nicht zu bändigen. Sie liefen hinaus, um dem Streit zuzusehen. Sie suchten sich einen Standort, wo sie nach ihrem Dafürhalten von den Wilden nicht erkannt werden konnten. Später aber ergab es sich, dass man sie doch gesehen hatte.

Der Kampf war sehr erbittert, und die Engländer erzählten später, dass sich die Wilden überaus tapfer und beherzt geschlagen hätten. Auch sei die Anlage und die Leitung des Gefechts außerordentlich geschickt gewesen. Die Schlacht dauerte über zwei Stunden und wurde mit aller Leidenschaft durchgekämpft. Dann zeigte sich, dass die Partei, die unserer Wohnung am nächsten stand, die schwächste war. Sie wurde zurückgedrängt und ihre Reihen lösten sich auf. Die Unseren gerieten in große Angst, dass die Flüchtigen das Wäldchen vor der Wohnung als Zufluchtsort anlaufen würden. Dann wäre das Geheimnis der Festung verraten. Man musste sogar Sorge haben, dass die Verfolger nachdrängen würden. Alle zogen sich daraufhin in die Festung zurück und hielten ihre Gewehre schussbereit. Es sollte aber nur geschossen werden, wenn höchste Not dazu zwinge. Einzelne Eindringlinge wollte man mit dem Kolben oder mit den Säbeln töten.

Was sie fürchteten, geschah alsbald. Drei von der geschlagenen Partei schwammen über die Bucht und liefen geradewegs auf das dichte Schutzgehölz der Festung zu. Der Statthalter befahl, sie nicht zu töten, sondern von ihren Verfolgern abzuschneiden und gefangen zu nehmen. Sie wurden ergriffen und gebunden. Der Rest des geschlagenen Volkes stürzte sich in die Kanus und war bald über der See verschwunden. Die verfolgenden Sieger setzten ihnen nur lässig nach, zogen sich dann zurück und liefen auf dem Schlachtfelde zu einem großen Haufen zusammen. Ihr Siegesgeschrei, das wohl ein Triumphlied bedeuten sollte, hallte laut aus den Wäldern zurück. Noch am selbigen Tage, gegen drei Uhr nachmittags, marschierten sie zu ihren Kanus und ruderten weg.

Nach der Abfahrt der Wilden kamen die Spanier aus ihren Verstecken hervor, besichtigten die Walstatt und zählten zweiunddreißig Gefallene. Einige waren mit großen, langen Pfeilen getötet, andere mit den schweren hölzernen Schwertern erschlagen worden. Viele Bogen und eine Menge Pfeile lagen umher. Dazu fanden sich siebzehn der hölzernen Schwerter. Es waren ungeheuer große und schwere Waffen. Die Kämpfer, die sie führten, mussten sehr starke Männer gewesen sein. Man fand keinen einzigen Verwundeten. Entweder hatte man sie totgeschlagen oder mit weggeführt.

Die überstandene Gefahr zähmte die Engländer eine ziemliche Weile. Sie bekannten ehrlich, dass der Anblick der wehrhaften Feinde sie in großen Schrecken versetzt habe. Wenn sie solchen wilden Kannibalen in die Hände gefallen wären, hätte man sie sicher wie Vieh geschlachtet und aufgefressen. Sie verhielten sich also eine Zeit lang gut, pflanzten, säten, ernteten und waren nützliche Mitglieder der Inselgemeinschaft. Dann aber entstanden durch ihre Bosheit neue Unruhen.

Die Engländer hatten sich der drei gefangenen Wilden bemächtigt. Es waren junge, muntere und starke Kerle, die sich zu jeder Arbeit gebrauchen ließen. Sie nützten sie weidlich für sich aus, behandelten sie aber nicht anders als menschliche Haustiere. Ich hatte mir meinen Freitag zum Genossen und Freund erzogen, ihn alles gelehrt, was ihn zu einem Christenmenschen machte. Dadurch war er mir ein treuer Helfer geworden, der jederzeit mit seinem Leben für mich eintrat. Das alles fiel den dreien auch nicht im Traum ein. Der eine der Taugenichtse hatte sich über einen der Sklaven erzürnt, ergriff ein Beil und ging auf den Wilden los. Er hätte ihn erschlagen, wäre nicht einer der Spanier, der in der Nähe war, dazwischengesprungen. Darüber wurde der Engländer erst recht wütend, hob das Beil, um den Spanier niederzuschlagen. Dieser wich dem Streich aus und schlug den Rohling mit der Schaufel zu Boden. Daraufhin wurden die Taugenichtse aus der Inselgemeinschaft ausgestoßen und mussten für sich selbst sorgen.

Den Spaniern wurde bald bewusst, wie ruhig und vergnügt sie nunmehr lebten, nachdem diese unruhigen Köpfe sie verlassen hatten.

18. KAPITEL

Die große Kannibalenschlacht

iese Entwicklung der Inselsiedlung wurde durch ein schlimmes Ereignis jäh unterbrochen. Eines Morgens kamen wieder fünf oder sechs Kanus mit Wilden angefahren, und am Strande entwickelte sich das gewohnte Bild eines Siegesfestes mit lautem Geschrei, lodernden Feuern und ekelhafter Menschenfresserei. Die Inselleute kümmerten sich nicht darum, hielten sich aber so lange verborgen, als die Wilden am Strande tobten. Nach der Abfahrt der Kannibalen gingen die Spanier zum Strande, um die Überreste des Siegesmahles zu beseitigen. Sie fanden zu ihrer Verwunderung drei Wilde, die zurückgeblieben waren und schlafend an der Erde lagen. Entweder waren sie bei der Abfahrt nicht wachzubringen gewesen oder sie hatten sich im Wald zum Schlafen hingelegt und waren vergessen worden. Die Spanier erschraken und wussten nicht, was zu tun sei. Man ließ sie vorerst liegen und hoffte, sie würden sich nach dem Aufwachen davonmachen. Doch der Statthalter konnte kein Boot finden. Darum befahl er, die Schlafenden zu binden und gefangen zu nehmen, aber einem von ihnen gelang es zu entfliehen. Diese Flucht erweckte auf der Insel tiefe Sorge. Da er trotz allen Suchens auf der ganzen Insel nicht zu finden war, musste man annehmen, dass er mit seinen Landsleuten, die drei oder vier Wochen nach seiner Gefangennahme wieder zu einem Festmahl gelandet waren, weggefahren sei. Nun mussten die Wilden wissen, dass die Insel bewohnt war. Aber man hatte den neuen Sklaven niemals gesagt, wie viel Menschen die Insel barg. Auch hatten sie niemals Feuerwaffen gesehen oder den Knall eines Gewehrs gehört. Noch weniger kannten sie die verschiedenen Höhlen, die als Vorratskammern oder Schlupfwinkel dienten.

In der Folgezeit erwies sich, dass die Sorgen der Inselleute wegen einer Entdeckung durch die Wilden nur zu berechtigt waren. Nach etwa zwei Monaten landeten sechs indianische Kanus, von denen jedes mit sieben bis zehn Männern besetzt war, an der Nordseite der Insel. Dorthin waren sie sonst nie gekommen, aber sie wurden in der Tat von dem entlaufenen Sklaven geführt. Die Eindringlinge gingen geradewegs zur Festung, aber die Spanier konnten sie rasch vertreiben.

Es vergingen sechs Monate, ohne dass man auf der Insel das Geringste von den Wilden vernahm. Schon fingen unsere Leute an zu hoffen, dass niemand der Leute des ersten Beutezuges aus der Sturmnacht entkommen sei, als sie eines Tages eine riesige Flotte von achtundzwanzig Kanus sichteten. Ein Blick genügte, um die starke Bewaffnung des Feindes mit Bogen und Pfeilen, großen Keulen, hölzernen Schwertern zu zeigen. Die Inselgemeinschaft geriet in die größte Bestürzung. Weil die Wilden am Abend an der Ostseite der Insel, nördlich von meiner Festung, ans Ufer kamen, hatten die Unsern in der Nacht Zeit zu überlegen, wie sie sich der Feinde erwehren wollten. Die Ziegenherde, alle Menschen und alles wertvolle Eigentum wurden in meiner Festung geborgen. Diese Vorbereitungen erwiesen sich als richtig. Am Morgen sammelten sich die Wilden am Strande, und es zeigte sich, dass es über dreihundert Krieger waren.

So entwickelte sich eine Schlacht, die drei Tage lang dauerte, aber mit dem Sieg der Spanier endete. Es gelang ihnen sogar, einen recht dauerhaften Frieden mit den Wilden zu stiften.

Über allem, was mir auf meiner Insel begegnete, fand ich erst spät Gelegenheit, mir von den Abenteuern der Spanier im Lande der Wilden und von ihrer Ankunft auf der Insel erzählen zu lassen und welche Freude in ihrem elenden Leben die Zurückkunft ihres Freundes und Kameraden für sie bedeutet habe. Noch mehr hätten sie über seinen Bericht sich verwundert, denn wie hätten sie glauben können, dass Christenmenschen in der Nähe seien, die sie befreien wollten.

Diese Erzählung freute mich herzlich, denn jetzt sah ich, dass mein Unternehmen zur Rettung der Spanier ein voller Erfolg gewesen war.

Nachdem ich die Zustände auf meinem Eiland kennen gelernt hatte, hielt ich es an der Zeit, meine mitgebrachten Schätze auszuteilen und dem Leben auf der Insel durch neue Befehle größere Sicherheit zu geben. Wir alle hofften, dass die Insel von den Wilden künftig nicht angegriffen werde. Sollte aber eine neue Landung der Kannibalen erfolgen, so hatten die Inselbewohner jetzt Mannschaft und Waffen genug. Größere Sorge bereitete mir die Frage, ob alle Bewohner auf der Insel bleiben wollten. Die Inselsiedlung konnte nur gedeihen, wenn die Bewohner sie als ihre Heimat betrachteten. Ich fragte einen nach dem anderen, ob sie alten Groll vergessen und künftighin als gute Freunde und Nachbarn leben wollten. Will Atkins machte sich zum Sprecher aller und erklärte offen und ehrlich, sie hätten so viel Widerwärtigkeiten ausgestanden, dass sie vernünftig geworden seien. Feindschaft sei nunmehr genug gewesen, jetzt müsse Liebe und Freundschaft auf dem ganzen Eiland herrschen. Auch die Spanier sollten von jetzt an seine guten Freunde sein, und er bat sie, dass sie ihm verzeihen möchten, wenn sein toller Kopf ihnen Kummer bereitet habe. Eine Rückkehr nach England käme für ihn überhaupt nicht infrage. Er wolle sogar noch zwanzig Jahre hier bleiben.

Diese Rede bewog die Spanier, Atkins mit warmen Worten zu loben. In der großen Schlacht gegen die Wilden und bei anderen Gelegenheiten habe er sich tapfer gehalten und sei für das allgemeine Wohlsein mit aller Kraft eingetreten. Alles Vergangene müsse vergessen sein.

Nach diesen freimütigen und ungezwungenen Freundschaftserklärungen verabredeten wir für den folgenden Tag ein prächtiges Festmahl, das wir als Sinnbild einer festen und treuen Inselgemeinschaft ansahen. Ich ließ den Schiffskoch und seinen Maat an Land kommen, damit sie das Mahl zurichteten, und der Kamerad des Will Atkins bewies als alter Smutje bei diesem Anlass aufs Neue seine große Kochkunst.

Hierauf stellte ich ihnen die Handwerker vor, die künftig zu den Inselleuten zählen wollten, den Schneider, den Schmied, die beiden Zimmerleute und zuletzt meinen Meister Allerlei, von denen die Inselgemeinschaft alles und jedes verlangen könne.

Mein Auge fiel auf den Jüngling, dessen Mutter auf dem beschädigten Schiff Hungers gestorben war. Er stand bescheiden im Hintergrunde und die Magd hielt sich in seiner Nähe. Sie hatte sich auf meinem Schiff als sittsam, wohl erzogen und gewissenhaft bewährt und sich so gut und hilfreich gezeigt, dass jedermann ihr gut war. Der junge Mann kam zu mir her und sagte mir, er habe überlegt, dass er in Ostindien ganz fremd sei. Ich möge ihm vergönnen, auf der Insel zu bleiben und ihm Land für eine Pflanzung zuweisen lassen. Ich winkte Will Atkins heran und übergab ihm den neuen Ansiedler. Atkins begriff sofort, was zu tun sei.

Er und der Smutje hätten vor, sich in der Nähe anzusiedeln. Dann könne der junge Mann für diese Siedlungsgruppe ein guter Zuwachs sein. Und noch mehr plante der kluge Atkins: Auch die Handwerker könnten bei ihm siedeln, denn dort sei Land genug vorhanden. Ich stimmte dem Eifrigen gern zu. Auf diese Weise war die Insel in zwei Siedlungsgruppen eingeteilt. Die Spanier samt dem alten Freitag und ihren Sklaven lebten in meiner alten Festung unterhalb des Hügels, der als Ausguck dient. Das war die Hauptstadt der Insel. Sie lag ganz im Walde verborgen. Tausend Menschen hätten das Eiland wochenlang durchstreifen können und würden sie dennoch nicht gefunden haben. Das machte der Schutzwald, der so dicht zusammengewachsen war, dass er als schier undurchdringlich gelten konnte.

Als ich in den nächsten Tagen Will Atkins besuchte, legte er mir einen Plan seiner Siedlungsgruppe vor, und ich war darüber so froh, dass ich Atkins zum Beauftragten der Landverteilung machte.

Er hatte die Siedler zusammengerufen, jedem sein Stück Land zugeteilt, und sie hatten den Plan eigenhändig unterschreiben müssen. Atkins bat mich, allen das Besitz- und Erbrecht für ihre Pflanzungen zu überlassen und den Vertrag durch meine Unterschrift zu vollziehen. Der Kluge hatte auch an alles gedacht und vorgesehen, dass alles übrige Eiland mein Eigentum verbleibe und jeder der Siedler verpflichtet sei, mir nach elf Jahren einen kleinen Zins zu zahlen.

Danach ging ich zu den Spaniern und kam mit ihnen überein, dass sich ihre Pflanzungen längs des Baches, der in die Bucht mündete, erstrecken sollten. Ihre Felder zogen sich bis zu meinem alten Sommerhause hin, und sie konnten ihre Pflanzungen bei größerem Bedarf nach Osten erweitern, um den Engländern im Westen weiteren Raum zu gönnen.

Bei der Verteilung der Siedlungen hielt ich streng darauf, dass die Ostseite der Insel, wo die Wilden zu landen pflegten, unbewohnt blieb. Ich ermahnte alle Inselbewohner und gab es vor allem dem Statthalter auf, die Kannibalen bei ihren Festmahlzeiten nicht zu stören. Sie kämen und gingen, und was sie trieben, wäre nicht unsere Sache.

Als ich wieder an Bord gehen wollte, sprach mich der junge Mann an. Er bäte mich, Briefe an seine Freunde in London mitzunehmen. Seine Pflanzung aber würde er, wenn er die Insel verlasse, gern ohne Entschädigung abtreten.

Ich versprach ihm, die Briefe gern zu besorgen.

Nunmehr glaubte ich, alle Angelegenheiten auf meinem Eiland gut geordnet zu haben.

Jetzt konnte ich meine Insel verlassen und ging am 5. Mai an Bord, nachdem mein Aufenthalt fünfundzwanzig Tage gedauert hatte.

Beim Abschied sagte ich den Inselleuten, dass ich ihnen von Brasilien aus noch weitere Hilfe schicken würde, insonderheit einiges Vieh wie Schafe, Schweine und Kühe.

Mit fünf Abschiedsschüssen gingen wir unter Segel und bald sah ich mein Eiland am Himmelsrande untertauchen. Große Wehmut wollte mir das Herz bedrücken. Die Insel war das Schicksal meines Lebens geworden.

Die Reise nach Brasilien dauerte drei Wochen. An Merkwürdigkeiten bot sie nur eine höchst sonderbare Begegnung mit den Wilden, der zu meinem großen Schmerz mein armer Freitag zum Opfer fiel. Nach etwa drei Tage Segelns hatte uns eine

Windstille befallen, sodass wir auf völlig ebnem Meer fast stilllagen. Gegen Abend des dritten Tages sahen wir eine ganze Flotte von Kanus und sie kamen stracks auf uns zugerudert. Darüber erschrak ich sehr und mein Neffe, der Kapitän, nicht minder. Er hatte fürchterliche Geschichten von der Kriegstüchtigkeit der Kannibalen auf meiner Insel gehört, war auch niemals in diesen Gewässern gewesen. Mir machte vor allem die Flaute Sorge, und dass uns der Strom so stark in die Richtung der Küste trieb. Ich ließ ihn aber meine Sorge nicht merken, sprach ihm Mut ein und riet, das Schiff vor Anker zu legen. Alle Segel wurden gerefft und die Anker rasselten hernieder. Ich sagte meinem Neffen, wir hätten von den Wilden nichts zu fürchten, außer wenn sie Feuer an das Schiff legten. Er solle sämtliche Kanonen laden lassen, zwei Drittel von ihnen mit Kartätschen. Außerdem müssten beide Boote ausgebracht werden und sie wären am Bug und am Heck festzulegen. Die Besatzung sei stark zu bewaffnen und mit Feuereimern und Löschgeräten zu versehen.

So geschah es, und unterdessen war die indianische Flotte herangekommen. Sie fuhr in guter Ordnung und gehorchte einem Führerboot, dessen Insasse sie durch Winke und Rufe lenkte.

Ich konnte nun hundertsechsundzwanzig Boote zählen, und in jedem Boote saßen siebzehn oder gar zwanzig Mann, das ergab über zweitausend tapfere Kriegsleute, deren kämpferische Wildheit bei ihrem Überfall auf die Insel kundgeworden war. Und ich glaubte, in diesen Wilden meine Feinde von der Insel sicher zu erkennen.

Als die Flotte näher kam, verharrte sie wie in großer Verwunderung. Die Wilden wussten wohl nicht recht, was sie mit uns machen sollten, doch schwenkten sie in großem Bogen um unser Schiff herum. Wir riefen den Leuten in unseren Booten zu, sie nicht zu nahe herankommen zu lassen, aber vorerst nicht zu schießen. Eine kleine Abteilung der Boote, etwa ihrer sechs, schwenkte von der großen Flotte ab und näherte sich der Schaluppe am Heck. Sie ließ fünfzig Pfeile gegen unsere Schaluppe fliegen, wovon ein Matrose schwer verwundet wurde. Ich befahl meinen Leuten, sich still zu verhalten, sich vor neuen Pfeilen zu decken, aber alle Kanonen schussfertig zu machen.

Unterdessen war die ganze Flotte herumgeschwenkt und kam jetzt von der andern Seite heran. Sie fuhr so nahe vorbei, dass wir jeden Mann deutlich erkennen konnten, und ich hieß Freitag aufs Deck hinaufsteigen und sie in ihrer Sprache fragen, was sie vorhätten. Ob sie ihn verstanden haben, konnte ich nicht wissen. Sobald sie aber sein Ruf erreichte, wandte sich das vorderste Kanu. Im gleichen Augenblick schrie Freitag warnend zurück, sie würden schießen. Ein Schauer von mehreren hundert Pfeilen prasselte wenige Augenblicke später gegen das Schiff. Wir alle vermochten uns zu decken, nur mein armer Freitag nicht. Drei Pfeile durchbohrten ihn und viele andere schlugen in seiner Umgebung ein. Er war auf der Stelle tot. Der Verlust meines Dieners, meines Genossen in Mühseligkeit und Einsamkeit, erbitterte mich dermaßen, dass ich aus fünf Kanonen mit Kartätschen und aus vieren mit großen Kugeln Feuer geben ließ: Mit ungeheurem Krachen schlug die Lage in die feindlichen Boote ein, die nur die Länge eines halben Ankertaues von uns entfernt lagen. Der Stückmeister hatte seine Kanonen gut gerichtet, sodass von jedem Schuss drei bis vier Kanus umgeworfen wurden, und die Kartätschen verbreiteten unter der Besatzung große Furcht.

In diesem Augenblick aber wäre es mir recht gewesen, wenn alle Kanus zerschmettert und sämtliche Insassen ertrunken

wären. Ursprünglich hatte ich geglaubt, sie mit etlichen blinden Schüssen schrecken zu wollen; allein der Mord an meinem unschuldigen Freitag berechtigte mich zu härtester Abwehr. Die feindliche Flotte geriet in wildeste Verwirrung. Man konnte nur sehen, wie einige Boote sich aus dem Durcheinander lösten und eiligst davonfuhren. Von den zerschmetterten Booten trieben noch Wrackstücke im Wasser, an die sich die Schiffbrüchigen klammerten. Andere schwammen in der See, und mehrere versuchten, den flüchtenden Schiffen nachzuschwimmen. Es müssen aber über tausend der Angreifer ertrunken, erschossen und versunken sein.

Meinen lieben Freitag bahrten wir in allen Ehren auf Deck auf und versenkten ihn im Sarg ins Meer. Elf Kanonenschüsse wurden zu seiner Ehre gelöst. Also endigte der dankbarste, getreueste, ehrlichste und treuherzigste Diener, den jemals ein Herr besessen hat.

Inzwischen war der Wind aufgefrischt und nach zwölf Tagen erblickten wir unter dem fünften Grad südlicher Breite Land.

Wir hielten Kurs Süd zu Ost, passierten das Vorgebirge Sankt Augustin und langten nach weiteren drei Tagen in Bahia de Todos los Santos an. Dieser Hafen war mir als Ort meiner Errettung und als Ausfahrt zu meiner Unglücksreise wohl bekannt.

Wir hatten große Schwierigkeiten, mit dem Land in Verbindung zu kommen. Nicht einmal mein ehemaliger Nachbar und meine beiden früheren Gehilfen vermochten, mir zu helfen.

Endlich erinnerte sich mein Nachbar, dass ich dem Prior des Augustinerklosters fünfhundert Moidores und den dortigen Armen zweihundertzweiundsiebzig verehrt hatte. Er ging also zum Statthalter und erhielt die Erlaubnis, dass ich mit dem Kapitän und noch einer dritten Person nebst acht Matrosen an Land kommen dürfe. Es wurde uns aber ausdrücklich verboten, Waren an Land zu bringen oder einen Menschen ohne besondere Erlaubnis an Bord zu nehmen.

Unser Verkehr mit dem Lande wurde so stark überwacht, dass ich nur mit größter Mühe drei Ballen englischer Waren mit feinen Tüchern, Tuchen und Leinwand als Geschenk für meinen Nachbarn zu landen vermochte. Dieser war ein freigebiger und treuherziger Mann, wie sie nur wenig angetroffen werden. Er schickte mir als Gegengabe große Mengen frischer Esswaren, Wein, Konfekt und Tabak an Bord und verehrte mir einige schöne goldene Münzen. Ich verabredete mit ihm, dass ich die Schaluppe, die ich aus England für mein Eiland an Bord genommen hatte, hier zusammensetzen wolle, und er übernahm es, sie zu meinem Eiland zu senden. Meine Leute bauten die Schaluppe in wenigen Tagen zusammen. Die Ladung, die ich den Inselleuten versprochen hatte, wollte mein Nachbar beschaffen. Ich gab dem Schiffer, der die Schaluppe führen sollte, genaue Anweisung, damit er das Eiland nicht verfehle. Dann aber erklärte sich einer meiner Matrosen bereit, mit der Schaluppe zu der Insel zu fahren und dort als Pflanzer zu bleiben. Er erbat sich einen Brief an den spanischen Statthalter, damit er mit Land, Kleidern und Werkzeugen versehen würde. Der Mann war ein alter Landsmann aus Maryland, und er hat sich, wie spätere Nachrichten zeigen, auf der Insel gut gehalten. Als Zugabe schenkte ich ihm einen Wilden, den wir bei unserm Gefecht aufgefischt hatten, als Sklaven.

Vor allem aber freute ich mich, dass mein alter Nachbar auch für Zuckerrohrpflänzlinge reichlich gesorgt hatte. Damit bekam meine Insel neue Kulturen, und die Siedler gelangten in den Besitz von Zucker, den ich während meines Inselaufenthaltes so bitter vermisst hatte.

Unter den weiteren Sachen, die ich in der Schaluppe mithilfe meines Freundes verfrachtete, waren drei Milchkühe, fünf Kälber, zweiundzwanzig Schweine, darunter drei trächtige Sauen, zwei Stuten und ein Hengst.

Die ganze Ladung kam glücklich an und meine Inselfreunde waren darüber sehr froh. Das sah ich aus den Briefen, die ich nach der Rückkehr von meiner Reise über Lissabon von ihnen erhielt.

Ich unternahm dann noch meine letzte große Fahrt nach Ostasien, doch sie nahm meine Gesundheit so stark mit, dass ich als Zweiundsiebzigjähriger keine neuen Unternehmungen mehr beginnen konnte.

Von dieser Reise ist nur zu berichten, dass wir von Brasilien aus geradewegs zum Kap der Guten Hoffnung schifften, dann über Madagaskar nach Indien und zuletzt nach China fuhren. Dort habe ich das Schiff verlassen, um über Land durch China und Russland nach England zurückzukehren, wo ich am 10. Januar 1705 anlangte, nachdem ich zehn Jahre und neun Monate fort gewesen war.

Über die unterwegs erlebten Abenteuer habe ich in einem andern Buche berichtet.

Das sehr unbeständige Leben und die Strapazen dieser Reise hatten mich geschwächt, sodass ich mich nun zu meiner letzten Reise, von der es keine Rückkehr gibt, vorbereiten muss.

Nachwort

Daniel Defoe wurde 1660 in London geboren. Es war die Zeit der Aufklärung. Das wirtschaftlich erfolgreiche Bürgertum kritisierte die Vorrechte des Adels, der Kirche und des absolut regierenden Monarchen und verlangte Gleichberechtigung und Mitentscheidung im Alltag und in der Politik.

Defoe entstammte einer wohlhabenden Handwerkerfamile, sein Vater gehörte außerdem zur Glaubensgemeinschaft der Puritaner, die im Konflikt zur anglikanischen Staatskirche stand. Viele Puritaner wanderten in der Folgezeit nach Nordamerika in die englischen Kolonien aus und gründeten dort eigene Siedlungen. Nach dem Willen seines Vaters sollte Daniel Defoe eigentlich Geistlicher werden, doch der Sohn versuchte sich – leider mit geringem Erfolg – in verschiedenen kaufmännischen Berufen und ging mehrfach bankrott.

Schon als junger Mann hatte er sich aber auch als politischer Autor und Journalist betätigt und in Opposition zu König und Kirche für moderne bürgerliche Reformen eingesetzt.

Viele seiner damaligen Forderungen – zum Beispiel Pressefreiheit, Alters- und Sozialversicherung für alle, allgemeine Schulpflicht (auch für Mädchen), Heime für Waisen und Findelkinder, Heilanstalten für Geisteskranke – sind heute selbstverständlich. Damals waren sie revolutionär.

Seine politischen Überzeugungen formulierte Defoe in zahlreichen Artikeln, Denkschriften, Flugblättern und Satiren. Er gründete mehrere Zeitschriften, unter anderem den »Review«, Englands erste politische Wochenzeitung, geriet mehrfach mit der Obrigkeit in Konflikt und wurde zu Gefängnisstrafen und Pranger verurteilt.

Defoe war bereits 59 Jahre alt, als er 1719 seinen ersten Roman, »Robinson Crusoe« (»The life and strange surprising adventures of Robinson Crusoe«) veröffentlichte.

Angeregt wurde er vermutlich durch den damals viel gelesenen Bericht des Matrosen Alexander Selkirk, der mehrere Jahre allein auf einer einsamen Insel überleben musste.

Doch der Roman ist vor allem Ausdruck des herrschenden bürgerlichen Zeitgeistes und der politischen Überzeugung des Autors. Bürgerliche Tugenden wie Fleiß, Vorsorge, Pflichterfüllung und christliche Wertvorstellungen helfen dem jugendlichen Helden, der durch Leichtsinn und eigenes Verschulden in Not geraten ist, zu überleben und eine gesicherte Existenz aufzubauen. Dass der Autor diese Thematik in eine spannende abenteuerliche Handlung verpackte, hat sicher wesentlich zum Erfolg des Buches beigetragen. Es war schließlich die Zeit der Seefahrer und Entdeckungsreisen, des beginnenden See-Fernhandels und der Kolonialgründungen.

Wie sehr Defoe den allgemeinen Zeitgeist getroffen hat, zeigt auch der internationale Erfolg des Buches (Bereits 1720 erschien zum Beispiel eine deutsche Übersetzung: »Das Leben und die gantz ungemeinen Begebenheiten des berühmten Engelländers Mr. Robinson Crusoe«.) und die vielen Nacherzählungen, die als »Robinsonaden« veröffentlicht wurden oder das Motiv der einsamen Insel aufgriffen.

Defoe hatte seinen »Robinson Crusoe« nicht für Jugendliche geschrieben, aber zahlreiche Philosophen und Pädagogen wie zum Beispiel Jean Jacques Rousseau hoben seinen Wert für die Erziehung Heranwachsender hervor. Es entstanden jugendgemäße Bearbeitungen und Nachdichtungen – zum Beispiel »Robinson der Jüngere« von Joachim Heinrich Campe (1779) oder »Der Schweizerische Robinson« von Johann David Wyss (1812) – und so haben die Abenteuer Robinson Crusoes bis heute ihren festen Platz auch in der Jugendliteratur.

In der Folgezeit schrieb Daniel Defoe noch weitere Romane (auch zwei wenig erfolgreiche Robinson-Fortsetzungen), die zwar viel gelesen wurden, aber nicht im Entferntesten an den Erfolg des »Robinson« heranreichten. Seine schriftstellerischen Erfolge standen im Kontrast zu Defoes lebenslangen finanziellen Sorgen. Am 26. April 1731 starb er, verschuldet und von Gläubigern bedrängt, in London.

Gerd F. Rumler

Carlo Collodi
Pinocchio

224 Seiten   ISBN 3-570-12993-4

Aus einem Holzscheit schnitzt der alte Geppetto eine kleine Puppe: Pinocchio. Doch kaum hat er das Schnitzmesser weggelegt, erwacht die Holzpuppe zum Leben – und schon ist sie zur Haustür hinaus! Wie Pinocchio sich mit seinen Streichen fast um Kopf und Kragen bringt und so manch haarsträubendes Abenteuer erlebt bis aus ihm schließlich ein richtiger Junge wird, gehört zu den zauberhaftesten Geschichten der Kinderliteratur.

www.cbj-verlag.de

Bibliothek

Die Sammleredition der 20 schönsten Kinder- und Jugendbuchklassiker der Weltliteratur – ausgewählt von der GEOlino-Redaktion

Robert Louis Stevenson
Die Schatzinsel
ISBN 3-570-12990-X **April 2005**

Rudyard Kipling
Das Dschungelbuch
ISBN 3-570-12991-8 **April 2005**

Daniel Defoe
Robinson Crusoe
ISBN 3-570-12992-6 **Mai 2005**

Carlo Collodi
Pinocchio
ISBN 3-570-12993-4 **Mai 2005**

Mark Twain
Tom Sawyer
ISBN 3-570-12994-2 **Juni 2005**

Till Eulenspiegel
ISBN 3-570-12995-0 **Juni 2005**

Kenneth Grahame
Der Wind in den Weiden
ISBN 3-570-12996-9 **Juli 2005**

Charles Dickens
Oliver Twist
ISBN 3-570-12997-7 **Juli 2005**

Anna Sewell
Black Beauty
ISBN 3-570-12998-5 **August 2005**

Mark Twain
Huckleberry Finn
ISBN 3-570-12999-3 **August 2005**

Harriet Beecher-Stowe
Onkel Toms Hütte
ISBN 3-570-13016-9 **September 2005**

Jack London
Wolfsblut
ISBN 3-570-13017-7 **September 2005**

Jules Verne
In 80 Tagen um die Welt
ISBN 3-570-13018-5 **Oktober 2005**

Frances Hodgson Burnett
Der geheime Garten
ISBN 3-570-13019-3 **Oktober 2005**

Herman Melville
Moby Dick
ISBN 3-570-13020-7 **November 2005**

Howard Pyle
Robin Hood
ISBN 3-570-13021-5 **November 2005**

Charles Dickens
Eine Weihnachtsgeschichte
ISBN 3-570-13022-3 **Dezember 2005**

Frances Hodgson Burnett
Der kleine Lord
ISBN 3-570-13023-1 **Dezember 2005**

Alexandre Dumas
Die drei Musketiere
ISBN 3-570-13024-X **Dezember 2005**

Louisa May Alcott
Betty und ihre Schwestern
ISBN 3-570-13025-8 **Dezember 2005**

www.cbj-verlag.de